KB274655

속담 속의
경제학

속담 속의 경제학

초판 인쇄 2008년 12월 5일 | **초판 발행** 2008년 12월 15일
지은이 노상채
펴낸이 최종숙 | **책임편집** 이소희 | **편집** 이태곤 권분옥 김지향
디자인 홍동선 이홍주 | **마케팅** 문택주 | **제작관리** 안현진
펴낸곳 글누림출판사
주소 서울시 서초구 반포4동 577-25 문창빌딩 2층
전화 02-3409-2055(편집부), 02-3409-2058(영업부) | **팩시밀리** 02-3409-2059
홈페이지 http://www.geulnurim.co.kr | **이메일** nurim3888@hanmail.net
등록 2005년 10월 5일 제303-2005-000038호

ISBN 978-89-91990-02-9 03320
정 가 12,000원

* 잘못된 책은 교환해 드립니다.

속담 속의 경제학

노 상 채

글누림

어머니는 해학(諧謔)이 넘치는 분이셨다. 요즈음도 어머니 기일(忌日)에 자식들이 모이면 어머니의 해학과 입담을 추억하곤 한다. 그중에서도 제일 기억에 남는 것이 어느 시어머니와 당돌한 며느리의 대화다. 한 마디도 지지 않고 늘 말대꾸하는 며느리에게 시어머니가 말했다.

"한 말이나 져 봐라."

며느리가 대뜸 대답했다.

"두 말 이고 십 리도 걸었소."

며느리는 말(言)을 말(斗)로, 져(敗)보라는 말을 등에 진다는 말로 바꾸어 대답한다. 한 말이 아니라 두 말이나 머리에 이고 걸었다는 것이다. 한 마디라도 져 보라는 시어머니의 말을 받아 얄밉지만 재치 있게 대답한 것이다.

어머니께서 생전에 들려주신 해학과 속담은 경제학 공부에 많은 도움이 되었다. 예를 들면 "의붓아비 떡 치는 데는 가도 친아비 장작 패는 데는 가지 마라."라는 속담도 그중의 하나이다. 이 속담은 친아비와 의붓아비를 대비하고 있다. 의붓아비의 자식 대하는 태도는 아무래도 친아비보다는 못할 것이다. 그러나 장작 패는 아버지와 떡 치는 아버지는 사정이 다르다.

아무리 친아비라도 장작을 패고 있으면 가까이 가지 말아야 한다. 장작 패는 데 옆에 서 있다가 튄 조각에 다칠 수도 있기 때문이다. 그러나 떡 치는 의붓아비에게 간다 하자. 잘 하면 떡을 한 점 얻어먹을 수도 있다. 이처럼 어떤 사람의 행동에 의해서 다른 사람이 이득을 볼 수도 있고 손해를 볼 수도 있다. 경제학에서는 이를 외부효과라고 하고, 특히 다른 사람이 이득을 보게 되는 현상을 외부경제, 손해를 보게 되는 현상을 외부불경제라고 한다. 외부경제니 불경제니 하는 복잡한 이 설명을 속담은 단 한 줄의 말로 간단히 묘사하고 있다. 또 "듣기 좋은 노래도 석 자리 반이다."라는 속담은 누구나 잘 아는 한계효용체감의 법칙을 나타낸다. 이처럼 우리 속담은 그 속에 풍부한 삶의 지혜와 경제 원리를 담고 있다.

20여 년 동안 경제학을 강의해오면서 평소에 속담을 자주 인용해왔다. 졸저 『미시경제학』과 『화폐금융론』에도 여러 곳에 속담을 인용하여 경제 현상을 설명하고 있다. 필자는 이에서 더 나아가 아예 '속담으로 경제이론'을 설명하고 싶었다. 그러던 어느 날 북문교회 김형곤 목사님께서 말씀하시는 중에 "방아 찧을 때는 옆에서 고개만 끄덕여 줘도 도움이 된다."라는 속담을 인용하셨다. 그 순간 필자에게는 전깃불이 번쩍했다. 그 속담은 바로 외부경제 이야기가 아닌가! 속담으로 경제이론을 설명하려는 시도가 해볼 만한 것이라는 확신이 생기자 그때부터 본격적으로 집필을 시작하였다.

우선 두 저서에 부분적으로 인용한 속담을 정리하였다. 그리고 다른 경제학 분야와 관계되는 속담을 모으기 시작했다. 그 결과 140개의 주제에 해당하는 속담이 모아졌다. 필자는 경제학과 관련된 속담을 모으면서 그 양의 풍부함과 정곡을 찌르는 간결하고 정확한 어법에 몇 번이고 무릎을 쳤다. 우리 조상들의 경제에 대한 지혜와 가르침이 놀랍고도 정확했기 때문이다. 더구나 경제이론이 단순한 지식을 말해주는 것이라면 속담은 삶의 지혜와 권고도 담고 있다.

이 책은 전공서적이라기보다는 교양서적에 가까운 책이다. 필자는 이 책이 대학 1학년 학생에게는 가볍게 읽으며 경제학에 접근하는 데, 그리고 직장인에게는 머리도 식힐 겸 옛날에 배웠던 경제학을 추억하는 데 도움이 되었으면 한다. 어쨌든 속담을 통해 현대 경제이론을 간결하게 설명해주는 우리 조상의 지혜를 흠향하기 바란다.

이 책은 많은 이들 도움의 결실이다. 어머니와 조상들의 지혜는 이 책의 원천이다. 하늘에 계신 어머니와 아버지, 형이 학문의 길을 가도록 늘

격려하고 도와준 동생들에게 감사를 드린다. 특히 셋째 동생 채주는 어머니의 속담을 많이 기억해 두었다가 필자에게 전해 주었다.

자료를 수집하고 원고를 작성하는 과정 내내 도와준 이경진, 오보라, 김은호, 백새연, 이수진, 고경진에게 감사를 드린다. 또 틈만 나면 교정 좀 봐달라고 내미는 원고를 웃음으로 받아들고, 글의 흐름을 잡아 준 류주식, 오경숙, 이강복, 김창범, 채종훈 교수님께 감사를 드린다. 집필의 가장 큰 후원자인 아내에게, 그리고 집필의 직접적인 동기를 제공하여 필자에게 '외부경제'를 가져다주신 김형곤 목사님께도 감사를 드린다.

2008년 11월
노 상 채

차 례

13   기대수익과 위험

1

경제학의 시작

자유재, 경제재

그냥 흘러가는 물은 나와 아무 상관이 없다. 그러나 누군가 그 물을 나에게 떠 준다면 마시거나 다른 용도에 이용할 수 있어서 나에게 도움이 된다. 그래서 "흘러가는 물도 떠 주면 공功 된다."라는 속담이 나왔을 것이다. 수돗물이 만들어지는 것을 보면 흘러가는 물도 떠 주면 공 되는 것을 알 수 있다. 즉 산골짜기나 강에 흐르는 물을 끌어다가 소독 등 정수 과정을 거치면 그 물은 유용한 수돗물이 되는 것이다.

자유재와 경제재

사람에게 효용을 주는 실체를 가진 물건을 재화財貨라고 한다. 그중 대가를 치르지 않더라도 얻을 수 있는 재화를 자유재自由財라고 한다. 공기나 햇빛, 밤하늘의 아름다운 별빛, 여름에 불어오는 시원한 바람 등이 자유재이다. 그러나 최근에는 사정이 달라지고 있다. 물은 자유재의 지위를 잃은 지이미 오래고, 공기도 완전한 자유재라고 보기 어렵다. 공해로 오염된 공기는 정화 과정을 거쳐야 마실 수 있고, 여름에 시원한 공기를 얻기 위해서는 선풍기나 에어컨을 가동해야 한다. 즉 자유재인 '흘러가는 물'이나 공기도 '떠 주는 공功'이 있어야 유용한 재화가 된다.

수돗물이나 정화된 공기처럼 대가를 지불해야 얻을 수 있는 재화를 경제 재經濟財라고 한다. 사람이 살아가는 데 필요한 음식, 옷, 집 등 대부분의 재화는 경제재이다. 경제재에는 소비재도 있고 생산재도 있다. 볼펜이나 피자처럼 직접 소비에 이용되는 재화를 소비재라고 한다. 생산재란 다른 재화를 생산하는 과정에 이용되는 재화를 말한다. 쇳물을 녹이는 용광로나 빵을 만들어내는 제빵기 등이 생산재이다.

한편 자유재냐 경제재냐 하는 구분은 상대적이어서 시간, 장소, 상황에 따라 달라진다. 똑같은 물이라도 아마존 유역에서의 물과 사막에서의 물은 그 가치가 크게 다르다. 우라늄은 원래 쓰이는 곳이 없는 해로운 광물이었지만 방사선 치료와 원자력 발전에 이용되면서 값비싼 경제재로 변하였으며, 모래도 건축자재로 쓰이면서 경제재로 변하였다.

경제재로, 경제재로……

산업이 발달하면서 대부분의 자유재는 경제재로 변하고 있다. 사람들은 자유재가 경제재로 변하는 과정을 이용하거나 예측하여 이득을 얻기도 한다. 생수의 상품화가 바로 그것이다. 우리나라에서 50년 전만 해도 생수가 페트병에 담겨 팔리리라 생각한 사람은 거의 없었다. 지금 생수는 가장 보편적인 상품 중 하나이다. 강변의 모래가 돈이 되리라 생각한 사람도 거의 없었다. 오늘날 모래는 건축자재로 쓰이면서 귀중한 경제재가 되었고, 그 공급량이 부족하여 해외에서 수입해 쓰는 정도이다. 앞으로도 대부분의 자유재는 경제재로 변하면서, 이를 예측한 사람에게 부를 가져다 줄 것이다. 그러한 점을 생각하면 자유재와 경제재의 경계를 알아내는 것도 생활의 지혜이겠다.

서비스

사람이 살아가는 데 필요한 것으로는 재화 외에 서비스도 있다. 한자어로 용역用役이라고 하는 서비스service란 의사의 진료, 음악가의 연주, 교사의 강의, 교통, 통신 등을 말한다. 재화는 구체적인 유형의 것이고, 서비스는 무형의 것이다. 서비스도 대부분이 경제재여서 대가를 지불해야 얻거나 즐길 수 있다. 영화를 감상하거나 조수미 씨의 노래를 듣기 위해서는 적절한 대가를 지불해야 한다. 최근에는 IT산업을 중심으로 하는 서비스 산업이 제조업을 능가할 정도로 발달하고 있다. 그래서 IT산업을 황금알을 낳는 산업이라고도 한다.

재화와 서비스를 상품商品이라고 한다.

바다는 메워도 사람 욕심은 못 메운다

사람의 욕망은 무한하다고들 말한다. "세 살 먹은 아이도 제 손엣 것 안 내놓는다."라는 속담이 있는가 하면 "바다는 메워도 사람 욕심은 못 메운다."는 속담도 있다. 엘리아 카잔 감독의 〈욕망이라는 이름의 전차〉는 인간의 욕망을 조명하는 영화이다. 연극으로도 여러 번 공연된 이 작품은 욕망에 몸을 맡긴 주인공의 몰락 과정을 통해 무절제한 욕망이 초래하는 비극을 보여준다.

어렸을 때 읽은 '금고기' 이야기도 인간의 무한한 욕망과 그 결과를 그린 전래동화이다. 어느 날 가난한 어부 할아버지가 금고기 한 마리를 잡는다. 금고기는 울면서 자기는 용왕의 아들이며, 만약 놓아주면 할아버지의 소원을 들어드리겠다고 말한다. 할아버지는 금고기를 바다에 놓아주고 집에 돌아와 그날 있었던 일을 할머니에게 이야기한다. 할머니는 양식이라도 얻어 올 일이지 그냥 왔느냐고 할아버지에게 화를 낸다. 다음날 할아버지는 바다에 나가서 금고기를 불러 양식이 필요하다고 말한다. 그 후 할머니는 기와 집을 원하고 종을 원하는 등, 몇 번이고 욕심을 낸 끝에 여왕이 된다. 그러나 할머니의 욕심은 끝이 없다. 마침내 할머니는 금고기에게 자기 신하가 되라는 요구를 전하게 한다. 할아버지에게서 신하가 되라는 할머니의 소원을 듣자 금고기는 말없이 바다 속으로 사라져 버린다. 할아버지가 집에 돌아와 보니 모든 것이 다 사라지고 옛날의 쓰러져가는 오막살이 앞에 누더기를 걸친 할머니만 남아 있다.

계영배 이야기

최인호의 장편소설 『상도』에는 계영배 戒盈杯라는 술잔이 나온다. '계영 戒盈'이란 넘치는 것을 경계한다는 뜻이다. 계영배는 잔에 술을 따를 때 일정한 한도를 넘으면 그 술이 밖으로 새나가도록 과학적으로 만들어졌다. 술의 수위가 어느 정도로 높아지면 사이펀 siphon 원리가 작동해서 ∩자 모양으로 파진 홈을 통해 술이 아래로 빠져나가도록 제작된 것이다. 물론 술을 일정한 수위 아래로만 채우면 빠져나가지 않는다. 이 술잔은 과음하거나 지나친 욕심을 부리지 말라는 교훈을 담고 있다. 소설의 주인공 임상옥은 계영배를 통해서 부자란 재물을 많이 가진 사람이 아니라 욕심을 비운 사람이라는 것을 깨닫는다.

지나친 욕심은 죄악을 낳는다. 역사적으로 볼 때 재물 때문에 일어나는 범죄는 인류가 존속하는 동안 늘 있어왔다. 그런데 그 범죄의 양상이 변하고 있다. 옛날에는 범죄의 대부분이 가난 때문에 일어났다. 즉 먹고살기 위해 어쩔 수 없이 저지르는 범죄가 많았다. 그러나 요즈음에는 재산을 가진 사람이 더 가지기 위해 범죄를 저지르는 경우도 많다. 인간의 욕망은 무한하다고 하지만, 자기의 욕망을 조절하는 지혜도 필요하다.

강물도 쓰면 준다

자원의 유한성(有限性)

한없이 흘러가는 강물이지만, 그 강물도 많이 쓰면 줄어든다. '물 쓰듯' 써도 되는 줄 알았던 물이 부족하다고 곳곳에서 아우성이고, 이에 따라 세계 각국은 물 확보에 혈안이 되어 있다. 티베트 고원에서 발원한 물은 중국과 인도, 그리고 인도차이나 반도로 나누어져 흘러간다. 이 해당 국가들의 티베트 지역 수자원 확보를 위한 갈등은 이미 표면화되고 있다. 이스라엘은 7일 전쟁 때 점령한 골란 고원을 아직도 반환하지 않고 있다. 그것은 골란 고원이 가지는 전략적인 중요성 때문이기도 하지만, 갈릴리 호수와 사해에 이르는 요단강의 수자원 확보를 위해서이기도 하다.

물은 물 쓰듯 쓸 수 없다

아프리카 지역 대부분의 기근은 물 부족으로부터 일어나고 있다. 멀리 가지 않더라도 중국 내몽고 지역의 강수 부족과 사막화로 발생하는 황사는 봄철마다 우리나라에까지 찾아오는 반갑지 않은 손님이다. 우리나라의 물 사

정도 결코 낙관할 수 있는 상황이 아니다. 우리나라의 연평균 강수량은 세계 평균보다 많다. 그러나 1인당 강수량은 세계 평균에 미치지 못한다. 우리나라의 인구밀도가 높기 때문이다. 더구나 하천의 최대 유량과 최소 유량을 비교하는 하상계수도 외국에 비해 매우 큰 편이다. 즉 갈수기에 물 부족 현상이 일어나기 쉬운 환경이다. 한국수자원공사가 추정한 바에 의하면 2011년경 우리나라의 물 부족량은 무려 3억 톤에 달할 것이라 한다. 물 부족 현상이 코앞에 닥친 것이다.

water dollar(?)

오늘날 물은 그 양에서 절대적으로 부족하고, 환경오염이 심해지면서 상대적으로도 부족한 자원이 되어가고 있다. 앞으로는 물이 석유처럼 귀한 자원이 될 것이다. 고유가 현상은 석유 매장량이 유한한 데서 나온다. 공급이 달리기 때문에 석유 값이 높을 수밖에 없는 것이다. 국제 유가가 올라가면서 산유국에는 오일 달러 oil dollar가 넘친다. 산유국에 떼돈을 벌어다 주는 석유를 사람들은 검은 황금 black gold이라고 부른다. 그런데 요즈음에는 '파란 기름 blue oil'이라는 말이 자주 나온다. 파란 기름이란 물을 말한다. 물도 이제는 석유처럼 귀해졌다는 뜻이다. 앞으로는 물을 많이 보유한 국가가 물을 수출하면서 돈을 벌어 '오일 달러'에 버금가는 '물 달러 water dollar'를 거머쥘 날이 올는지도 모른다. 물이 없는 섬나라인 싱가포르가 거액을 투자하여 아시아 최대의 해수 담수화 공장을 가동시키는 것을 보면 그날이 멀지 않다고 생각된다. 물도 이제는 합리적 소비의 대상이다.

"물도 아껴 쓰면 용왕이 좋아한다."

개똥도 약에 쓰려면 귀하다

희소성, 경세제민, 경제학

사람의 무한한 욕망에 비해 그 욕망을 충족시켜 줄 자원은 부족하다. 그래서 "개똥도 약에 쓰려면 귀하다."라는 속담이 생겨났다. 사람의 욕망에 비해 자원이 상대적으로 부족한 현상을 희소성 稀少性이라 한다.

희소성

화석연료를 보면 자원의 희소성을 잘 알 수 있다. 화석연료란 땅속에 묻힌 동식물이 오랜 세월 동안의 열과 압력에 의해 화석화되어 만들어진 연료를 말한다. 오늘날 우리가 사용하고 있는 석유, 석탄, 천연 가스 등 에너지원의 대부분이 화석연료이다. 이 화석연료는 다시 만들어지지 않는다. 따라서 화석연료는 언젠가 바닥이 나게 되어 있다.

석유의 경우, 현재 발견된 확인 매장량을 그대로 사용한다면 약 40년 정도 사용할 수 있다. 확인되지 않은 추정 매장량이나 추가 발견이 가능한 매장량을 합하면 현재 소비수준 기준으로 약 120년 정도 사용할 수 있다고 추정되고 있다. 그러나 그것은 어디까지나 현재 소비수준을 기준으로 했을 경우이다. 앞으로 인구의 증가와 경제개발로 인해 석유의 소비는 더욱 늘어날 것이고, 그렇다면 사용 가능 기간은 추정 기간보다 훨씬 짧아질 것이다.

선택이 필요해

사람들이 소비나 생산 등 경제행위를 할 때는 자원을 한없이 사용할 수 없기 때문에 반드시 선택이라는 과정을 거친다. 즉 경제행위란 희소한 자원을 선택적으로 사용하는 것을 전제로 하고 있다.

그런데 어떤 하나를 '선택'한다는 것은 다른 어떤 것을 '포기'한다는 것을 뜻한다. 모든 선택은 반드시 포기라는 대가를 치른다. 따라서 어떤 선택행동을 할 때는 가능한 한 작은 대가를 치르는 선택을 해야 한다. 그 선택이 가져다주는 이득이 포기되는 것보다 커야 한다. 즉 그 선택은 '합리적'이어야 한다. 그렇다면 그 선택이 합리적인지 아닌지는 누가 어떤 기준으로 판단하는가? 그 답이 바로 경제학이다.

경제학

동양권에서 사용하는 경제 經濟라는 말은 경세제민 經世濟民에서 나왔다. 경세제민이란 세상을 다스리고 백성을 구한다는 뜻이다. 한편, 서양권에서 사용하는 경제의 영어 표기인 economy라는 말은 그리스어 오이코노미아 oikonomia에서 나왔다. 오이코스 oikos는 집을 의미하고 노미아 nomia는 관리를 의미한다. 오이코노미아를 글자 그대로 번역하면 '집의 관리'라는 뜻이다.

앞에서도 설명한 바와 같이, 경제행위는 희소한 자원을 선택적으로 사용하는 것을 전제로 하고 있다. 욕망은 무한한데 그것을 충족시켜 주는 수단이 제한되어 있기 때문이다. 즉 경제생활은 선택의 연속이다. 이러한 점을 고려하여 경제학이란 희소한 자원을 선택적으로 사용하여 재화와 서비스를 생산, 교환, 분배, 소비하는 과정을 연구하는 학문이라고 정의된다.

사회과학의 여왕

경제학의 학문적 체계를 세운 학자는 알프레드 마셜 A. Marshall이다. 그는 젊었을 때 런던의 빈민가를 지나다가 뒷골목 사람들의 비참한 모습을 보고, 이들을 돕는 방법을 연구하기 위하여 경제학을 공부하기 시작했다고 한다. 그는 경제학이 다른 과학보다 우월하다고 생각했고, 우리 젊은이들에게 "가슴은 뜨겁게, 머리는 차갑게"라는 귀한 잠언을 남겼다. 또 새뮤얼슨 P. A. Samuelson은 경제학을 '사회과학의 여왕'이라고 말했다.

경제학이 경세제민, 즉 세상을 다스려 백성의 어려움을 구제한다면, 경제학도가 학문하는 보람은 매우 클 것이다. economy라는 말보다 경제, 즉 경세제민이라는 말이 훨씬 의미가 깊고 크다는 점도 우리나라 경제학도의 자부심이라고 할 수 있을 것이다.

주인이 논밭에 자주 찾아가서 물꼬를 살피고 잡초를 뽑아주며 신경을 쓰면 곡식이 잘 자란다. 그래서 '곡식은 주인의 발자국 소리를 듣고 자란다'는 말도 있다. 근면과 성실은 부富를 만드는 지름길이다.

유럽의 자본주의 경제는 근면과 성실이 만들어준 부를 검소와 절제로 지켜서 이룬 자본축적의 결과라고 한다. 즉 '티끌이 모여서 태산'을 이루듯 자본이 축적되었고, 결국 자본주의가 발달한 것이다. 자본주의란 자본을 생산수단으로 소유한 자본가가 이윤을 목적으로 상품을 생산하는 경제체제를 말한다. 그런데 상품을 생산하기 위한 생산수단, 즉 자본이 검소와 절제의 결과로 축적되었다는 것이다. 무슨 말인지 자세히 알아보자.

프로테스탄티즘

유럽 자본주의가 근면과 성실 그리고 검소와 절제의 기초 위에 세워졌다고 할 때, 그 기초가 된 근면과 성실, 그리고 검소와 절제는 어디서 왔을까.

막스 베버 M. Weber는 유럽의 자본주의 정신이 프로테스탄티즘 protestantism 에서 유래했다고 주장했다.*

영리를 추구하는 마음은 동서양을 막론하고 어느 사회에나 존재했다. 그런데 오직 유럽에서만 금욕과 소명 의식을 기반으로 하는 자본주의가 발생했다. 베버는 유럽의 자본주의가 다른 지역의 자본주의와 구분되는 것은 근면과 성실, 그리고 검소와 절제를 가르치는 프로테스탄티즘의 윤리 때문이라고 생각했다.

개신교의 프로테스탄티즘은 사적인 생활이나 공적인 생활에 엄격하고도 진지한 규율을 요구했다. 개인의 직업 활동은 신으로부터 부여받은 의무라고 생각했다. 직업의 수행이 신에게 축복받는 일이며, 정당한 직업은 신 앞에서 가치를 갖는다고 가르쳤다. 이러한 가르침은 결과적으로 자본의 축적을 가능케 했다. 신으로부터 부여받은 직장에서 열심히 일하고, 그렇게 해서 얻은 소득을 검소하게 사용하면 자연히 자본이 축적되는 것이다. 신이 인정하는 직업을 통해 성실히 일하고, 절제하는 생활을 하여 자본축적이 이루어지고, 그 토대에서 유럽 자본주의가 발전하게 되었다는 것이 베버의 설명이다.

그러나 오늘날 베버가 말하는 자본주의는 멀어지고, 대신 천민적 자본주의가 판을 치고 있는 것 같다. 성실성으로 벌어들이고, 검소와 절제로 소비하여 자본을 축적하는 베버식 자본주의의 가치를 한번쯤 돌아보는 것이 필요한 때다.

---

* 막스의 저서 『프로테스탄티즘의 윤리와 자본주의 정신』은 유럽 자본주의 정신의 근원을 연구한 책이다.

사회주의 경제

자본주의란 자본을 생산수단으로 소유한 개인이 이윤을 목적으로 상품을 생산하는 경제체제를 말한다. 이에 비해 생산수단인 자본을 국가와 사회가 공유하는 경제체제를 사회주의 경제체제라고 한다.

사회주의

사회주의 경제란 생산수단을 국가가 소유하고 생산, 분배, 소비 등의 경제행위가 국가의 계획에 의해 이루어지는 경제체제를 말한다. 사회주의 경제체제는 생산수단인 자본을 국가가 소유한다는 점에서 자본을 개인, 즉 자본가가 소유하는 자본주의 경제체제와 구분된다.

한편 자본주의 경제체제는 그 성질상 부의 불평등이 일어나기 쉽다. 그것은 노동력에 비해 자본(기계)의 생산성이 월등하기 때문이다. 즉 자본의 생산성이 우월하기 때문에 소득분배에 있어서 자본가의 몫이 노동자보다 클 수밖에 없다는 것이다. 이에 따라 소득 불평등을 불러오는 원인이 되는 자본을 공유하자는 생각이 일어났고, 그러한 생각을 실현에 옮긴 것이 사회주의 경제인 것이다.

평등분배

자본을 공유하는 사회주의 경제체제에서는 공동으로 생산하고 평등하게 분배하는 것이 원칙이다. 사회주의 경제체제에서는 "자던 중에게도 떡이 다섯 개" 분배된다. 즉 평등분배가 이루어진다. 그런데 자던 사람에게도 떡이 똑같이 분배된다면 사람들은 열심히 일하려 하지 않는다. 그래서 사회주의 경제의 생산성은 떨어지기 마련이다. 사회주의 경제체제는 평등분배라는 장점이 있는 반면에, 개인의 이득이라는 생산 동기가 부족하기 때문에 효율성이 떨어진다는 단점을 가진다. 이러한 점을 알았기에 처칠 W. Churchill은 "자본주의의 결함은 축복을 골고루 나누어가질 수 없다는 점이고, 공산주의의 결함은 빈곤을 골고루 나누어가진다는 점이다."라고 말했다.

젊어서 마르크스주의자는

비효율 때문에 사회주의 경제체제를 오랜 동안 유지하는 국가는 흔하지 않다. 카알 포퍼 K. R. Popper는 "젊어서 마르크스주의자가 되어보지 않은 사람은 바보요, 나이가 들어서도 마르크스주의자로 남아 있는 자는 더 바보다."고 말했다. 이상은 좋으나 현실성이 부족한 마르크시즘을 잘 나타낸 말이다. 그 말을 증명이라도 하려는 듯이 제2차 세계대전 후 동유럽과 중남미에서 한때를 풍미했던 사회주의 경제가 대부분 자본주의 경제체제로 회귀하고 있다. 그 이유는 여러 가지가 있겠지만 이윤동기 없는 생산, 공동 분배가 가져오는 효율성의 저하도 그 하나일 것이다.

개도 돈만 있으면 멍첨지라고 한다

'개도 돈만 있으면 첨지'라고 불린다는데, 사실 첨지僉知란 낮은 벼슬이 아니다. 첨지란 조선시대에 정삼품 무관의 벼슬인 첨지중추부사를 말한다. 그렇게 말해도 첨지가 얼마나 높은 벼슬인지 실감이 나지 않는다면 이순신 장군을 생각하면 된다. 이순신 장군이 전공을 세운 뒤 받은 벼슬자리가 바로 첨지였던 것이다. 개도 돈만 있으면 그 높은 벼슬자리로 불린다고 속담이 비꼬는 것을 보면 배금주의는 어제 오늘의 일이 아닌 모양이다.

배금주의

돈이 제일이어서 돈을 모으는 것이 인생의 목적이라고 생각하는 것을 배금주의拜金主義라고 한다. 배금拜金은 돈을 숭배한다는 뜻이다. 황금만능주의 또는 물질만능주의도 같은 뜻이다. 배금주의 사회에서는 돈이 있는 사람이 강자이고, 돈이 없는 사람은 약자이다. 이러한 사회 풍토에서는 유전무죄有錢無罪 무전유죄無錢有罪 현상이 나타나기 쉽다. 돈이 없는 사람은 수단과 방법을 가리지 않고 돈을 모으려 하고, 돈이 있는 사람은 그 돈을 지키고 더 많은 돈을 벌려고 한다. 당연히 사회의 규범이나 도덕이 잘 지켜지지 않고, 결과만 좋으면 과정은 문제 삼지 않는 풍토도 생긴다. 이러한 배금주의는 자본주의가 가지는 가장 큰 단점 중 하나이다. 한편 배금주의는 천민자본주의와 통한다.

천민자본주의

천민자본주의賤民資本主義란 합리적인 생산활동을 통해 영리를 추구하지 않고, 투기나 고리대금업 등을 통해 이윤을 얻으려는 태도를 말한다. 천민자본주의의 밑바탕은 배금주의이다. 천민자본주의란 말은 베버 M. Weber가 처음 사용하였다. 그는 중세 후기의 전근대적이고 비합리적인 자본주의를 천민자본주의라고 불렀다.

베버는 유럽에 살던 유대인을 통해 천민자본주의에 대한 생각을 가지게 되었다고 한다. 유대인들은 자신이 선민選民이라고 생각했지만 유럽인들은 이를 인정하지 않았다. 결국 유대인들은 사회에서 격리되면서 유럽인들이 비천하게 여기는 일에 종사했다. 예를 들면 기독교 교리에 이자 받는 것이 금지되었기 때문에 고리대금업은 천한 직업으로 인식되었으며, 유대인들은 자의반 타의반으로 이러한 직업을 택하였다. 천민자본주의의 근원으로 지목받은 유대인들로서는 다소 억울한 면도 있을 것이다. 유대인의 억울함을 풀어주기라도 하려는 듯, 아니면 원래 그랬다는 듯, 현대의 자본주의는 천민자본주의로 치닫고 있다.

한국어를 배우는 외국인들에게 적응하기 힘든 말이 "진지 잡수셨습니까?"라고 한다. 한국인들은 만나자마자 식사했느냐고 묻는데, 이 말은 순간적으로 외국인을 당황하게 만든다. 그 말이 식사를 했느냐고 묻는 말이 아니라 단순히 인사말이라는 것을, 따라서 정색하고 대답하지 않아도 된다는 것을 깨닫는 것은 상당한 기간이 지나서이다.

부엌에서 달그락 소리 나거든

식사했느냐는 인사말에는 옛날 가난하던 시절이 녹아 있다. 배고프던 그 시절에는 밥을 먹었느냐가 중요했다. 그 시절 어르신들은 자녀에게 "이웃집에 놀러갔을 때 부엌에서 달그락 소리가 나거든 얼른 일어서서 집에 오라."고 당부하곤 했다. 가난한 집의 밥을 축내지 말고 식사 시간에는 자리를 비워주라는 가르침이었다. 반면에 집에 오신 손님이 식사 준비를 눈치 채고 자리를 뜨려고 일어서면 부엌에서 달그락 소리 날 때 가는 것 아니라고 하면서 만류했다. 남에게는 폐를 끼치지 않으려고 하면서, 내 집에 온 손님에게는 밥 한 끼라도 나누어 먹이려는 것이 우리 어른들의 마음 씀씀이였다.

풍년 곡식은 모자라도

"개 잡아먹다가 동네 인심 잃고, 닭 잡아먹다가 이웃 인심 잃는다."라는 말은 이웃과 어떻게 살아가야 한다는 것을 가르치는 속담이다. 원래 개는 몸집이 제법 커서 한 마리를 잡으면 동네 사람들이 나누어 먹을 수 있고, 개보다는 작지만 닭을 잡으면 이웃집과 나누어 먹을 수 있다. 개를 잡으면 그슬리는 냄새에 동네 사람들이 알고, 닭을 잡으면 그 소리에 이웃이 알게 된다. 그런데도 인색하게 자기 식구끼리만 개나 닭을 먹어치운다면 인심을 잃는다. 우리 조상은 이 속담을 통해 나눔을 가르치고 있다.

윈윈 win-win과 상생 相生의 원리는 나눔이다. 해마다 돌아오는 춘궁기, 늘 되풀이되는 흉년을 지내면서 우리 조상들은 상부상조와 나눔만이 서로 살아갈 길이라는 것을 경험으로 체득했다.

"풍년 곡식은 모자라도 흉년 곡식은 남는다."라는 속담도 있다. 풍년이 들어도 곡식을 헤프게 쓰면 바닥이 난다. 그러나 흉년이 들어도 아껴 쓰면 다음 해의 수확 철까지 견딜 수 있다. 아껴 쓰고 나눠 쓰는 우리 민족의 미풍양속이었다. 그러한 미풍양속의 가르침이 있었기에 우리는 오늘의 풍요를 누리고 있는 것이 아닐까.

가을밭에 가면 없는 친정에 가는 것보다 낫다

구황식품

앞에서 본 바와 같이 우리의 조상들은 가난 속에서도 서로 나눔을 통해 어려움을 극복했다. 그리고 자연의 '보이지 않는 손'도 우리 조상들을 도왔다.

머루랑 다래랑 먹고

"엄마가 섬 그늘에 굴 따러 가면 아기가 혼자 남아 집을 보다가……." 서정적인 가락의 동요 <섬 집 아기>는 바닷가 갯마을의 삶을 담고 있다. 바다는 굴, 미역, 조개, 꼬막으로 우리를 먹여 살렸다. 산은 도토리, 산나물, 그리고 머루와 다래로 우리에게 먹을거리를 선사했다. "살어리 살어리랏다. 청산 靑山에 살어리랏다. 머루랑 다래랑 먹고 청산에 살어리랏다." <청산별곡>은 머루랑 다래랑 먹으며 청산에 살리라고 노래하고 있다. 한편 강에는 고기가 놀고, 모래 속에는 재첩이 살고 있었다. 덕분에 '원조 할머니 재첩국' 집도 생겼다.

무어니 무어니 해도 풍성한 곳은 가을밭이었다. 봄부터 씨를 뿌려 가꾼

밭은 여름 뜨거운 햇볕에 영근 갖가지의 곡식, 채소, 과일을 우리에게 주었다. 콩과 깨가 여물어 있고, 키 큰 수수는 가을바람에 흔들리며 무거운 고개를 숙이고 있었다. 심지어 저절로 난 개똥참외까지 사람 눈에 띄기를 기다리는 것이 가을밭이었다. 그래서 "가을밭에 가면 가난한 친정에 가는 것보다 낫다."고 한다.

구황식품

하지만 가을밭의 풍요는 짧았다. 풍성하던 가을밭도 겨울에는 황량한 벌판으로 변하고, 사람들은 이듬해 여름 보리가 익기까지 또다시 배고픔을 견뎌야 했다. 흉년 든 이듬해 보릿고개는 특히 넘기기 힘들었다. 이때 등장하는 것이 구황식품救荒食品이다. 구황식품이란 평소에는 먹지 않지만, 흉년이나 전쟁으로 먹을 것이 없을 때 굶주림에서 벗어나기 위해 먹는 식품을 말한다. 자연은 산과 들에 구황식품을 준비해 두고 있었다. 산에는 고사리, 칡, 도토리, 머루, 으름이 있었고, 도랑이나 개울에는 우렁이와 미꾸라지, 가재가 살고 있었다. 바다에는 미역과 굴, 꼬막이 있었다. 평소에는 먹지 않고 버리는 무 잎이나 배추 뿌리, 비지 등도 구황식품 역할을 해주었다.

쑥과 고구마

구황식품의 대표는 역시 쑥이 아닌가 싶다. 쑥은 단군신화에도 나올 만큼 우리 민족에게 친숙하다. 평소에 사람들은 쑥으로 떡을 만들어 먹거나 된장국을 끓여 먹었다. 봄에 머리 땋은 처녀들이 쑥 캐는 모습은 우리 농촌의 정겨운 풍경이었다. 쑥은 생명력이 매우 강해서 날씨가 나빠도 흉년이 들어도 척박한 땅에서 싹이 트고 자라났다. 그리고 보릿고개를 힘겹게 넘고 있는 배고픈 사람들에게 기꺼이 구황식품이 되어 주었다. 어떤 이는 우리 민족을 지탱시킨 것은 쑥이라는 말을 할 정도로 쑥은 가난한 시절을 견디게 해 준 고마운 식물이었다.

한편 가난한 이들의 좋은 먹을거리가 되었던 고구마는 우리나라 토착식물이 아니라 조선시대에 조엄 趙曮이 대마도에서 가져온 것이다. 조엄은 일본에 통신사로 가던 도중 쓰시마 섬에 들렀을 때 고구마의 종자를 얻고, 그 재배법을 배워왔다. 그는 들여온 고구마를 심으면서 "이 식물이 조선 팔도 전역에 퍼진다면 굶주리는 백성이 없을 것"이라고 말했다. 고구마는 선각자 덕분에 우리나라에 들어왔고, 선각자의 기대대로 가난한 서민의 배를 채워 주었다.

그러고 보니 가을밭에는 고구마도 많다.

2

수요 · 공급이론

수요의 법칙

삼촌네 가게 떡이라도 싸야 사먹지

수요의 법칙

어떤 재화의 값이 비싸면 구입하려는 사람이 적고, 값이 싸면 구입하려는 사람이 많다. 삼촌네 가게 떡이라도 비싸면 사먹지 않는다. 소비자가 재화를 구입하려는 욕구를 수요需要라 하고, 생산자가 판매하려는 욕구를 공급供給이라고 한다. 수요이론과 공급이론은 과장해서 말한다면 초등학생도 아는 경제이론이다. 새뮤얼슨은 그의 세계적인 저서 『Economics』에서 "앵무새도 수요·공급만 가르치면 경제학자가 될 수 있다."고 말했다. 수요·공급 이론은 쉬우면서도 중요한 경제이론이라는 이야기일 것이다.

수요 결정 요인

재화의 수요를 결정하는 요인에는 여러 가지가 있다. 그중 영향력이 큰 요인으로는 그 재화의 가격, 소비자의 소득수준, 광고 등이 있다. 어느 재화의 가격이 높으면 수요량이 적고, 가격이 낮으면 수요량이 많다. 가격은 수요량을 결정하는 가장 중요한 요인이다. 그 재화와 관계있는 다른 재화의 가격도 재화의 수요에 영향을 미친다. 국내 항공료가 인상되면 대체관계에 있는 버스나 철도 수송의 수요가 증가한다. 이와 반대로, 프린터의 값이 상승하면 잉크 카트리지의 수요는 감소한다. 프린터 값 상승으로 프린터의 수요가 감소하기 때문에 보완재인 잉크 카트리지의 수요가 덩달아 감소하는 것이다. 소비자의 소득수준도 수요를 결정하는 요인이다. 일반적으로 소득이 증가하면 수요가 증가한다. 그리고 소득이 감소하면 수요도 감소한다. 매스컴의 영향력이 큰 현대사회에서는 광고도 수요에 영향을 미치는 대단히 중요한 요인이다. 이준기의 "미녀는 석류를 좋아해" 광고는 수요에 큰 영향을 끼쳤다.

그 외에 소비자의 기호나 유행, 재화의 가격이나 공급에 대한 소비자의 예측도 수요에 영향을 미친다. 아파트에 대한 투기수요는 주로 소비자의 예상에 의해 형성된다.

수요의 법칙

수요에 영향을 미치는 여러 요인 중에서 가장 중요한 것은 '가격'이다. 가격은 가장 크게, 그리고 직접적으로 수요에 영향을 미친다. 재화의 가격이 하락하면 수요가 증가하고, 가격이 상승하면 수요가 감소한다. 삼촌네 가게 떡이라도 비싸면 수요가 감소하는 것이다. 이처럼 재화의 가격과 수요는 서로 역逆의 관계이다. 가격이 하락하면 수요가 증가하고, 상승하면 감소하는 경제 현상을 수요의 법칙 law of demand이라고 부른다.

싼 게 비지떡이다

기펜재

두부를 만들고 남은 찌꺼기가 비지이다. 비지는 대개 가축의 먹이로 사용된다. 그러나 흉년 때나 가난한 집에서는 이 비지로 개떡을 만들어 사람이 먹기도 했다. 비지로 만든 개떡은 거칠고 맛이 없었다. 그래서 보잘것없는 것을 비지떡이라고도 한다. 비지떡은 값이 싸다고 해도 아무도 사먹지 않는다.

기펜재

일반적으로 재화의 가격이 오르면 수요가 감소하고, 가격이 내리면 수요가 증가한다. 이러한 현상을 앞에서도 설명한 바와 같이 수요의 법칙이라고 한다. 그런데 가격이 내릴 때 수요가 오히려 감소하여 수요의 법칙이 통하지 않는 재화도 있다. 수요의 법칙에 맞지 않는 이러한 재화를 연구자의 이름을 따서 기펜재 Giffen goods라고 부른다. 값이 내려도 오히려 더 천하게 여기고 아무도 사먹지 않는 비지떡은 기펜재라고 할 수 있다.

비지떡 외에 어떤 재화가 기펜재일까? 아일랜드 사람들은 감자를 주식 ±

食으로 해서 살아가고 있다. 이 나라 사람들 식료품비의 대부분은 감자 구입에 사용된다. 19세기 한때, 아일랜드에 감자의 흉작이 여러 해 계속되었다. 흉작으로 공급이 부족하자 감자의 가격이 많이 올랐다. 그런데 감자 값이 오르자 사람들이 감자 소비를 증가시켰다. 감자의 가격이 오르면 감자의 소비가 감소해야 하는데 오히려 증가한 것이다.

그 이유는 다음과 같다. 주식으로 먹는 감자 가격이 많이 오르자 식료품비 지출이 대폭 늘어났다. 사람들은 식료품비를 줄이기 위해 쇠고기 등 값이 비싼 다른 고급 식품의 소비를 먼저 줄였다. 그 아낀 돈으로 생필품에 속하는 감자의 소비는 늘렸다. 결과적으로 '감자 값 상승→감자 소비 증가' 현상이 나타난 것이다. 나중에 기근이 풀려 감자가 많이 생산되자 이번에는 정반대의 현상이 나타났다. 감자 공급이 증가하자 감자의 가격은 하락했다. 주식인 감자 가격이 하락하여 식료품비에 여유가 생기자 사람들은 쇠고기 등 고급 식품의 소비를 늘리고 대신 감자의 소비는 줄였다. 이번에는 '감자 값 하락→감자 소비 감소' 현상이 나타났다. 감자 가격이 올랐을 때나 내렸을 때나 수요의 법칙이 거꾸로 나타난 것이다.

박리다매

수요의 가격탄력성

박리다매 薄利多賣란 값을 낮추어 이익을 적게 보고 많이 파는 판매 전략을 말한다. 백화점의 세일 행사가 바로 박리다매 전략이다.

백화점 세일

평소에는 정가 판매를 고수하는 백화점이 파격적인 할인 판매를 하는 것은 가격을 내리는 비율 이상으로 판매가 증가해서 매출이 증가하기 때문이다. 문제는 가격인하 비율과 판매증가 비율 중 어느 것이 더 큰가이다. 만약에 가격인하 비율보다 판매증가 비율이 낮으면 매출액은 감소하게 된다. 반면에 가격인하 비율보다 판매증가 비율이 높으면 매출액은 증가하게 된다. 박리다매 판매 전략이나 백화점의 세일 전략은 가격인하 비율보다 판매증가 비율이 더 클 것이라고 생각하고 택하는 전략이다. 백화점의 할인 판매가 해마다 되풀이되는 것을 보면 아마도 가격인하 비율보다 판매증가 비율이 더 큰 모양이다.

가격탄력성

가격변화에 대한 수요량의 변화를 분석할 때 경제학에서는 '탄력성彈力性' 개념을 사용한다. 탄력성이란 물리학에서 사용하는 용어로, 물체가 외부에서 힘을 받았을 때 튀는 힘이 있는 성질을 말한다. 이 탄력성 성질을 경제학에서 차용하여 사용한 것이다. 수요의 가격탄력성이란 재화의 가격이 변할 때 그 재화의 수요가 얼마나 반응을 보이는가의 비율을 말한다.

수요가 가격변화에 대해 민감하게 반응하면 '탄력적'이라고 한다. 이 경우 탄력성을 지수로 나타내면 '1'보다 크다. 수요가 가격에 탄력적이면 가격이 하락할 때 수요가 더 큰 비율로 증가한다. 이 경우에 가격을 인하하면 판매 수입이 증가한다. 가격이 변할 때 수요가 약간만 변하면 '비탄력적'이라고 한다. 이 경우의 가격탄력성은 '1'보다 작다. 수요가 비탄력적인 경우에 가격을 인하하면 판매 수입이 감소한다. 가격탄력성이 '1'이면 단위탄력적이라고 한다. 이 경우에는 가격을 내릴 때 수요가 똑같은 비율만큼만 증가하므로 판매 수입에 아무 변화도 생기지 않는다. 박리다매 전략은 수요가 가격에 탄력적일 때 가능하다.

낙타가 돌아온다

사막에서 생활하는 사람들에게 낙타만큼 유용한 것은 없다. 낙타는 사람에게 고기와 의류를 제공해줄 뿐만 아니라 배설물까지도 연료로 이용되는 등, 사막 생활에서 필요한 거의 모든 것을 제공해준다. 그러나 무어니 무어니 해도 낙타가 진가를 발휘하는 것은 교통수단으로서다. 사막에서는 낙타가 가장 좋은 교통수단이다. 그래서 사람들은 낙타를 '사막의 배'라고 부른다. 이토록 유용한 낙타이지만 한때는 자동차에 밀려서 사막의 배 위치를 내놓아야 했다. 그러나 고유가 시대가 되면서 사막에 자동차 대신 낙타가 돌아오고 있다. 유가 상승이 낙타를 다시 사막으로 불러낸 것이다.

교차탄력성

유가 상승은 우리에게 '교차탄력성' 공부를 시켜주고 있다. 유가가 상승하면서 낙타 수요가 증가하였다. 유가가 상승할 때 기름 수요가 감소하는 것은 수요의 가격탄력성 이야기다. 이에 비해 유가가 상승하니까 낙타 수요가 증가하는 것은 수요의 교차탄력성 이야기가 된다. 어떤 재화의 가격이 변할 때 다른 재화의 수요가 변하는 정도를 수요의 교차 交叉탄력성이라고 한다. 교차탄력성은 두 재화가 어떤 관계냐에 따라 다르게 나타난다. 예를 들어 코카콜라와 펩시콜라처럼 두 재화가 대체관계이면 교차탄력성은 플러스(+)의 값을 가진다. 프린터와 잉크 카트리지처럼 보완관계이면 마이너스(−)의 값을 가진다. 두 재화가 서로 독립적이면 '0'에 가까운 값을 가진다.

한편 소득이 변할 때 재화의 수요가 얼마나 변하는가의 정도를 수요의 소득탄력성이라고 한다. 수요의 소득탄력성에 대해서는 다음 장 "부자라도 석 되 밥 못 먹는다."에서 설명한다.

부자는 자동차를 여러 대 살 수 있고, 요트도 살 수 있다. 여러 채의 아파트가 있는 사람이 별장을 사들일 수도 있다. 그러나 밥만은 그렇지 않다. 아무리 부자라도 한 끼에 두 그릇 밥을 먹지는 않는다. 하물며 석 되升 밥을 먹을 수 없다.

소득탄력성과 재화의 종류

소득이 증가하면 일반적으로 소비도 증가한다. 단, 그 증가하는 정도는 재화의 종류에 따라 차이가 있다. 소득이 변할 때 소비가 얼마나 변하느냐의 정도를 수요의 소득탄력성이라고 한다. 수요의 소득탄력성은 플러스로 나타나기도 하고 '0'이나 마이너스로 나타나기도 한다.

소득탄력성이 플러스로 나타나는 재화를 정상재라고 한다. 정상재는 소득이 증가하면 수요도 증가하는 재화이다. 정상재는 소득탄력성의 크기에 따라 다시 세 종류로 분류된다. 소득탄력성이 '1'보다 크면 사치재라고 한다. 사치재란 소득 증가율보다 수요 증가율이 더 큰 재화이다. 웰빙 상품이라고 할 수 있는 여행, 오락, 문화비 등은 소득탄력성이 높아서 사치재에 속한다. 소득탄력성이 '1'이면 중립재라고 한다. 중립재란 소득의 증가율과 수요 증가율이 같은 재화이다. 소득탄력성이 '0'보다는 크지만 '1'보다 작으면 필수재라고 한다. 필수재란 소득이 증가할 때 수요도 증가하되, 그 정도는 소득 증가율보다 작은 재화이다. 식료품의 경우 소득이 증가할 때 소비가 증가하기는 하지만 소득 증가율보다는 낮은 것이 보통이다. 이러한 재화를 필수재라고 한다.

소득탄력성이 '0'인 재화를 중간재라고 한다. 중간재란 소득의 변화에 대해 수요가 변화를 보이지 않는 재화이다. 조미료나 소금, 간장 등이 이에 속한다. 소득탄력성이 마이너스인 재화를 열등재라고 한다. 열등재란 소득이 증가하면 오히려 수요가 감소하는 재화이다. 열등재는 하급재라고도 한다. 흑백 TV는 아마 열등재에 속할 것이다. 사람들의 소득이 증가하면서 흑백 TV는 점점 과거 속으로 묻혀 가고 있다.

단, 어떤 재화는 정상재이고 어떤 재화는 열등재라고 단정해서 말할 수 없다. 재화를 분류하는 기준은 절대적인 것이 아니고 상대적이다. 최고급 국산 바이올린이 일반 서민에게는 사치재이지만, 정경화 씨에게는 스트라디바리우스에 비해 열등재가 아니겠는가.

■

물건을 모르거든 금새를 보고 사라

가격의 기능

재화의 가격은 시장에서 수요·공급 원리에 의해서 결정되며, 시장에서 결정된 이 가격은 일반적으로 재화의 가치를 반영한다. 우리 조상은 시장에서 결정된 가격을 신뢰한 것 같다. 그래서 "물건을 모르겠거든 그 금새를 보고 사라."고 말했을 것이다. 속담의 '금새'란 가격을 말한다.

서 푼짜리 소는

"서 푼짜리 소는 이빨도 들춰보지 말랬다."라는 속담이 있다. 원래 소나 말을 살 때는 이빨齒을 보고 산다. 소나 말의 이빨을 보면 나이와 건강 상태를 알 수 있기 때문이다. 그런데 '서 푼'짜리 소가 있다고 하자. 서 푼이라는 것은 소 값으로는 거의 공짜나 다름없는 매우 낮은 가격이다. 그러니 그 소에 무슨 기대를 하고 이빨까지 들춰보며 사겠느냐는 이야기이다. 물건의 품질이 좋고 나쁜 것을 모를 때는 그 물건의 가격을 보고 어느 정도 짐작할 수 있다.

가격의 기능

시장에서 수요와 공급의 작용에 의해 결정된 가격은 소비, 생산, 자원 배분의 지표 역할을 한다.

디지털 카메라를 구입하고 싶은 소비자가 제일 먼저 관심을 갖는 것은 카메라의 가격이다. 어느 가격수준이 적당하며, 당분간은 더 내려가지 않을 것이라고 생각하는 소비자는 그 디지털 카메라를 구입할 것이다. 즉 가격은 소비 활동을 하는 데 유용한 신호가 된다. 또 가격은 생산활동의 지표가 된다. 재화는 가장 싸게 공급하는 순서로 팔린다. 즉 가격은 가장 효율적으로 생산하는 생산자가 우선적으로 공급할 수 있도록 해 준다. 가격이 적절한 이윤을 보상해 주는 수준이라고 생각한다면 기업은 생산을 계속할 것이다. 가격은 자원 배분의 지표 역할도 한다. 가격은 생산자에게 그 재화 생산에 대한 의사결정을 하게 한다. 생산 과정에서는 요소 투입이 필요하고, 거기에서 요소 소득이 발생한다. 어떤 재화를 더 많이 생산하느냐에 따라 투입되는 생산요소에 대한 분배가 달라진다.

사람들은 이처럼 가격을 소비나 생산활동의 지표로 삼아 행동한다. 생산자와 소비자가 가격을 기준으로 자유롭게 경제활동을 수행하면, 가격의 자율적인 배분 기능에 따라 시장에서 수요와 공급이 자동적으로 균형을 이루게 된다. 이와 같이 재화의 수요량과 공급량이 일치하도록 인도하는 가격의 기능을 가격의 매개변수 기능이라 한다.

가격과 시장경제

우리는 생활 속에서 시장, 시장경제, 시장경제체제라는 말을 흔히 들으며 살고 있다. 시장경제란 사유재산제도를 기초로 해서 시장에서 결정되는 가격에 의해 자원이 효율적으로 배분되고 교환되는 경제체제를 말한다. 시장경제에 대비되는 경제체제는 계획경제이다. 계획경제란 생산이나 교환이 국가의 계획이나 지시에 의해 이루어지는 경제체제를 말한다. 현재 대부분의 국가는 시장경제를 택하고 있다. 시장경제에서는 개인, 기업 등 각 경제주체가 생산과 소비를 결정한다. 또 이러한 의사결정은 시장에서 결정되는 가격에 의해 각각 자신의 만족을 극대화하는 방향으로 이루어진다. 즉 시장에서 수요와 공급에 의해 결정되는 가격을 중심으로 경제주체의 행동이 이루어진다.

자식도 많으면 천하다

공급의 법칙, 거미집이론

어느 날 시골에 계신 아버지가 서울에서 공부하고 있는 아들에게 전화를 걸어 들뜬 목소리로 말한다.

"내년 등록금 걱정은 말아라. 올 가을 참깨 값이 좋았거든. 우리도 내년에 참깨 많이 심을 거다."

올해 참깨 값이 좋으니 내년에 참깨를 많이 심어 아들의 등록금을 마련하겠다는 시골 아버지의 소망은 이루어질 것인가. 그랬으면 좋으련만, 안타깝게도 현실은 그렇지 않다.

공급의 법칙

올해 참깨 값이 좋았다고 하자. 농사짓는 사람이라면 누구나 다음 해에 참깨를 많이 심을 것이다. 그 다음 해 가을의 결과는 독자 여러분이 짐작하는 대로 뻔하다. 너도나도 참깨를 심은 덕분에 참깨 값은 떨어질 것이고, 결국 아버지의 주름살만 늘어나게 될 것이다. 참깨시장에 '공급의 법칙'이 작용하는 것이다. 을 말한다. 곡식 중에 비싼 것이 참깨지만, 그 참깨도 많이 나오면 쌀 수밖에 없다. 좀 과격한 표현이기는 하지만, "자식도 많으면 천하다."라는 속담도 있다. 무엇이든 많으면 값이 싸거나 값싸게 느껴진다.

거미집이론

생산자가 가격에 보이는 반응의 크기에 따라 생산량과 가격이 변동하는 현상을 설명하는 이론을 거미집이론이라고 한다. 거미집이론이라고 부르는 이유는 이 변동 현상을 수요곡선과 공급곡선으로 나타내면 그 모양이 거미집처럼 보이기 때문이다.

수요·공급의 거미집 현상은 주로 농산물에서 발생한다. 농산물은 일정한 계절에 생산이 이루어지기 때문에 가격에 대한 공급 반응이 한 해 늦게 나타난다. 즉 농산물의 공급에는 시차時差가 발생한다. 농부는 올해의 참깨 가격이 높으면 다음 해 참깨 재배 면적을 늘릴 것이고, 가격이 낮으면 재배 면적을 줄일 것이다. 공급의 법칙이 한 해 늦게 작용한다.

올해 참깨 가격이 높다고 모두 재배 면적을 늘리면 내년의 생산량은 증가하고, 따라서 가격은 하락할 것이다. 내년의 참깨 가격이 하락하면 그 다음 해의 생산은 감소할 것이고 가격은 상승할 것이다. 이렇게 가격에 대해 공급 조정이 한 해 늦게 반응을 보이면서 참깨 가격이 오르고 내리는 진동을 보이게 된다.

탄력성과 농민

농사라는 것은 풍년이 들어도 걱정, 흉년이 들어도 걱정이다. 양파 재배 농민이 풍년에 기뻐하기는커녕 자신의 밭을 갈아엎어 버렸다는 보도를 우리는 가끔 접한다. 가격 폭락으로 품삯도 건지기 어렵기 때문에 차라리 갈아엎어 버리는 것이 나은 경우도 있는 것이다. 그렇다고 흉년이 좋은가. 그렇지도 않다. 흉년 들어 팔 물건이 없다면 가격이 좋아보았자 무슨 소용인가. 풍년이 농부에게 좋은 소식이 아니라 나쁜 소식이 되는 역설이 발생하는 것은 농산물의 공급은 가격에 탄력적이고, 수요는 비탄력적이기 때문이다. 즉 공급은 너무 많이 움직이고, 수요는 너무 적게 움직여서 가격 변동 폭이 크다.

비슷한 속담

✔ 흉년의 떡이라도 많이 나오면 싸다.

3

효용이론

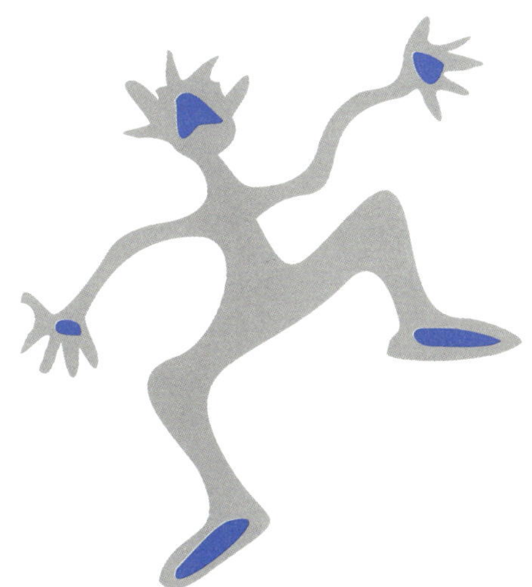

듣기 좋은 노래도 석 자리 반이다

한계효용 체감의 법칙

한동안 청소년들이 가장 좋아하는 음식이 자장면이었다. 부모가 자식을 격려하거나 칭찬해 줄 일이 있으면 으레 자장면을 사 주었고, 자녀에게는 자장면이면 최고였다. 요새는 자장면 대신 피자가 인기인가보다. 요즈음 어린이들이 가장 듣기 좋아하는 말은 "피자 사 줄까?"이다.

아들이 태안군에 가서 기름 제거 봉사를 하고 왔다고 하자. 아버지는 내 자식이 벌써 이렇게 컸구나 하고 대견하게 생각하며 피자를 사 준다. 아들은 피자 한 판을 놓고 쳐다보기만 해도 기분이 좋다. 그는 치즈가 듬뿍 얹어진 피자 한 조각을 떼어낸다.

한계효용

그리고 피자를 절반으로 접어서 먹기 시작한다. 아들은 마파람에 게 눈 감추듯 피자 한 조각을 먹어치우고 입맛을 다시며 주저 없이 두 번째 조각을 집어 든다. 역시 맛있게 먹는다. 그리고 셋째 조각을 또 집어 든다. 그런데 먹는 속도는 좀 느려졌다. 네 번째 조각에는 선뜻 손이 가지 않는다. 그가 아무리 피자를 좋아한다고 해도 넷째 조각에는 질린 표정이 역력하다. 소비의 증가에 따라 피자의 한계효용 限界效用이 감소하기 때문이다. 한계효용이란 소비하는 재화 마지막 단위의 효용, 즉 만족도를 말한다. 피자를 한 조각 먹으면 그 한 조각의 효용이 한계효용이다. 한 조각 더 먹으면 그 둘째 조각의 효용이 한계효용이다. 세 조각을 먹을 경우에는 셋째 조각의 효용이 한계효용이다.

한계효용 체감의 법칙

피자를 한 조각 한 조각 더 먹어감에 따라 마지막 조각이 주는 효용, 즉 한계효용은 점점 감소한다. 소비 증가에 따라 한계효용이 감소되어 가는 현상을 한계효용 체감 限界效用遞減의 법칙이라 한다.

우리 조상들도 한계효용 체감의 법칙을 중요하게 생각했던 모양이다. 그래서인지 한계효용 체감의 법칙을 나타내는 속담이 아주 많은 편이다. 우선 이 글의 제목인 "듣기 좋은 노래도 석 자리 반이다."는 아무리 좋은 노래라도 계속 들으면 싫증이 난다는 것, 즉 한계효용 체감의 법칙을 나타내는 대표적인 속담이다. 그 외에도 "비지로 채운 배 고량진미 마다 한다, 비짓국 잔뜩 먹은 배는 약과도 싫다고 한다, 배가 잔뜩 부르면 그것보다 더 맛있는 음식도 싫다고 한다, 듣기 좋은 이야기도 늘 들으면 싫다, 맛있는 음식도 늘 먹으면 싫다." 등의 속담이 모두 한계효용 체감 현상을 나타내고 있다.

뷔페식당

수십 종의 다양한 음식을 갖추어놓고 일정한 식사비만 내면 얼마든지 먹게 하는 식당이 뷔페buffet식당이다. 손님이 음식을 한없이 먹어버린다면 그 식당 주인은 손실을 입게 될 텐데, 어떻게 그런 무모한 마케팅전략을 세울 수 있는가. 그것은 한 가지 믿는 구석이 있어서이다. 믿는 구석이란 "부자라도 석 되 밥 먹지 않는다."는 속담과 한계효용 체감의 법칙이다.

사람들은 뷔페식당에서 음식을 한없이 먹지는 않는다. 음식을 계속 먹으면 한계효용이 감소할 것이고, 그래도 계속 더 먹는다면 결국 한계효용은 마이너스가 될 것이다. 따라서 마음대로 먹게 두어도 한계효용이 마이너스가 되도록 먹지는 않을 것이다. 한계효용이 '0'이 되게 하는 음식의 양은 사람에 따라 다르겠지만 식당 주인의 경험에 의해 어떤 평균량을 산출할 수 있을 것이다. 그리고 그 양을 기준으로 식사비를 정하면 되는 것이다.

한식에 죽으나 청명에 죽으나

한계

한식 寒食과 청명 淸明은 하루 차이이다. 그래서 거의 차이가 없다는 것을 나타낼 때 "한식에 죽으나 청명에 죽으나"라는 말을 쓴다. 앞에서 듣기 좋은 노래도 석 자리 반이라고 했다. 노래 한 자리가 아니라 '반 半 자리'가 효용과 비효용의 분기점이라는 얘기다. 그 반 자리라는 말에 속담의 묘미가 있다. 노래가 듣기 좋은가 아니면 너무 자주 들어서 싫증나는가의 가름은 마지막 반 자리의 노래, 즉 '작은 차이'에서 비롯된다. 노래가 반 자리를 넘어서지 않으면 들을 만하지만 반 자리를 넘어서면 싫증이 난다는 것이다.

추가되는 마지막 단위 : 한계

경제학에서는 최적 最適 균형을 도출할 때 작은 변화까지 고려하며, 특히 추가되는 마지막 단위에 주의를 기울인다. 이 '추가되는 마지막 단위'가 한계 限界이다. 앞에서도 설명한 바와 같이, 피자를 두 조각 째 먹는다면 그 둘째 조각이 한계이다. 또 한 조각을 더 먹는다면 이제는 그 셋째 조각이 한계이다. 그런데 추가되는 마지막 단위는 한 조각이 아니라 반 조각일 수도, 또는 반 조각보다 더 작아 영zero에 가까울 수도 있다. 즉 '거의 차이가 없는' 상황이 될 수도 있다. 이 경우에는 그 작은 조각이 한계이다. 경제학은 영에 가까운 작은 조각에 관심을 기울인다.

한편 차이가 거의 없어서 영에 가까운 작은 부분을 수학에서는 미분微分이라고 한다. 즉 경제학의 '한계'는 수학의 '미분'과 비슷하다. 경제학에 한계라는 말이 나오면 미분이라고 생각해도 좋을 정도이다. 단, 독자들이 한계의 의미를 너무 심각하게 생각할 것은 없다. 다음 예를 읽어서 '한계'가 들어가는 말의 의미를 직관적으로 이해하면 된다.

기내식 안 먹겠습니다

돈을 아껴야 하는 배낭여행에서 큰 부담이 되는 것은 항공료이다. 그런데 여행안내서에 나와 있듯이, 항공요금은 천차만별이다. 잘 하면 공짜라 해도 좋을 정도로 값싼 할인티켓을 구할 수도 있다. 파격적인 할인티켓이 나올 수 있는 이유는 다음과 같다.

어느 항공사 파리 노선의 탑승률이 80% 내외라고 하자. 200인 석 비행기라면 40석은 빈자리라는 이야기이다. 항공사는 가끔 이 빈자리를 할인요금을 받고 채운다. 심지어 운송 단가의 평균비용에도 미치지 못하는 요금을 받고 채우기도 한다. 그처럼 파격적인 가격이 가능한 것은 항공사가 한계비용을 보아가며 의사결정을 하기 때문이다. 빈자리에 승객을 태울 때, 그 승객 때문에 추가되는 비용은 얼마나 될까. 그것은 기껏해야 기내식, 주스 몇 잔, 화장실에서 물 내리는 비용 정도가 아니겠는가. 물론 휘발유도 조금은 더 들겠지만 말이다.

한계비용

승객 한 명을 더 태우느라 추가되는 비용을 '한계비용 限界費用'이라고 한다. 즉 어떤 상품을 한 단위 더 생산할 때 추가되는 비용을 한계비용이라고 한다. 항공사로 보아 승객 한 명 더 태우는 데 들어가는 한계비용은 잘 해야 5만 원 쯤 될까? 그렇다면 5만 원만 넘겨서 요금을 받으면 된다는 이야기다. 젊은이가 이 원리로 설득해서 믿기지 않을 만한 값싼 가격으로 티켓을 손에 넣었다고 하자. 기분 좋은 그 젊은이, 흥정을 끝내고 한마디 한다.

"대신, 기내식 안 먹겠습니다. 화장실도 사용하지 않겠습니다."

항공사 지사장도 학창시절에 경제학을 공부했을 것인즉, 이렇게 대답할 것이다.

"학생으로 인한 한계수입이 한계비용보다는 크니, 기내식 맛있게 먹고 화장실도 마음 놓고 이용하게나."

한계수입

지사장이 하는 말 가운데 '한계수입 限界收入'이라는 말이 나온다. 한계수입이란 상품 한 단위를 더 판매할 때 추가로 들어오는 수입을 말한다. 여기서는 젊은이 한 명을 더 태울 때 들어오는 수입 추가분, 즉 젊은이가 낸 항공 요금이 한계수입이다. 최소한 5만 원은 넘었을 것이다.

지금까지 설명한 예 외에도 한계라는 말은 경제학에서 많이 사용된다. 앞 장과 이 장의 예를 통해 한계의 개념을 잘 이해하고 활용하기 바란다.

흉년의 떡이라도 많이 나오면 싸다

스미스의 역설

농업이 주요 산업이었던 시절에 흉년이 들면 먹을 것이 없어서 입에 풀칠하기도 어려웠다. 그러한 흉년에 떡은 구경하기도 힘들었다. 따라서 흉년에 나오는 떡은 매우 비쌌다. 그러나 만약에, 다시 말하지만 만약에, 어떤 이유로 흉년인데도 시장에 떡이 많이 나왔다고 하자. 당연히 떡 값은 쌀 것이다. 흉년에 나온 귀하고 귀한 떡이지만 많이 나오면 값이 싼 것이다.

아담 스미스의 고민

"흉년의 떡이라도 많이 나오면 싸다."라는 이 속담을 몰랐기에 어떤 문제를 풀지 못하고 고민한 대학자가 있다. 그의 이름은 경제학의 아버지라고 불리는 아담 스미스A. Smith다. 다음은 아담 스미스가 쓴 경제학의 고전 『국부론 國富論』에 나오는 내용이다. 그의 고민을 들어보자.

가치라는 것은 두 개의 상이한 의미를 가지고 있음을 주의하지 않으면 안 된다. 가치는 때로는 어떤 특정한 물건의 효용을 표시하고, 또 때로는 그 특정한 물건의 소유로 인해 갖게 되는 다른 재화에 대한 구매력을 표시한다. 재화의 효용은 사용가치에 해당되고, 다른 재화에 대한 구매력은 교환가치에 해당한다. 그런데 커다란 사용가치를 가지고 있는 재화가 가끔 지극히 작은 교환가치만을 가지고 있거나 전혀 가지고 있지 않는 경우도 있다. 이와 반대로 커다란 교환가치를 가지고 있는 재화가 사용가치는 거의 없거나 전혀 가지고 있지 않는 경우도 있다. 예를 들어 물보다 더욱 유용한 것은 없지만, 물과 교환해서 어떤 물건을 얻을 수는 없다. 이와 반대로 다이아몬드는 거의 사용가치를 가지고 있지 않지만, 흔히 비싼 값으로 다른 재화와 교환된다.

아담 스미스는 각 재화는 고유의 교환가치와 사용가치를 가지고 있다고 생각했다. 일반적으로 사용가치가 크면 교환가치도 크고, 사용가치가 작으면 교환가치도 작을 것이다. 그런데 다이아몬드와 물은 그렇지 않다. 다이아몬드는 물에 비해 사용가치가 훨씬 못하는데도 값이 비싸다. 또 물은 사용가치가 매우 큼에도 교환가치는 작아서 값이 거의 없다. 즉 다이아몬드와 물의 가격은 모순되는 것이다. 이러한 모순을 아담 스미스가 제기하였다고 해서 스미스의 역설 Smith's paradox, 또는 가치의 역설이라고 한다. 경제학의 창시자라는 말을 듣는 아담 스미스도 가치의 역설을 해결하지 못하고 후세에 남겨두었던 것이다.

해결

이 역설은 후에 한계효용학파에 의해 설명되었다. 한계효용학파 학자들은 가격이 재화의 한계효용에 의해 결정된다고 생각했다. 좀 더 자세히 설명하면 다음과 같다.

아담 스미스가 말하는 사용가치는 어떤 재화 전체의 효용이다. 물의 사용가치가 높다는 것은 물이 주는 전체 효용이 크다는 말이다. 그런데 전체 효용이 크다고 해서 한계효용이 큰 것은 아니다. 어떤 재화이든 양이 많으면 그 한계효용은 작다. 다이아몬드의 사용가치가 낮다는 것은 다이아몬드에서 얻는 전체의 효용이 작다는 말이다. 다이아몬드의 전체 효용은 작아도 다이아몬드의 부존량이 적기 때문에 다이아몬드의 한계효용은 매우 크다. 재화의 가격에 영향을 미치는 것은 전체 효용이 아니라 한계효용이다. 재화의 가격과 한계효용의 관계를 안다면 아담 스미스의 궁금증은 해결이 된다. 사용가치도 없는 다이아몬드가 비싼 것은 그 공급량이 적어서 한계효용이 크기 때문이고, 효용가치가 높은 물이 값싼 것은 물의 양이 많아 한계효용이 거의 '0'에 가깝기 때문이라는 것이 한계효용학파의 설명이다.

한마디

이처럼 한계효용학파까지 동원해서 해결한 가치의 모순을 우리 조상은 간단하게 "흉년의 떡도 많이 나오면 싼 게 아니냐?"고 가르쳐준다. 필자는 생각해 본다. 만약에 아담 스미스가 "흉년의 떡이라도 많이 나오면 싸다."라는 이 속담을 알았다면 물과 다이아몬드의 가격이 가지는 문제점을 역설로 남겨두지 않고 해결하지 않았을까. 우리 조상의 지혜가 돋보이는 부분이다.

드는 줄은 몰라도 나는 줄은 안다

페테르부르크의 역설

한강 하류에는 나들섬이라는 이름의 작은 섬이 하나 있다. 나들섬이란 '나고 드는' 섬이라는 뜻이다. 사람과 물자와 자본이 나고 들어 남북한이 오가고, 세계와 교류·협력하는 장場이 되라는 뜻으로 지어진 이름이라고 한다. 속담의 '드는'이란 재산이 들어오는 것을, '나는'이란 재산이 나가는 것을 뜻한다. "드는 줄은 몰라도 나는 줄은 안다."라는 말은 사람들이 재산이 불어나는 것은 잘 몰라도, 없어지는 것은 금방 알게 된다는 뜻이다. 사람의 심리가 손해나는 것은 금방 알아챈다는 것이다. 아마 놓친 고기가 더 커 보이기 때문이리라.

페테르부르크의 역설

경제이론에 '페테르부르크의 역설' 현상이 있다. 옛 제정 러시아의 수도였던 상트페테르부르크St. Petersburg는 귀족적이고 화려한 도시였다. 환락의 도시 페테르부르크에는 도박이 성행했다. 그중에는 기대수익이 무한대인 도박도 있었다. 기대수익이 무한대라면 참가자에게 유리한 게임이다. 따라서 그 도박에 응하는 것이 합리적이다. 그런데 실제로는 그 도박에 응하는 사람이 없었다. 유리한 내기인데도 도박에 참가하기를 기피하는 현상을 페테르부르크의 역설이라고 한다. 이 역설적인 현상은 한계효용 체감의 법칙으로 설명된다.

놓친 고기가 커 보인다

한 청년이 지갑 속에 3만 원을 가지고 데이트하러 남산공원을 지나고 있는데 좌판을 벌이고 있는 할아버지가 부른다 하자. 확률이 절반인 1만 원짜리 내기를 하자는 것이다. 내기에 응해서 다행히 따게 되면 4만 원이 되고, 잃으면 2만 원이 된다. 내기에 이겨 얻는 1만 원과, 내기에 져서 잃는 1만 원의 효용은 같을까, 아니면 다를까. 다 같은 1만 원이지만 그 효용은 다르다. 그것은 화폐의 한계효용이 체감하기 때문이다. 추가되는 1만 원보다는 잃게 되는 1만 원의 효용이 더 크게 느껴진다. 즉 돈을 따서 보태는 효용보다 잃을 때의 없어지는 효용이 더 크게 느껴지는 것이 사람의 마음이다. 그래서 사람들은 대부분 도박을 기피하는 것이다.

생각해 보자. 돈을 잃고서 데이트 상대 몰래 지갑 속의 돈을 속으로 계산해야 하는 지경에 이른다면 잃은 돈의 효용은 더욱 커 보일 것이다. 한계효용 체감의 법칙까지 동원된 이 내용을 우리 조상은 한마디로 간단히 설명해 준다.

"드는 줄은 몰라도 나는 줄은 안단다. 도박장에 가까이 하지 마라."

같은 값이면 검정 소 잡아먹는다

소비자균형, 효용극대화

웰빙 시대가 되면서 흑미 黑米나 검정콩 등 색깔이 검은 식품에 대해 관심이 높아졌다. 흑미는 일반미보다 비싸게 팔리고, 검정콩으로 만든 두유가 잘 팔린다. "같은 값이면 검정 소 잡아먹는다."고 한 것을 보면 옛날 사람들도 웰빙에 관심을 가졌던가 보다. 어쨌든 어떤 두 재화의 값이 같다면 그 중에서 효용이 큰 재화를 고르는 것이 합리적인 소비이다. 한정된 예산을 가지고 여러 종류의 재화를 구입할 때 합리적으로 구입해서 효용을 극대화시키는 것을 소비자균형이라고 한다.

소비자균형

소비자균형 消費者均衡을 알아보기 위해서 베이커리에 가 보자. 어떤 사람이 베이커리에서 빵을 고르고 있다. 베이커리에는 다양한 빵과 과자와 케이크가 준비되어 있다. 그는 케이크를 좋아한다. 그러나 아무리 케이크를 좋아하는 사람도 예산 전체를 털어서 케이크만 사지는 않는다. 케이크만 계속해서 먹는다면 한계효용이 체감하기 때문이다. 더구나 케이크는 가격이 비싼 편이다. 합리적인 소비자라면 케이크와 다른 빵을 적절히 배합하여 구입할 것이다.

그렇다면 케이크와 다른 빵은 각각 얼마나 구입하는 것이 합리적일까. 편의상 케이크와 팥빵 두 가지 중에서 고른다고 하자. 효용을 극대화하기 위해서는 케이크와 팥빵의 소비에서 얻을 수 있는 한계효용과 가격을 고려해서 구입해야 한다. 그 방법은 케이크 1원어치의 한계효용과 팥빵 1원어치의 한계효용이 같도록 소비하는 것이다.

케이크 1원어치의 한계효용 = 팥빵 1원어치의 한계효용

이 식에서 케이크 1원어치의 한계효용이란 케이크의 한계효용을 케이크 가격으로 나눈 값이다. 또, 팥빵의 경우도 마찬가지이다. 이 식을 보면 각 빵의 한계효용을 그 빵의 가격으로 나눈 값이 동일할 때 소비자균형이 달성된다는 것을 알 수 있다.*

가중된 한계효용 균등의 법칙

이 원리를 가중된 한계효용 균등의 법칙이라고 한다. '가중加重된'이라는 말은 어떤 비중을 고려한다는 말이다. 여기서는 '가격을 고려'한다는 의미를 갖는다. 가중된 한계효용 균등의 법칙이 달성되면 효용극대화가 이루어진다. 효용극대화가 이루어진 상태가 소비자균형이다. 사람들은 두 재화의 값

---

* 원래의 소비자균형 조건식은 $\dfrac{MU_X}{P_X} = \dfrac{MU_Y}{P_Y}$ 이고, 이 식을 풀어 쓰면 $\dfrac{케이크의\ 한계효용}{케이크의\ 가격} = \dfrac{팥빵의\ 한계효용}{팥빵의\ 가격}$ 이다.

이 같으면 효용이 큰 재화를 고르고, 효용이 같다면 값이 싼 재화를 고른다. 무의식중에 가중된 한계효용 균등의 법칙에 맞는 소비를 하고 있는 것이다. 효용극대화를 나타내는 거의 비슷한 뜻의 속담으로는 "같은 값이면 다홍치마"가 있다.

편의점에서

자취하는 두 학생이 편의점에서 하는 이야기를 들어보자.

A : 라면 값이 싸니 라면을 많이 사자.

B : 아냐, 쌀의 효용이 크니 쌀을 많이 사자.

이 책의 독자 : 쌀과 라면 1원어치의 한계효용을 비교해서 사세요.

뺑덕어멈 엿 값이 서른 냥이라

소비자불균형

우리의 고전 『심청전』에는 뺑덕어멈이 나온다. 뺑덕어멈은 원래 심봉사의 이웃에 살던 과부다. 그녀는 심청이 팔려간 뒤 심봉사의 살림이 넉넉해지자 들어와 살면서 심봉사의 재산을 탕진하였다.

하루는 심봉사 뺑덕어멈을 불러,

"여보소, 지금 남은 살림 얼마 아니 된다 하니, 타관에 가 빌어먹세. 동리 사람에게 빚이나 없나?"

"내가 줄 것 조금 있소."

"얼마나 되나?"

"뒷 동리 높은 주막에 해장술값이 마흔 냥."

심봉사 어이없어,

"잘 먹었다. 또 어데?"

"저 건너 함씨에게 엿 값이 서른 냥."

소설의 내용에도 나와 있듯이, 속담은 "뺑덕어멈의 엿 값이 서른 냥"이나

된다고 말한다. 엿은 주식이 아니라 군것질로 먹는 것이다. 뺑덕어멈은 군
것질에 서른 냥이나 탕진한 것이다. 이 소설과 속담은 흥청망청 살림을 한
뺑덕어멈의 비합리적 소비를 말하고 있다. 즉 소비자균형을 달성하지 못하
는 소비이다.

앞에서는 소비자균형에 대해 알아보았다. 그렇다면 소비자균형이 아닌
상황은 어떤 것일까. 베이커리에 다시 가보자.

팥빵을 너무 많이 골랐군

우리의 주인공이 팥빵과 케이크를 골랐는데, 가격과 효용의 관계가 다음
과 같다고 하자.

케이크 1원어치의 한계효용 > 팥빵 1원어치의 한계효용

앞에서 본 효용극대화 조건에 비추어 볼 때, 이 소비는 최선의 소비가 아
니다. 가격을 고려할 때 케이크의 한계효용이 팥빵의 한계효용보다 큰 것이
다. 그것은 케이크 소비량이 팥빵 소비량에 비해 상대적으로 적다는 것을
의미한다. 이 경우에는 케이크 소비를 증가시키고 대신 팥빵의 소비를 감소
시키면 소비자균형에 이를 수 있다. 케이크 소비를 증가시키면 케이크의 한
계효용이 감소하고, 반면에 팥빵 소비를 감소시키면 팥빵의 한계효용은 증
가하여 효용이 같아지는 지점에 이를 수 있는 것이다.

반대로 다음과 같은 경우라 하자.

케이크 1원어치의 한계효용 < 팥빵 1원어치의 한계효용

이 식은 가격과 한계효용을 동시에 고려할 때, 팥빵의 한계효용이 케이크의 한계효용에 비해 크다는 것을 의미한다. 이 경우에는 케이크 소비를 감소시키고 대신 팥빵의 소비를 증가시키면 소비자균형에 이를 수 있다. 케이크 소비를 감소시키므로 케이크의 한계효용은 증가하고, 반면에 팥빵 소비는 증가시키기 때문에 팥빵의 한계효용은 감소하여 양쪽의 화폐 1단위당 한계효용이 같아지는 지점에 이를 수 있는 것이다.

우리의 구호.

"뺑덕어멈은 엿 값을 절약하라!"

"절약하라! 절약하라!"

비슷한 속담

✔ 많으면 탈 적으면 병

✔ 술은 적게 먹으면 약주(藥酒)요 많이 먹으면 망주(亡酒)라.

4

소비행태와 재화

좋은 약은 입에 쓰다

가치재

"좋은 약은 입에 쓰다."라는 속담이 있다. 한자어로는 양약고구 良藥苦口라고 하는 이 속담은 좋은 충고는 귀에 거슬리지만 몸가짐을 바르게 하는 데는 이롭다는 것을 비유하는 말이다. 약이란 맛으로 먹는 것이 아니라 건강을 위해 먹는 것이다.

가치재

좋은 약이 입에 써서 사람들이 먹기 싫어하는 것처럼, 개인의 자유에 맡기면 바람직한 양만큼 소비하지 않는 재화를 가치재 價値財라고 한다. 즉 효용가치는 있지만 자발적으로 소비하려 하지 않는 재화가 가치재이다. 자동차의 안전벨트, 재미없고 어려운 기초과목, 어머니의 잔소리 등이 가치재에 속한다. 자동차를 탈 때 안전벨트를 매면 답답하고 불편하다. 이 경우에 안전벨트 착용 여부를 운전자와 승객의 선택에 맡겨두면 대부분은 안전벨트를 매지 않으려 한다. 필요한 줄은 알지만 매기는 싫어한다는 얘기이다. 이 때문에 국가에서는 법제도를 통하여 의무적으로 안전벨트를 착용하게 한다. 학문에도 가치재 성격의 기초과목이 있다. 통계학은 경제학 공부를 위해서 기본적으로 이수해야 하는 과목이다. 그러나 대부분의 학생들은 수학이 많이 나오는 이 과목의 이수를 기피한다. 대학에서는 그러한 과목을 필수과목으로 지정하여 이수토록 한다. 가치재는 '입에 써서' 개인이 자발적으로는 소비 또는 선택하지 않기 때문에 대개 법으로 선택을 의무화한다.

일상생활에서 '의무'가 들어가는 단어는 대개 가치재에 속한다고 볼 수 있다. 우리나라에서 초등교육과 중학교육은 의무교육에 속한다. 국민 누구나 중학교 정도는 마쳐야 현대 사회에서 살아갈 수 있기 때문에 중학교 과정까지 교육받을 것을 의무화한 것이다. 중·고등학교의 교과과정 중 '기타 과목'이라고 불리는 과목이 있다. 그러한 과목은 대개 상급학교 진학에 필요한 입시 과목이 아닌 것들이다. 그러나 기타 과목이야말로 학생들이 사회인의 한 사람으로 살아가면서 필요한 교양과 문화적 소양을 배우는 과목들이다. 입시 과목이 아니라는 이유로 홀대를 받지만, 사실 사회인으로서 꼭 필요한 교육과정, 즉 가치재이다.

최고의 가치재

가정에서 어머니의 '잔소리' 또한 가치재이다. 자녀들에게는 어머니가 부과하는 규제나 의무가 대부분 싫은 것들이다. 그러나 어머니의 잔소리야말로 삶의 자양분이요, 양약 良藥 중에 양약이 틀림없다. 안전벨트 매기를 법제화하듯, 최고의 가치재인 어머니 잔소리 듣기를 법제화하는 날도 올까?

산지기 집 거문고

중립재

시골에서 자란 필자는 학교에서 돌아오면 책보자기는 던져두고 동네 친구들과 산과 들을 쏘다니거나, 짚으로 만든 공을 차며 놀기만 했다. 그때 어머니께서는 늘 말씀하셨다.

"네 책은 산지기 집 거문고냐?"

어려서는 그 말씀이 무슨 뜻인지 잘 몰랐었다. 나중에 속이 들어서 생각해 보니 어머니의 애타는 마음이 들어있는 속담이었다. 책을 던져두고 놀기만 한다면, 그 책은 연주할 사람이 없어 벽장에서 먼지만 쓰고 있는 산지기 집 거문고와 같은 것 아니냐는 어머니의 훈계셨던 것이다.

중립재와 비재화

산지기 집 거문고가 아무 소용없는 물건인 것처럼, 재화 중에는 효용 면에서 나에게 아무 소용이 없거나 전혀 관계가 없는 재화도 많이 있다. 즉 세상의 모든 재화가 다 나에게 소용되는 것은 아니다. 피자와 볼펜은 나에

게 효용을 가져다주지만, 다른 어떤 재화는 아무런 효용을 가져다주지 않는
다. 심지어 해로운, 즉 마이너스(−) 효용을 가져다주는 재화도 있다.

　산지기 집 거문고처럼 효용도 비효용도 주지 않는 재화를 중립재화라 한
다. 이승엽 선수에게 왼쪽 글러브, 음악만 알고 청빈하게 살았던 베토벤에
게 상아 손잡이 골프채는 중립재일 것이다. 한편 마이너스(−) 효용을 가져
다주는 재화를 비재화 非財貨라고 한다. 공해나 소음은 마이너스 효용을 가져
다주는 비재화이다.

만족의 포화점

　재화와 서비스 중에는 공해처럼 처음부터 마이너스 효용을 주는 경우도
있고, 적게 소비할 때는 플러스 효용을 가져다주다가 소비가 증가하면 마이
너스 효용을 주는 것도 있다. 즉 소비 증가에 따라 한계효용이 플러스에서
마이너스로 변하는 재화도 있다. 사실 대부분의 재화와 서비스는 소비가 만
족의 포화점을 넘어서면 비재화로 변한다. 특히 이런 현상이 쉽게 나타나는
재화로는 참기름이 있다. 참기름의 고소한 맛이 좋다고 몇 숟가락이고 자꾸
치다보면 나중에는 눅눅해져서 오히려 마이너스 효용이 발생하게 되는 것
이다. 합리적인 소비자는 만족의 포화점을 넘도록 소비하지 않는다.

보리밥에는 고추장이 제격이다

보완재

보리밥을 먹을 때는 고추장을 넣고 비벼먹어야 제맛이 난다. 그래서 속담도 "보리밥에는 고추장이 제격"이라고 말한다. 또 바늘이 있으면 실이 있어야 바느질을 한다. 그래서 "바늘 가는 데 실 간다."라는 속담도 있다. 이들은 모두 두 가지를 동시에 소비할 때 제대로 효용을 발휘하는 재화들이다.

슬픈 크리스마스 선물

바늘과 실이 따로 놀게 되어 슬프고도 아름다운 이야기가 있다. 「마지막 잎새」로 전 세계 젊은이들의 심금을 울린 오 헨리O. Henry의 단편소설 「크리스마스 선물」이 그것이다.

소설 속의 주인공 제임스 딜링햄 부부는 가난하지만 서로 사랑하고 위하며 살아간다. 이들 부부는 자랑거리가 하나씩 있었다. 남편은 할아버지 대로부터 물려받은 금시계가 자랑이고, 아내는 삼단 같은 금발 머리카락이 자랑이다. 크리스마스가 돌아오자, 남편은 아내의 머리카락에 어울리는 선물을 하고 싶고,

아내는 남편의 금시계에 어울리는 선물을 하고 싶다. 그러나 돈이 없는 이들이다. 남편은 아끼던 금시계를 팔아서 아내가 갖고 싶어 하던 비녀로 된 머리빗을 산다. 아내는 머리카락을 팔아 백금 시곗줄을 산다. 이들은 들뜬 마음으로 서로 마련한 선물을 내놓는다. 그러나 어찌 상상이나 했으리요. 마음먹고 마련한 서로의 선물은 이제 소용없는 물건이 되어버렸다. 시계 없는 시곗줄이 무슨 소용이 있겠는가. 머리카락을 짧게 잘라버린 아내에게 비녀가 무슨 소용이겠는가.

보완재

시계는 시곗줄과 어울려 사용될 때 효용을 발휘한다. 비녀로 된 머리빗은 긴 머리카락과 어울려야 소용이 있다. 이처럼 용도가 서로 보완적이어서 함께 소비할 때 만족을 얻을 수 있는 재화를 보완재 補完財라고 한다. 보완재의 반대 관계가 대체재이다. 대체재에 대해서는 다음 장에서 설명한다.

보완재니 대체재니 하는 말은 '박리다매'에서 설명한 교차탄력성과 관계가 있다. 한 재화의 가격변화가 다른 재화의 수요를 변화시키는 정도를 교차탄력성이라고 한다. 보완재는 교차탄력성이 마이너스(−) 값을 가진다. 위 글의 시계와 시곗줄은 보완재이기에 교차탄력성이 마이너스로 나타난다. 보완재의 교차탄력성이 마이너스로 나타나는 이유는 한 재화의 가격변화 방향과 보완관계인 다른 재화의 수요변화 방향이 서로 반대이기 때문이다.

보완재에는 보완성이 강한 것도 있고 약한 것도 있다. 보리밥에는 고추장이 제격이지만 간장을 쳐서 비벼 먹을 수도 있다. 즉 어느 정도 대체가 가능하기 때문에 보완성이 약한 편이다. 그러나 오른쪽 구두와 왼쪽 구두, 시곗줄과 시계처럼 한 재화를 사용할 때는 반드시 정해진 다른 재화가 함께 소비되어야 효용을 발휘하는 재화도 있다. 이러한 재화를 완전보완재라고 한다.

꿩 대신 닭이다

목이 마를 경우 코카콜라 대신 펩시콜라를 마실 수 있다. 또 고속버스 대신 열차를 이용할 수도 있다. 이처럼 어떤 재화나 서비스는 다른 것으로 대신 소비해도 거의 동일한 만족을 얻을 수 있는 것이 있다. 코카콜라와 펩시콜라처럼 '꿩 대신 닭'의 관계를 가진 재화를 대체재 代替財라고 한다.

흥부전 한 장면

고전 『흥부전』에는 흥부가 감영에 매 맞으러 가는 장면이 나온다. 김 좌수가 자기 대신 매를 맞고 오면 돈을 주겠다고 제의한 것이다. 당시에는 죄를 지은 사람이 돈을 주고 매 맞는 벌을 다른 사람에게 '대체 代替'하는 제도가 있었다. 하지만 흥부에게는 그나마 매 맞을 복도 없는가 보다. 감영까지 찾아갔지만 헛걸음한 것이다.

"안 되는 놈은 뒤로 넘어져도 코가 깨진다고, 마침 나라에서 사면령이 내려 죄인을 풀어주니, 흥부는 매품도 못 팔고 그저 돌아온다."

매품도 못 팔고 빈털터리로 돌아오는 흥부의 모습은 측은하기 짝이 없다. 흥부의 형편은 안타깝지만, 우리는 대체재에 대해서 좀 더 자세히 알아보자.

대체재

대체재 관계의 재화는 수요의 교차탄력성이 플러스(+)의 값을 가진다. 예를 들어 녹차와 홍차처럼 두 재화의 용도가 비슷한 경우에 녹차의 가격이 상승한다고 하자. 사람들은 녹차 대신 홍차를 마시려고 할 것이다. 즉 '녹차 가격 상승→홍차 수요 증가'의 현상이 일어난다. 가격변화의 방향과 수요 변화의 방향이 같다. 이에 따라 대체재의 교차탄력성은 플러스로 나타나는 것이다.

한편 꿩 대신 닭이나 커피 대신 홍차는 대체가 가능하기는 하지만 완벽 하지는 않다. 즉 꿩 대신 닭으로 대체는 되지만 약간 떨떠름한 기분이 들 것이다. 그런데 어떤 재화는 서로 완벽하게 대체되기도 한다. 300원짜리 빨 간 우표와 300원짜리 파란 우표는 완벽하게 대체될 수 있다. 이러한 우표 의 경우처럼 대체재 중에서도 대체관계가 완벽한 재화를 완전대체재라고 한다. 약국에 나오는 소화제도 완전대체재라고 할 수 있다. 물론 그 소화제 를 생산한 제약회사는 각각 자기 회사 제품이 우수하다고 하겠지만.

"친구 따라 강남 간다."는 속담이 있다. 사람들은 대개 다른 사람이 입고 있는 옷이 멋있다고 생각하면 자기도 따라 입는다. 특히 청소년들의 옷차림이나 사용하는 전자제품은 그 유행 속도가 빠르고 수명 life cycle이 짧다. 우리나라 사람들은 유행에 민감한 편이다. 우리나라의 IT산업이 단기간에 세계적인 수준으로 발달하게 된 것은 유행에 민감한 덕분이라는 말도 틀린 말은 아니다.

한편 파리 Paris에서 같은 모양의 옷을 입은 사람이 서로 만난다면 그날로 두 벌의 옷이 없어진다고 한다. 서구인들은 개성을 중시하며, 남과 똑같은 것을 싫어한다. 유럽 구 시가지의 건물들은 모두가 서로 다른 모양을 하고 있다. 프랑크푸르트의 뢰머 광장을 둘러싸고 있는 건물들은 다양한 디자인 자체가 볼거리이다.

소비에의 외부 영향

사람에게는 다른 사람을 모방하는 심리가 있는가 하면, 다른 사람과 같은 것을 싫어하는 심리도 있다. 사람에 따라 다른 사람을 따라서 소비하기도 하고, 다른 사람과 다르게 소비하기도 한다. 즉 소비가 외부外部의 영향을 받을 수 있다. 라이벤슈타인 H. Leibenstein은 소비에 미치는 외부의 영향에는 세 가지 형태가 있다고 설명했다. 그것은 동행효과, 스놉 효과, 그리고 베블런 효과이다.

동행효과

동행효과는 '이웃이 장에 가니 퇴비 짐 지고 따라가는' 식의 외부효과를 말한다. 동행효과는 밴드왜건 효과bandwagon effect라고도 하는데, 밴드왜건이란 서커스단이나 악단의 선두에 서서 행렬을 끌고 가는 선도차를 말한다. 선도차가 서커스단 행렬의 앞에서 트럼펫을 연주하면서 나아가면 다른 차량과 어린아이들이 줄을 지어 졸졸 따라다닌다. 이와 비슷한 현상이 소비에 일어나기도 한다. 어떤 소비자는 다른 사람들이 그 재화를 소비하는 것을 보고 자기도 소비를 늘린다. 연예인들의 옷차림이나 액세서리는 청소년들의 소비에 바로 영향을 미친다. 이처럼 어떤 사람의 수요가 다른 사람의 수요에 편승하는 현상을 동행효과, 또는 편승효과라고 한다.

비슷한 뜻의 속담으로는 "이웃이 장에 가니 씨 나락 오쟁이 지고 따라 나선다, 남이 은장도를 차니 나는 식칼을 찬다." 등이 있다. '씨 나락'이란 내년에 벼농사 지을 씨앗을 말하며, '오쟁이'는 곡식을 넣어두는 자루를 말한다. 두 속담 모두 자기 주관이 없이 다른 사람을 따라 행동하는 것을 뜻한다.

스놉 효과

한편 동행효과와 반대되는 현상이 스놉 효과 snob effect이다. 스놉 효과는 동행효과와는 달리, 다른 사람이 어떤 재화를 많이 소비하고 있을 때 자신의 차별화를 위해 소비를 줄이는 현상이다. 『현대경제학원론』의 저자는 이 현상을 백로효과라고 부른다.*

베블런 효과에 대해서는 다음 장에 설명한다.

---

* 김대식 외 2인, 『현대경제학원론』(박영사, 2007), p.184.

돼지우리에 주석 돌쩌귀

베블런 효과

돼지우리의 문에 비싼 주석 돌쩌귀를 사용한다면 그것은 어울리지 않는 일이다. "돼지우리에 주석 돌쩌귀"라는 속담은 남에게 과시하기 위해 어울리지 않게 치장하는 것을 비꼬는 속담이다. "머리칼 세 올에 한 냥짜리 은비녀"도 비슷한 속담이다.

베블런 효과

재화의 가격이 오르는 데도 수요가 감소하지 않고 오히려 증가하는 현상을 베블런 효과Veblen effect라고 한다. 미국의 제도학파 경제학자의 한 사람인 베블런T. Veblen은 저서 『유한계급론』에서 소비에 있어서의 과시효과를 설명했다. 사치품 등의 가격이 상승할수록 그 제품을 구입하여 사회적 지위를 과시하는 현상이 있다는 것이다. 격에 맞지 않게 치장하는 일은 예나 오늘에나 늘 있는 모양이다.

윤정모의 소설 『들』에는 새똥쟁이라는 인물이 나온다. 그녀는 '들일을 가면서도 꼭꼭 분을 처발라 땀에 얼룩지는 것이 새가 똥을 눈 것 같은' 아낙네다. 분을 많이 바른 얼굴에 땀이 나면 분이 뭉쳐서 새똥처럼 보이는 것을 보고 동네 사람들이 새똥쟁이라고 부른 것이다. 작가의 뛰어난 관찰력과 묘사력을 보이는 부분이다. 어쨌든 들에 일하러 나가면서 너무 짙은 화장을 하는 것은 바로 돼지우리에 주석 돌쩌귀가 아니겠는가. 머리칼 세 올에 한 냥짜리 은비녀를 꽂은 모양은 아마 새똥쟁이보다 더욱 우스꽝스러운 모습일 것이다.

부도 위기에 몰린 기업이 오히려 사업 확장을 하면서 자본력을 과시하는 것이나 대대적인 광고작전을 하는 것도 하나의 베블런 효과이다. 명품 가격이 오를 때 더 구입하려 드는 현상도 마찬가지라고 할 수 있다.

비슷한 속담

✔ 개 발에 편자

✔ 거적문에 돌쩌귀

✔ 짚신에 국화 그리기

갓 쓰면 양반 된다

위치재, 지위재

갓은 조선시대부터 양반이 외출할 때 사용하는 모자이다. 갓은 말의 꼬리 털로 만들기 때문에 흔히 말총모자라고도 부른다. 이 갓은 중인 이상의 신분층에서만 사용하였기 때문에 양반의 상징이었다. 그래서 "갓 쓰면 양반 된다."라는 말도 생겨났다. 오늘날에도 어떤 특정한 재화와 서비스는 그 소유만으로 사용자의 신분을 말해주거나, 상대적으로 유리한 지위를 확보해주기도 한다.

위치재

'갓을 쓰면 양반이 되는' 것처럼, 다른 사람이 소비하는 것과의 차이로 인해 사용자의 지위를 높여주는 재화를 위치재 位置財, positional goods라고 한다. 또 그러한 지위를 말해주거나 지위를 얻게 해준다는 뜻에서 지위재 地位財라고도 한다.

사람들이 위치재를 소비하는 이유는 다른 사람과의 차별성을 위해서이다.

위치재는 상대적 희소성이 필수적이다. 즉 위치재는 소수의 사람만 가지고 있어야 가치가 있는 재화이다. 예를 들어 사교육이 위치재이다. 내 자식은 일반 학생과 달리 상위 성적에, 피아노를 잘 치고, 영어도 잘 하게 하려고 사교육이라는 서비스를 소비하는 것이다.

위치재를 택하는 사람에게 절대적인 위치는 그리 중요하지 않다. 그에게 중요한 것은 상대적 위치이다. 즉 등위가 가장 중요하다. 개성이나 자기계발보다 전체에서의 등위를 중시하는 우리나라의 교육환경 속에서는 사교육이 성행할 수밖에 없다. 평균수준 이외의 다른 교육을 '추가'로 받아서 등위를 앞당기는 것이 필요하고, 그 일을 사교육이 담당하는 것이다. 자식을 가진 부모는 누구나 다 그렇게 생각하기 때문에 사교육은 늘 과열될 수밖에 없다.

입지상품

토지의 위치는 그 토지의 가격을 결정하는 데 중요한 요소가 된다. 즉 지대의 크기를 결정하는 가장 중요한 요인은 토지의 위치이다. 접근성 좋고 SOC시설이 잘 확충된 곳에 있는 공업단지, 번화가의 쇼핑 거리, 강남의 아파트 등은 모두 입지 덕분에 높은 지대를 얻고 있는 곳이다. 그래서 부동산을 입지상품 立地商品이라고 한다. 강남은 그러한 점에서 두 가지의 위치재 조건을 갖추고 있는 셈이다. 우선 위치로 보아서 금싸라기 땅이요, 학군마저 좋아서 또 하나의 위치재를 제공하는 곳이다.

위치재 이용의 원조(?)는 맹자의 어머니가 아닐까? 아들을 좋은 환경에서 교육시키고 싶었던 맹자의 어머니는 학교 옆이라는 위치를 확보해서 아들에게 어려서부터 글 읽는 습관을 길러주었다.

권에 못 이겨 방갓 산다

방갓 方갓이란 상인 喪人이 쓰는 삿갓을 말하며, 가늘게 쪼갠 댓개비를 엮어서 만든 것이다. 방갓은 상중에만 쓰는 모자라 평소에는 전혀 사용할 일이 없는 물건이다. 이 속담은 옆에서 권한다는 이유만으로 아무 소용없는 물건을 사는 어리석은 행동을 말한다. 요즈음은 다양한 광고 매체 덕분에 '권에 못 이겨 방갓 사는' 일이 흔히 일어난다.

쇼핑의 재미와 그늘

알다가도 모를 여성 심리가 쇼핑에 대한 태도다. 쇼핑처럼 피곤한 것 없다고 하면서도 쇼핑만큼 여성이 즐기는 것도 또한 없는 것 같다. 이 가게, 저 가게를 기웃거리며, 입어보기도 하고 신어보기도 하고, 거울을 보거나 점원의 권을 듣거나 하면서 여성들의 쇼핑은 끝날 줄 모르게 이어진다. 쇼핑백을 들고 포터 porter로 따라다니는 남편에게는 고역 중의 고역이 쇼핑이다. 그래도 한 가지 다행인 것은 쇼핑이 일단 여성에게도 '피곤한 일'이라는 것이다. 머리 잘 돌아가는 여인들은 쇼핑 나설 때 굽 낮은 신발부터 챙길 정도로 힘든 것이 쇼핑이다. 쇼핑에 피곤이라는 브레이크마저 없다면 지갑은 더욱 빠르게 얇아질 것이다.

인터넷 쇼핑

그런데 여성에게는 반갑기 그지없고, 남성에게는 반갑지 않은(?) 쇼핑 공간이 또 생겨났다. 이 쇼핑 공간은 쇼핑의 유일한 단점이었던 '피곤함'을 제거한, 따라서 여성들이 굽 낮은 신발을 챙길 필요가 없이 쇼핑의 재미만 만끽할 수 있는 공간이다. 인터넷 쇼핑이 그것이다. 인터넷 쇼핑이란 인터넷 상의 쇼핑몰에 접속해서 물건을 구매하는 것을 말한다. 온라인 쇼핑 또는 사이버 쇼핑이라고도 한다. 상점에 직접 가서 물건을 고르지 않아도 되는 인터넷 쇼핑은 시간과 경비를 절감시켜 줄 뿐만 아니라 쇼핑의 유일한(?) 단점이었던 피곤함마저 제거해 준 환상적인 쇼핑 공간이다. 또 사업자 편에서 볼 때 시장에의 진입과 퇴출이 쉬워서 적은 비용을 가지고도 운영할 수 있는 장점이 있다.

구경하다가 구매자로

사람들은 어떤 특정한 재화를 사겠다는 생각에서가 아니라 인터넷 여기저기를 돌아다니다가 무의식적으로 쇼핑몰에 들어가고, 구매에 몰입한다. 인터넷 쇼핑은 시간적·공간적 편리함과 효과적인 광고를 통해 사람들을 충동구매로 인도한다.

인터넷 쇼핑몰은 눈길을 끄는 광고를 통해 짧은 순간 쇼핑몰을 지나는 방문자의 시선을 사로잡는다. 사람들은 소비심리를 자극하는 그 광고에 빠져들어 구매한다. 구경꾼으로 들어왔다가 구매자가 되어 나가는 충동구매가 일어나는 것이다. 어떤 사람은 광고를 보고 갑자기 필요하다고 생각해 구매하기도 한다. 어떤 사람은 무작정 쇼핑몰에 들어가서 세일을 하는 상품을 무조건 구매하기도 한다. 집에는 사용하지 않는 물건들이 애물단지가 되어 쌓여간다. 인터넷 쇼핑 중독자의 집이 되어가는 것이다.

이처럼 '권에 못 이겨 방갓 사는' 일은 오늘날에도 많이 일어나고 있다. 마케팅 기법이 점점 발달하고, 광고 기법 또한 소비자를 유혹하는 요즈음의 쇼핑 환경이다. 그래도 남성에게 한 가지 좋은 점은 있다. 쇼핑백을 들고 포터로 따라다니지 않아도 된다는 사실이다. 지갑이 훨씬 빨리 얇아지는 것은 빼고.

5

생산이론

　무슨 일에든 들어가는 것이 있어야 얻는 것도 있다는 뜻으로 "밑알을 넣어야 알을 내어 먹는다."라는 속담이 있다. 또 "도가 집 우물은 물도 돈이다."라는 말이 있다. 도가 집이란 술을 만드는 주조장을 말한다. 술을 만들 때 가장 많이 들어가는 원료는 물이다. 그러니 술도가에서는 물이 중요한 생산요소이다. 재화를 생산하기 위해서는 생산요소가 투입되어야 한다. 생산요소란 생산에 투입되는 토지, 노동, 자본, 경영, 원료와 중간재 등의 자원을 말한다. 이중 토지, 노동, 자본을 생산의 3요소라고 한다.

생산의 3요소

　생산의 3요소로 토지와 노동, 자본을 꼽는 것은 농경시대의 유산이다. 경제학에서 생산요소의 하나로 말하는 토지란 땅을 포함하여 생산에 필요한 모든 자연자원을 말한다. 농경지, 공장 부지와 함께, 원료도 토지에 속한다.

　노동은 인적 人的인 자원을 말한다. 인적 자원에는 기술을 기반으로 하는 인간의 능력과 의지를 포함한다. 생산과정에서 인적 자원은 육체적 노력이나 정신적 노력을 통하여 재화를 생산하는 주체가 된다. 전통적으로 노동력은 학교 교육을 통해서 공급되었다. 요즈음은 사내 교육이나 재교육도 매우 활발하고, 노동자들이 스스로 자기계발을 위한 노력을 기울이기도 한다.

자본은 생산된 물적 자원을 말한다. 생산된 물적 자원이란 건물, 기계, 시설 등의 고정설비를 말한다. 자본은 '생산된 생산수단'이다. 즉 자본은 그 자체가 경제체제 내에서 일단 생산된 것이다. 이에 비해 토지와 노동은 경제체제 내에서 생산된 것이 아니라 주어진 것이다. 노동과 토지처럼 주어진 생산요소를 본원적 생산요소, 또는 기본적 생산요소라고 한다.

한편 생산조직을 편성하고 지휘하여 제품을 생산하고 판매하는 일련의 과정을 담당하는 경영도 중요한 생산요소이다.

생산요소와 소득

생산과정에 투입되는 모든 생산요소는 희소성을 지닌 자원이며, 경제재이다. 희소성이 있는 생산요소를 생산에 투입하기 위해서는 대가를 지급해야 한다. 생산요소를 투입하고 그 대가를 지급하는 것을 분배 分配라고 하고, 이 분배 과정에서 소득 所得이 발생한다.

토지를 사용하는 대가를 지대 地代라고 한다. 노동력을 사용하는 대가는 임금 賃金이라고 한다. 그리고 자본을 사용하는 대가를 이자 利子라고 한다. 한편 경영에 대한 대가는 이윤 利潤이라고 한다. 지대, 임금, 이자, 그리고 이윤을 요소에서 발생한 소득이라는 의미에서 요소소득이라고 한다.

개장수도 올가미가 있어야 한다

자본

누구나 손쉽게 할 수 있는 개장수라도 최소한 올가미라는 도구는 있어야 한다. 올가미가 있어야 개를 끌고 다니며 장사를 할 수 있기 때문이다. "감나무 밑에 누워도 삿갓 미사리를 대어라."라는 속담도 비슷한 뜻이다. 감 떨어지기를 마냥 기다릴 것이 아니라 삿갓이라도 대고서 기다려야 더 쉽게 많이 주울 것 아니냐는 것이다. 이처럼 어떤 사업을 하든지 최소한의 생산도구가 있어야 한다. 이 생산도구를 자본資本이라고 한다. 독자 여러분은 "자본이란 돈 아니야?" 하고 반문할 수 있다. 그런데, 그렇지 않다. 자본이란 돈이 아니다.

"그럼 무엇이 자본이야?"

자본

자본을 모르는 사람이 어디 있으랴 하겠지만, 경제학에서 말하는 자본과 일상생활 속에서 말하는 자본은 개념이 다르다. 어떤 사람이 "자그마한 구멍가게를 운영해서 먹고 살려 해도 최소한 8천만 원은 필요하다.”고 말한다 하자. 이 경우의 8천만 원을 흔히 자본이라고 한다. 그러나 이 돈 8천만 원은 자본이 아니라 자금資金이다.

앞에서 생산요소를 설명하면서 자본이란 ‘생산된 생산수단’이라고 설명했다. 경제학에서는 인간이 생산을 위해 만든 실물 생산요소를 자본이라고 한다. 자본의 대표는 기계이다. 그래서 ‘자본이란 기계’라고 이해해도 된다. 자본이란 화폐가 아니라 실물을 말한다는 것을 기억해두기 바란다.

자본에는 직접생산자본과 간접생산자본이 있다. 직접생산자본이란 직접 생산에 사용되는 기계나 공장 등 생산시설을 말한다. 간접생산자본이란 전기, 수도, 고속도로, 항만, 통신망 등 생산활동을 간접으로 지원하는 자본을 말한다. 간접생산자본을 사회간접자본SOC : social overhead capital이라고도 한다. 독자 여러분도 SOC라는 말은 많이 들어보았을 것이다.

자본가격

기업이 생산활동을 하기 위해서는 자본을 구입하고 그 가격을 지불해야 한다. 여기서는 ‘자본의 가격’이란 무엇인가 알아보자. 얼른 생각하면, 자본가격이란 기계의 값이라고 할 수 있다. 하지만 자본가격은 기계의 값이 아니다. 자본가격이란 생산 과정에 자본, 즉 기계를 투입하는 삯을 말한다. 기업이 기계를 투입하는 방법에는 두 가지가 있다. 하나는 은행에서 자금을 빌려 기계를 구입하여 투입하는 것이고, 다른 방법은 기계를 임대해서 투입하는 것이다. 은행에서 자금을 빌려서 기계를 구입하는 경우에는 이자를 지불해야 하고, 기계를 임대해서 사용하면 임대료를 내야 한다. 기계구입자금에 대한 이자나 임대료를 자본가격이라고 한다.

노동가격

아직도 자본가격이 기계의 값이라고 생각하는 독자는 노동가격이 무엇인가를 알고 나면 자본가격이라는 것이 기계의 가격이 아니라는 것을 알게 될 것이다. 이다. 어떤 노동자가 월 2백만 원을 받는다고 해서 그 노동자의 값이 2백만 원이라고 누가 감히 말하겠는가. 단지 그 노동자가 가지는 노동력을 한 달 동안 빌리고 주는 삯이 노동가격 2백만 원인 것이다. 그것은 기계를 빌리는 것과 정확히 같은 원리이다. 되풀이해 말하지만, 자본가격이란 기계의 값이 아니라 기계를 빌리는 이자나 임대료이다.

역말도 갈아타면 낫다

감가상각, 대체투자

서부영화에 자주 등장하는 역마차 驛馬車는 철도가 없던 시절에 도시와 도시를 연결해주던 교통수단이었다. 우리나라에는 삼국시대부터 역마제도를 두어 교통과 통신을 담당하게 하였다.

역마제도란 지방에 역 驛을 설치하고, 역에 마필을 두어 그 말을 이용하여 릴레이식으로 교통과 통신을 담당하도록 하는 제도이다. 역마제도는 현대의 철도교통 체제와 비슷하며, 다만 열차 대신 말이 운송을 담당하는 방식이었다. 역마제도는 조선시대에 파발 擺撥제도로 발달하였다.

역말이란 역마 驛馬를 말하며, 역에 비치되어 교통과 통신에 사용되던 말이다. '파발'이 들어가는 지명은 역이나 파발이 있었던 곳에서 유래한다. 예를 들면 구파발에 파발이 있었다. 역에서 말을 탈 수 있는 자격을 표시하는 증표가 '마패 馬牌'이다. 구리로 만든 둥근 마패의 한 쪽 면에는 1마리부터 10마리까지 말이 새겨져 있었다. 마패를 소지한 관원은 이 마패를 제시하고 말을 사용하였다. 특히 암행어사에게 지급된 마패는 어사출두 때 역졸이 손에 들고 "암행어사 출두야!"라고 크게 외치는 데도 사용되었다.

감가상각

　역말이 한 역 구간을 달리고 나면 지친다. 그래서 다음 역에서는 말을 갈 아타게 된다. 여기에서 "역말도 갈아타는 것이 낫다."라는 말이 나왔다. 역 말이 지치는 것처럼 생산수단도 오래 사용하면 '지치기' 때문에 적절한 조치 가 필요하다. 생산수단이 '닳을' 때 처리하는 과정이 감가상각 減價償却이다. 즉 기업이 생산과정에서 고정자산의 가치가 감소되는 것을 계산하여 그 액 수만큼 고정자산에서 공제하는 것을 감가상각이라고 한다. 생산과정에서 기 계나 생산설비가 마모되면 그 감가되는 액수만큼이 생산물에 이전된다고 볼 수 있다. 그래서 감가상각 분은 비용으로 간주된다.

자동차 유지비용

　자동차를 가진 사람은 한 단계 업그레이드 된 차를 가지고 싶어 한다. 즉 역말을 갈아타듯이 자동차도 갈아타고 싶어 한다. 그런데 자동차를 바꾸면 자동차를 보유하는 동안 눈에 보이지 않던 비용이 눈앞에 나타난다. 무슨 말일까?

　개인택시 영업을 하는 어떤 사람이 2천만 원짜리 자동차를 5년간 사용하 다가 중고 시장에서 8백만 원에 넘긴다고 하자. 자동차를 유지하는 데 들어 가는 비용에는 휘발유 값, 보험료, 세금 등이 있다. 사람들은 흔히 직접 들 어가는 이 비용만 비용이라 생각한다. 그러나 택시 영업을 하는 동안에 눈 에 보이지 않는 비용도 적지 않게 들어간다. 5년 동안 1천 2백만 원에 해당 하는 감가상각비가 그것이다. 그 감가상각비는 평균 잡아 한 달에 20만 원 에 해당한다. 이 비용은 택시를 보유하고 영업하는 동안에는 눈에 보이지 않는다. 사람들은 이 감가상각비를 소홀히 하기 쉽다. 새 자동차를 살 때에야 감가상각비는 느닷없이 눈에 보이는 비용으로 현실화되어서 나타난다. 그래서 돈이 모자라는 사람은 할부를 하는 등 부산을 떨곤 한다.

대체투자

자동차를 바꿀 때에 부산을 떨지 않으려면 감가상각 액수만큼 미리 준비하는 것이 필요하다. 기업이 감가상각 액수만큼 투자하여 고정자산을 처음 수준으로 유지하는 것을 대체투자라고 한다. 기업은 대체투자를 통해 마모된 고정자산을 보완하고 생산성을 유지할 수 있다. 때로는 비슷한 기계로 대체하는 정도가 아니라 생산효율이 더 높은 기계나 시설로 대체하기도 한다. 만약 투자액이 감가상각액을 넘어선다면 그 부분만큼을 순투자라고 한다.

고기 보고 부럽거든 가서 그물을 떠라

우회생산

고기를 잡으려면 그물을 먼저 만들라는 교훈은 동서고금에 통하는 진리이다. 독일의 역사학파 경제학자 로서W. Roscher는 경제발전 단계를 설명하면서 '그물', 즉 자본의 중요성을 강조했다. 그는 경제발전은 자연력이 지배적인 단계, 노동이 지배적인 단계, 자본이 지배적인 단계의 3단계를 거친다고 설명했다. 그리고 자본이 지배적인 세 번째 단계에서는 자본을 이용한 생산의 효율성이 나타난다고 설명했다. 로서의 설명은 다음과 같다.

맨손으로 하루 세 마리의 고기를 잡는 어부가 있다. 어부가 세 마리 모두를 그날의 식량으로 쓰지 않고 일부 남긴 고기를 이튿날의 식량으로 충당한다고 하자. 이제 어부는 이튿날의 노동 일부를 그물이나 배를 만드는 데 할당할 수 있다. 다음 날부터 어부는 이들 도구를 사용함으로써 하루 서른 마리의 고기를 잡을 수 있다.

우회생산

　로서가 말한 자본을 이용한 생산의 효율성이란 바로 우회생산이 가지는 장점을 뜻한다. 우회생산迂廻生産이란 먼저 생산수단을 만든 다음에 그 수단을 이용하여 재화를 만드는 생산 방식을 말한다. 오늘날 대부분의 재화는 노동만으로 생산되는 것이 아니라, 완성품을 생산하기 위한 도구, 기계, 공장설비 등의 생산수단을 먼저 생산한 후, 그것을 이용하여 완성품으로 생산된 것이다. 여기서 생산수단이란 자본을 말하며, 따라서 우회생산이란 자본에 의한 생산을 말한다. 기업이 생산수단인 자본을 먼저 생산하고, 그 다음에 그 자본을 이용하여 재화를 생산하는 것이 마치 우회迂廻해서 생산하는 것 같다고 해서 우회생산이라고 하는 것이다.

　기업이 생산 과정에서 자본을 사용하는 이유는 자본생산성이 노동생산성보다 커서 이윤을 더 많이 창출하기 때문이다. 일반적으로 자본을 이용하는 우회생산은 생산능률을 향상시킨다. 우회생산을 통해 얻어지는 이익을 우회생산의 이익이라고 한다. 그것은 마치 택시를 탔을 때 약간 우회하더라도 신호등 없이 논스톱으로 달리는 길이 더 빠른 것과 같다.

컨베이어 시스템

　우회생산의 각 공정은 대개 분업에 의해 생산능률이 높아진다. 미국의 자동차 왕 포드H. Ford는 컨베이어conveyer 시스템을 먼저 만든 다음 그 시스템을 이용하여 자동차를 만드는 방식을 택하여 생산 과정에 혁명을 일으켰다. 요새는 우회생산의 이점을 최대한으로 살려서 생산하는 기업이 살아남는다. 생산수단이라는 자본재 이외에도 기술개발, 브랜드 투자, 인재 양성

등도 우회생산을 위한 하나의 방법이다.

　"거미도 줄을 쳐야 벌레를 잡는다."라는 속담도 있다. 거미의 새끼가 어미에게 왜 벌레는 잡지 않고 줄만 치고 있느냐 물을 수도 있다. 새끼는 조금만 기다리면 어미 거미가 줄을 친 이유를 알게 된다. 우리 조상들은 자식에게 돈 줄 생각 말고 글을 가르치라고 했다. 같은 뜻을 가진 말이다.

두 손뼉이 맞아야 소리가 난다

고정계수 생산함수

재화를 생산하는 과정에서 노동과 자본 등 생산요소는 어느 정도 대체 투입이 가능하다. 즉 노동력 대신 기계를 투입하거나 기계 대신 노동력으로 대체할 수 있다. 불도저 대신 삽을 든 노동자로 흙을 팔 수 있는 것이다. 그러나 어떤 경우에는 노동과 자본이 서로 대체되지 않고, 반드시 정해진 비율로 투입해야만 재화나 서비스가 생산되는 경우도 있다. 예를 들어 항공 산업이 그러한 경우이다. 항공 산업에서는 비행기 한 대에 승무원 몇 명이 있어야 수송이라는 생산이 가능하다. 비행기 대신 노동력으로 승객을 업어 나를 수는 없는 것이다. 즉 노동과 자본 사이에 대체가 불가능하다. 또 은행나무는 암나무와 수나무가 따로 있어서, 암수 두 그루가 마주 보아야 열매를 맺는다. '두 손뼉이 맞아야만 소리가 나는' 것이다.

고정계수 생산함수

생산요소가 일정한 비율로 투입되어야 하고, 생산요소의 상대가격이 변화고 한다. 그것은 마치 "보리밥에는 고추장이 제격이다."라는 속담에서 설명한 완전보완재의 관계와 같다. 즉 왼쪽 구두와 오른쪽 구두는 반드시 한 짝씩 1:1로 보완적으로 사용되어야 효용을 가져다준다. 생산에서도 이러한 관계가 있어서 자본과 노동자의 수가 반드시 일정한 비율로 투입되어야 생산이 가능한 경우가 있는 것이다.

한편 고정계수 생산함수는 연구자의 이름을 따서 레온티에프 생산함수라고도 한다. 또 이러한 특성을 갖는 생산관계를 완전보완적 생산관계라고 한다. 『삼국지』에는 고정계수 생산함수에 해당하는 재미있는 이야기가 나온다.

목우유마

주군에게 출사표를 던지고 나선 제갈량과 위魏의 사마의가 호로곡에서 맞선다. 제갈량에게 연전연패하면서 혼이 난 사마의는 성문을 굳게 닫고 장기전에 들어간다. 제갈량의 군량이 고갈되기를 기다리는 것이다. 군사의 식량뿐만 아니라 군마軍馬의 먹이까지 조달해야 하는 당시의 전쟁에는 양곡의 확보와 운반이 대단히 중요했다. 장기전에 돌입하자 제갈량은 어려운 처지에 빠지게 된다. 이에 제갈량은 그림 한 장을 그려주며 부하들에게 그대로 만들게 한다. 병사들이 밤을 새워 도면대로 만들어내니 나무로 만든 말, 즉 목우유마木牛流馬가 완성된다. 이 목마들을 가지고 식량을 운반하니 먹이도 필요 없고 일은 잘 하니 편리하기 이를 데 없다. 이를 알게 된 사마의는 그 중 몇 마리(?)를 탈취하여 분해하고 그대로 척촌장단尺寸長短을 따라 만드니, 이 또한 신기하게 일을 잘 하는 말이 된다. 그러나 제갈량은 그것까지 내다보고 있었다.

　어느 날 제갈량의 군사가 군량을 운반하는 위군을 덮치고는 위군 몰래 목마의 입을 벌려 혀를 비틀어놓고 다시 도망가 버린다. 위군은 목우유마를 끌려고 하나 이제 목마는 꿈쩍도 하지 않는다. 위군은 당황하여 어쩔 줄을 모른다. 제갈량은 우왕좌왕하는 위군을 격파하고, 목마의 입을 벌려 혀를 원래대로 돌려놓으니 다시 움직이기 시작한다. 제갈량의 군사와 목마는 1 : 1로 한 짝을 이루어 군량을 운반, 즉 수송이라는 생산을 한다.

비슷한 속담

✔ 외손뼉이 울지 못한다.

어떤 일이든 그 일에 맞는 적당한 도구와 적절한 수의 노동력이 있어야 잘 진행된다. 집 한 채를 짓는데 너무 많은 수의 목수가 있으면 아무래도 서로 방해가 되기 쉽다. 건축 과정에서 목수 간 의견 충돌이 생겨 작업능률이 떨어질 수도 있고, 기술수준이 서로 다르기 때문에 건물의 조립에 차질이 생길 수 있다. "목수 많은 집이 기울어진다."라는 말은 그래서 나왔다. 이 속담은 참견하는 사람이 너무 많으면 일이 잘 진행되지 않는다는 것을 말한다.

한계생산물

재화를 생산할 때 노동자와 기계는 많은 것이 좋겠지만, 항상 그런 것은 아니다. 즉 생산량이 생산요소의 투입량에 정비례하지 않는다. 어느 자그마한 공장에 10대의 기계가 설치되어 있다고 하자. 기계 한 대에 노동자 3명이면 서로 교대해 가면서 적절하게 기계를 가동시킬 수 있다. 이제 공장장이 노동자를 한 명 더 투입하고, 이어 또 한 명 더 투입한다고 하자. 기계의 수는 일정한데 노동자의 수가 증가하면 기계와 노동자의 적절한 비율이 깨지게 된다. 이렇게 되면 노는 인력이 생기고, 따라서 생산성은 떨어진다. 노동자의 한계생산물이 감소하게 되는 것이다. 노동의 한계생산물이란 노동자를 한 명 더 투입할 때 그 한 사람으로 인해 증가한 생산량을 말한다. 피자 한 조각 더 먹을 경우의 효용 증가분을 한계효용이라고 하는 것과 마찬가지로 노동자 한 명 더 투입한 경우의 생산 증가분을 한계생산물이라고 한다.

한계생산 체감의 법칙

생산요소 투입의 증가로 한계생산물이 감소하는 현상을 한계생산 체감限界生産遞減의 법칙, 또는 수확체감의 법칙이라고 한다. 기계와 공장의 면적은 한정되어 있는데, 노동자만 늘어나면 생산성은 떨어지게 마련이다. 목수 많은 집이 기울어지는 이치와 같다. 독자 여러분은 한계효용 체감의 법칙을 말해 주는 "듣기 좋은 노래도 석 자리 반이다."라는 속담을 기억할 것이다. 생산에서도 똑같은 현상이 일어난다.

자본의 한계생산 체감 현상은 거시적으로도 발생한다. 선진국의 경우 이미 자본투자가 활발하게 일어나 자본축적이 되어 있기 때문에 투자가 증가해도 생산증가로 인한 성장률이 그리 높지 않다. 미국이나 영국 등은 투자증가가 있어도 좀처럼 성장률이 높아지지 않는다. 그러나 후진국이나 개발도상국은 자본축적이 적기 때문에 투자가 일어나면 성장률이 쉽게 높아진다.

오늘날 사회는 청년실업의 해소를 위해서 기업이 고용을 늘리고, 시설투자를 확대하기 바란다. 그러나 기업의 입장에서 생각해 볼 때, 한계생산 체감의 법칙이 작용하는데도 고용을 늘리거나 시설투자를 확대하기는 어려운 것이다. 또 국가적으로 볼 때 우리나라도 자본축적이 어느 정도 진행된 나라 중의 하나이다. 투자에 의한 경제성장이나 고용증대가 그리 쉽지 않는 단계에 와 있다.

멧칼프 법칙

한편 현대에는 웹web 경제가 발달하면서 수확체증 현상이 자주 나타나고 있다. 수확체증 현상을 설명하는 이론으로 멧칼프 법칙Metcalfe's Law이 있다. 멧칼프 법칙은 웹 경제에 나타나고 있는 현상을 설명하는 이론이다. 멧칼프 법칙이란 네트워크의 생산성이 가입자 수의 제곱에 비례하는 현상을 말한다. 이러한 상황에서는 생산성이 가입자 수에 비해 체증적으로 증가한다. 한계생산력이 증가한다는 뜻이다. 그것은 웹 경제가 대개 망網 외부효과network externality를 발휘하기 때문이다. 망 외부효과란 정보 네트워크에 참여자가 증가할수록 참여자들이 얻는 효용이 기하급수적으로 증가되는 효과를 말한다. 웹 경제가 갖는 이러한 성질 때문에 디지털경제에는 수확체증 또는 규모의 경제 현상이 일어난다.

비슷한 속담

✔ 상좌중이 많으면 가마솥 깨뜨린다.

✔ 사공이 많으면 배가 산으로 올라간다.

월천꾼에 난쟁이 빼듯

생산자균형, 가중된 한계생산 균등의 법칙

'월천 越川꾼'이란 사람을 업어 냇물 川을 건너게 해 주는 일을 직업으로 하는 사람을 말한다. 월천꾼은 업힌 사람이 물에 젖지 않도록 강을 건너야 한다. 난쟁이는 키가 작아 물에 잠기기 때문에 월천꾼 일을 하지 못한다. 즉 난쟁이는 생산성이 없다는 이야기다. 그래서 '월천꾼에서 난쟁이는 빼야' 한다.

기업은 기계와 노동을 투입하여 재화를 생산한다. 이 경우 기계가 잘 가동되고 노동자도 각자 맡은 일을 잘 하면 생산이 효율적으로 이루어질 것이다. 만약 어떤 기계가 가동되지 않거나, 생산에 전혀 도움이 되지 못한 노동자가 있다면 그 기계나 노동자는 생산 과정에서 빼내야 한다.

생산자균형

기계와 노동자는 각각 어느 정도씩 투입해야 적당할까. 기업이 생산요소를 투입할 때는 우선 각 요소의 생산성을 고려한다. 생산성이 좋은 요소는 많이 투입하고, 생산성이 낮은 요소는 적게 투입한다. 그런데 여기서 한 가지 문제가 발생한다. 기업이 노동자나 기계의 투입을 계속 증가시키면 한계생산이 체감하는 것이다. 물론 이 경우를 앞 "목수 많은 집이 기울어진다."에서 한계생산 체감의 법칙이라고 했다. 따라서 어느 요소의 생산성이 좋다고 해서 그 요소만 계속해서 투입할 수는 없다. 요소의 한계생산, 즉 노동과 기계의 한계생산을 고려해서 투입해야 하는 것이다. 그러나 기계의 한계생산이 크다고 기계만 계속 투입할 수는 없다. 기계 투입의 비용도 고려해 보아야 한다. 기계 투입비용이 노동 투입비용보다 상대적으로 적다면 기계를 많이 투입해도 된다. 기계 투입비용이 노동 투입비용보다 상대적으로 많다면 기계의 투입을 감소시켜야 한다. 두 요소의 한계생산성과 함께 상대적 비용도 동시에 고려해서 생산자균형을 달성해야 하는 것이다.

가중된 한계생산 균등의 법칙

생산에 효율성을 달성하려면 비용을 고려한 노동과 자본의 생산성이 동일해야 한다. 그 조건은 다음과 같다.

노동임금 1원어치의 한계생산 = 자본이자 1원어치의 한계생산*

이 식에서 노동임금이란 노동 투입비용을 말하고, 자본이자란 기계 투입비용을 말한다. 이 조건을 가중된 한계생산 균등의 법칙이라고 하고, 이 조건이 달성되는 것을 생산자균형生産者均衡이라고 한다. 식에서 보는 바와 같이 생산자균형은 노동임금 1원어치의 한계생산과 자본이자 1원어치의 한계

---

* 생산자균형 조건식은 원래 $\dfrac{\text{노동의 한계생산성}}{\text{노동가격}} = \dfrac{\text{자본의 한계생산성}}{\text{자본가격}}$, 즉 $\dfrac{MP_L}{P_L} = \dfrac{MP_K}{P_K}$ 이다. 본문은 이를 풀어 쓴 것이다.

생산이 일치할 때 달성된다. '가중 加重'이라는 말은 요소의 가격을 고려한다
는 의미이다. 생산자균형은 요소의 비용과 생산성을 동시에 고려하여 도출
된다. 독자 여러분은 이 부분을 읽으면서 이 내용이 어디서 본 듯하다는 생
각을 할 것이다. "같은 값이면 검정 소 잡아먹는다."에서 알아 본 소비자균
형과 논리가 비슷한 것이다. 소비이론에서의 논리가 생산이론에서도 똑같이
적용되고 있다.

어느 기업 임원회의

기술부장 : 기계의 생산성이 더 좋으니 시설을 더 늘립시다.

인사부장 : 아닙니다. 인건비가 적게 드니 노동자 투입을 더 늘립시다.

이 책의 독자 : 기계와 노동 1원어치의 생산성을 비교해서 결정하세요.

한 냥 장설에 고추장이 아홉 돈이다

잔치나 놀이 때 나오는 음식상을 '장설'이라고 한다. '한 냥짜리 잔칫상을 차리면서 고추장이 아홉 돈'이라 했으니, 상을 차리는 데 고추장 값으로 90%가 나갔다는 이야기다. 이 속담은 상을 균형있게 차리지 못하고 한 가지 재료에 터무니없이 많은 돈을 썼다는 것을 말하고 있다. 이 잔칫집이나 엿 값으로 서른 냥을 쓴 뺑덕어멈 집이나 오십 보 백 보다. 앞에서 알아 본 이론을 가지고 말한다면 생산자균형을 달성하지 못한 것이다.

생산자불균형

어느 기업의 생산 상황이 다음과 같다고 하자.

노동임금 1원어치의 한계생산 > 자본이자 1원어치의 한계생산

이 상황은 양 요소의 생산성과 가격을 동시에 고려할 때, 노동의 한계생

산이 자본의 한계생산보다 크다는 것을 나타낸다. 자본에 비해 노동이 상대적으로 적게 투입되고 있는 것이다. 이 경우에는 노동의 투입을 증가시키고 대신 자본의 투입을 감소시키는 것이 효율적이다.

이번에는 반대로 '노동임금 1원어치의 한계생산 < 자본이자 1원어치의 한계생산'의 상황이라 하자. 이 상황은 양 요소의 생산성과 가격을 동시에 고려할 때, 자본의 한계생산이 노동의 한계생산보다 크다는 것을 나타낸다. 노동에 비해 자본이 상대적으로 적게 투입되고 있는 것이다. 이 경우에는 자본의 투입을 증가시키고 대신 노동의 투입을 감소시켜야 한다.

일반적으로 기업은 생산자균형을 달성하려고 노력한다. 그러나 국가적으로는 자원을 균형있게 이용하지 못하는 현상이 자주 일어난다. 과다한 군비 지출이 바로 그러한 경우이다. 국가 간에 군비확장 경쟁이 일어나면 군사부문 지출은 뺑덕어멈 엿 값처럼 기형적으로 증가한다.

다음 글은 군사비 부문에 필요 이상의 지출을 하고 있는 국가의 문제점을 지적한 필자의 기고문이다.*

대포를 녹여 보습**을

트라팔가르 광장에는 비둘기가 날고 있었다. 50m 높이의 넬슨 동상이 광장을 내려다보고 있으며, 후세인을 처단하라는 시위도 한창이었다. 스페인 함대의 대포를 녹여서 만들었다는 거대한 청동사자상과 분수대의 주변에는 젊은이들이 그들만의 세계를 속삭이고 있었다. 무심한 비둘기와 후세인 축출 시위, 그리고 넬슨 동상과 청동사자상—그곳에는 과거와 현재, 전쟁과

---

* 호남일보, 1998. 2. 25 발췌.
** 땅을 갈아 흙덩이를 일으키는 데 쓰는 농기구로, 쟁기의 앞 삼각형 부분.

평화가 혼재하고 있었다.

늘 전운이 감도는 중동지역은 전쟁이라는 죄악을 적나라하게 보여준다. 일반적으로 독재자는 내부에 문제가 있을 때 바깥에 문제를 일으켜 국수주의적인 애국심에 호소하면서 국민들의 관심사를 호도한다. 걸프전 당시 대량의 이라크 전상자가 발생했을 때 미국과 이라크 양국은 그 전상자의 수효를 줄여서 발표했다. 미국은 대량살상이라는 국제적인 비난 여론을 피하기 위해서였고, 이라크는 전쟁의 참패를 숨기기 위해서였다. 전쟁을 하면서도 이 점은 이해가 서로 맞아 들어갔던 것이다. 이것이 바로 전쟁의 비극이요 죄악성이다.

전쟁 당사자는 이루 말할 수 없는 고통을 받는 반면, 무기를 생산하여 원조라는 이름 하에 팔아먹는 전쟁상인은 돈방석에 앉게 되는 것이 전쟁이 가지는 비극이다. 인류는 이러한 바보 게임을 하면서 많은 복지를 희생한다. 세계 군사비 지출을 단 5%만 감소시키면 2억 명의 영양실조 어린이에게 단백질을 공급하고 1억 명의 어린이를 수용할 수 있는 초등학교를 증설하는 등 많은 복지 증진을 가져올 수 있다. 한반도에서 남북 양쪽이 효과적인 군비축소를 해 나간다면 한반도 평화정착과 함께 자원의 효율적인 이용으로 경제발전에 큰 도움이 될 수 있을 것이다. 대포를 녹여 보습을 만들 날을 기다린다.

솔 심어 정자라

지속 가능한 경제, 단기와 장기

화재로 타버린 숭례문을 복원하기 위해서는 수백 년 된 아름드리 금강송 목재가 필요하다고 한다. 솔松을 심어 정자亭子를 짓자면 오랜 시간을 기다리며 가꾸어야 한다.* 만약 눈앞의 이익만 바라보고 그때그때 소나무를 베어 써버린다면 숭례문을 시멘트로 복원해야 하는 일이 벌어질 수도 있었을 것이다. 무슨 일이고 단기에 할 일과 장기적인 안목으로 할 일이 있는 법이다. 단기와 장기의 조화가 있을 때 자연이나 인간 세계는 지속이 가능하다.

아메리카 대륙의 자연 질서

콜럼버스가 아메리카 대륙에 처음 도착한 뒤 광대한 아메리카 대륙에는 여러 분야의 파괴가 뒤따랐다. 중남미의 찬란하던 잉카나 마야 문명이 돌무더기만 남긴 채 사라져버렸다. 황금과 향신료를 찾아 신대륙에 건너 온 서구인들이 몰살시켜버린 것이다. 북미의 인디언도 대부분 멸족되거나, 보호

* 이 속담은 원래 앞날의 성공이 까마득하여 이루기 어렵다는 뜻으로 쓰였다.

구역에서 일부 부족이 명맥을 유지하고 있을 뿐이다. 대평원을 질주하던 물소*들은 버펄로Buffalo**라는 도시 이름만 남기고 일부 지역에서 겨우 연명하거나, 동물원에서 사람들이 던져주는 먹이에 의존해서 살고 있다.

유럽인들이 등장하기 전 아메리카 대륙은 사람과 들짐승과 자연이 공존하고 있었다. 인디언에게는 사냥 원칙이 있다고 한다. 그 원칙이란 사냥은 먹이를 위해서만 하되, 그 먹잇감이 보존되도록 배려하는 것이었다. 그들은 사냥할 때 달아나는 무리 중 뒤에 처지는 약한 놈부터 잡았다. 이와 같은 방식의 사냥은 두 가지 이점을 가져다주었다. 하나는 뒤에 처지는 놈은 약한 녀석이라 사냥하기가 쉽다는 점이다. 다른 하나는 약한 놈을 먹이로 잡고 우량한 놈은 살려두면 다음 식량이 확보된다는 점이다. 앞장서서 달아나는 우량한 놈은 살려서 새끼를 낳게 함으로써 들판에 계속해서 식량을 확보해 둘 수 있는 것이다. 인디언은 사냥을 하면서도 적자생존 원칙을 지켜주었다. 이에 따라 들판에는 언제나 우량한 사슴과 들소가 살면서 두고두고 먹이가 되어 주었다. 만약 우량한 놈부터 먼저 잡는다면 들짐승이 언젠가는 멸족될 수밖에 없다는 것을 인디언들은 알고 있었다. 그들은 미래의 식량이 될 짐승들을 키우는 지혜를 발휘했던 것이다. 요새 말로 '지속 가능한 식량 확보'를 하고 있었던 것이다.

지속 가능한 경제

짐승도 사냥할 때는 무리 중 뒤처지는 놈부터 잡는다. 이렇게 해서 우량한 놈을 남기면 그 우량한 놈이 다시 새끼를 낳고, 덕분에 들판에는 우량한

* 흔히 버펄로(buffalo)라고 말하지만 아메리카에 사는 소는 버펄로가 아니라 바이슨(bison)이라고 하는 들소이다. 동남아시아에 사는 물소가 버펄로이다.
** 미국 나이아가라 폭포 근방에 있는 도시 이름. 바이슨이 버펄로(buffalo)인 것으로 오인한 데서 얻은 이름이다.

종자가 살아갈 수 있었다. 또 짐승은 배가 고프지 않을 때는 결코 사냥하지 않는다. 사냥을 재미로 하는 종족은 자기가 문명인이라고 생각하는 인간밖에 없다.

환경보존이냐 경제개발이냐 하는 문제가 대두되면서 지속가능한 경제에 대한 관심이 높아지고 있다. 사람들은 흔히 환경과 개발은 양립할 수 없는 것이라고 생각한다. 환경 보존과 경제개발은 동시에 추구될 수 없으며, 하나를 위해서는 다른 하나가 희생되어야 한다고 생각하는 것이다. 그러나 지속 가능한 경제나 지속 가능한 성장이라는 말이 나오면서 상생의 길도 모색하고 있다. 지속 가능한 경제란 현재 세대뿐만 아니라 미래 세대의 삶까지도 보장하는 경제를 말한다. 지속 가능한 성장이란 상충관계라고 생각되는 환경과 개발을 조화시키면서 성장을 지속시키자는 것을 말한다. 환경 보존과 경제개발의 조화, 노동자와 사용자 관계의 조화, 성장과 분배의 조화 등이 그것이다.

상충관계인 이 문제들을 푸는 열쇠는 서로 상대방의 장점을 인정하고, 그 장점을 살릴 수 있도록 해야 한다는 것이다. 그것은 인디언이 크고 잘난 사슴을 사냥하는 것이 아니라 뒤쪽의 못난 사슴을 잡는 사냥 방식이다. 경제개발을 하되 환경이 보존되도록 배려할 때 자연은 재생산이 가능하다. 고용주는 노동자가 노동생산성을 높이고, 노동력을 재생산할 수 있도록 배려해야 자본의 지속적인 축적이 가능하다. 분배를 위해서는 파이를 키우도록 기다리는 지혜와 함께, 분배가 잘 되어야 큰 파이가 팔릴 수 있다는 것도 알고 배려해야 한다.

단기와 장기

소나무 숲에 들어서 있는 정자亭子는 한 폭의 동양화이다. 이 멋진 한 폭의 그림이 연출되기까지는 많은 세월이 흘렀을 것이다. 단기적으로 소나무를 심고, 장기적으로는 그 소나무 크기를 기다려서 그 숲에 어울리는 정자를 지은 것이다.

경제학에서도 생산에 있어서 단기短期와 장기長期를 구분한다. 그런데 생산이론에서의 단기와 장기는 물리적인 시간의 길이로 구분하지 않는다. 생산에 있어서의 단기와 장기는 고정투입요소가 있는가의 여부로 구분한다. 만일 기업의 기계설비, 기술수준 등이 일정하다면 이 요소들을 고정투입요소라고 한다. 생산 과정에 고정투입요소가 존재하면 단기라고 부른다. 반면에 생산요소의 투입량이 자유롭게 변한다면 이를 가변요소라고 한다. 그리고 모든 생산요소가 가변적이면 이를 장기라고 부른다.

6

비용이론

석 자 베를 짜도 베틀 벌이기는 일반

고정비용

어떤 물건의 값을 너무 깎자고 하면 "이 물건이 흙 파주고 얻은 것인 줄 아느냐?"고 말한다. 이 말은 아무리 하찮은 물건이라도 자본이 들어가지 않고 생산된 것이 아니라는 뜻이다. 사실, 흙을 파려고 해도 최소한 삽이라는 도구가 필요하다. 즉 아무리 작은 것이라도 재화를 생산하기 위해서는 도구가 필요하다.

고정비용

앞에서도 설명한 것처럼 재화를 생산하기 위한 시설과 기계 등의 도구를 자본이라고 한다. 속담은 석 자 三尺밖에 되지 않는 짧은 베를 짜더라도 자본인 베틀이 최소한 한 대는 필요하다는 것을 말하고 있다. 그리고 그 베틀 한 대의 설치비용은 석 자를 짜든 넉 자를 짜든 똑같다. 즉 "석 자 베를 짜도 베틀 벌이기는 일반"이다. 생산량의 많고 적음에 관계없이 일정하게 들어가는 비용을 고정비용 固定費用이라고 한다. 기업의 고정비용에는 이자, 임원의 급료, 감가상각비 등이 있다.

한편 생산량이 변함에 따라 변해가는 비용을 가변비용 可變費用이라 한다. 가변비용에는 임금, 재료비 등이 있다. 기업이 생산을 증가시키면 처음에는 가변비용이 천천히 증가하지만 계속해서 생산을 증가시키면 빠르게 증가한다. 이러한 현상은 수확체증 및 수확체감 현상과 관계가 있다. 즉 가변비용이 천천히 증가하는 부분에서는 수확체증이 작용하고, 빠르게 증가하는 부분에서는 수확체감이 작용한다.

명시적 비용과 잠재적 비용

비용은 명시적 비용과 잠재적 비용으로도 분류할 수 있다. 명시적 明示的 비용이란 실제로 지출한 금액을 말한다. 실제로 지출한 금액이 명시적 비용이라면 실제로 지출하지 않은 비용도 있다는 말인가? 답은 '그렇다'이고, 잠재적 비용이 바로 그것이다. 명시적 비용에는 임금, 원재료 값, 임대료, 감가상각비, 세금 등이 포함된다. 이 명시적 비용은 기업의 장부에 기록된다는 점에서 회계적 비용이라고도 한다.

이제 '실제로 지출하지 않은' 비용인 잠재적 비용에 대해 알아보자. 기업의 생산활동에는 명시적 비용만 지출되는 것이 아니다. 명시적으로 지출되지는 않지만, 실질적으로는 비용인 것이 있다. 기업의 생산활동에는 기업가 자신 소유의 생산요소도 투입된다. 경영에 자기의 노동력을 투입해야 하고, 때로는 자기자본을 투입하거나 자기 소유의 토지에 공장을 짓기도 한다. 이때 자기 소유 생산요소를 사용하는 대가는 명시적으로는 지출되지 않는다. 그러나 그 생산요소를 제공한 기업가의 입장에서 볼 때 다른 용도로 사용하여 수익을 얻을 수 있는 기회를 상실한다는 점에서 볼 때 분명히 비용이다.

기업가 소유의 생산요소에 대한 비용을 잠재적潛在的 비용, 또는 귀속비용이라고 한다. 잠재적 비용은 실제로 지출하지는 않지만 현재의 선택으로 발생한 희생의 가치를 말한다.* 잠재적 비용에는 잠재적 임금, 잠재적 이자, 잠재적 지대, 그리고 정상이윤이 있다. 잠재적 임금이란 기업가가 다른 곳에 취업한다면 받을 수 있는 임금이다. 잠재적 이자란 자본을 다른 곳에 투입한다면 받을 수 있는 이자이다. 잠재적 지대는 토지를 다른 사람에게 임대해 준다면 받을 수 있는 지대이다.

경제적 비용

명시적 비용에 잠재적 비용을 합한 것을 경제적經濟的 비용이라고 한다. 경제적 비용이란 기회비용의 시각으로 본 모든 생산비용을 말한다. 총수입에서 경제적 비용을 뺀 것을 경제적 이윤 또는 순이윤이라고 한다.

---

* 이 비용을 기회비용(**機會費用**)이라고 한다. 기회비용에 대해서는 뒤에 나오는 "산토끼 잡으려다 집토끼 놓친다."에서 다시 설명한다.

산토끼 잡으려다 집토끼 놓친다

기회비용

자원을 어떤 용도에 사용한다는 것은 다른 용도에의 사용을 포기한다는 것을 의미한다. 노루 한 마리를 잡을 수 있는 시간에 토끼 두 마리를 잡을 수 있다고 할 때, 만약 노루를 잡는다면 그것은 토끼 두 마리 잡는 것을 포기하는 것이다. 즉 기회비용이 발생한다.

기회비용

기회비용 機會費用이란 어떤 하나를 선택할 때, 그 선택으로 인해 포기해야 하는 다른 것의 가치를 말한다. 기회비용이란 기회 '상실' 비용으로 이해하면 편리하다. 모든 경제활동에는 기회비용이 발생한다. 경제활동을 할 때는 자원을 그 용도 말고 다른 용도에 사용했을 때 얼마나 가치가 있을 것인가를 염두에 두어야 한다. 유한한 자원으로 생산과 소비 등 경제활동을 하기 위해서는 어떤 선택이 있어야 하고, 선택의 이면에는 다른 어떤 것의 포기라는 희생이 따르기 때문이다.

기회비용 개념을 정확히 이해하기 위해 로스쿨에 진학할 때 들어가는 비용을 계산해 보자. 2008년 초 대학가는 로스쿨로 뜨겁게 달구어졌다. 대학들은 로스쿨이 황금알을 낳는 거위가 아니라는 것을 알면서도 울며 겨자 먹기로 인가를 신청하고 또 매달렸다. 그 이유는 로스쿨을 유치하여 얻는 것도 얻는 것이지만, 유치하지 못하면 잃는 것이 너무 크기 때문이었다.

"아차! 내 기회비용"

두 형제가 로스쿨에 진학하려고 한다. 형은 현재 연봉 4천만 원을 받는 직장에 나가고 있고, 동생은 대학생이다. 형은 직장을 그만 두고 로스쿨에 진학해서 새로운 생을 개척하고 싶어 한다. 동생 또한 로스쿨 말이 나올 때부터 이미 로스쿨에 진학하기로 결심하고 그 진학 방법을 알아보고 있다.

형이 동생에게 묻는다.
"로스쿨 다니려면 비용이 얼마나 들까?"
"내 생각에는 최소한 1억 원은 들어갈 것 같아. 우선 로스쿨에 들어가기 위해 학원비와 교재비로 5백만 원, 등록금이 3년간 약 5천만 원, 그리고 3년간 생활비와 교재 값이 4천 5백만 원 정도 들겠지. 합하니 딱 1억 원이야."
"아, 그래. 1억 원이라고? 그렇다면 해 볼만 하군. 내 퇴직금으로 충분하겠어."
옆에서 듣고 있던 어머니께서 한마디 하신다.
"아, 이 녀석들아. 실제로 들어가는 비용만 비용이냐? 특히 큰 놈아, 너 생각 좀 해 봐라. 직장에 그대로 나가면 3년 동안 얼마를 벌어들일 텐데 그건 왜 생각 안 해?"
형은 무릎을 치며 말한다.
"아차, 내 기회비용!"

　그렇다. 겉으로는 3년 동안에 1억 원만 들어가는 것 같지만, 두 형제는 그보다 더 많은 비용을 들여야 한다. 특히 형은 훨씬 더 많은 비용을 들여야 한다. 로스쿨에 가려면 직장을 그만 두어야 하기 때문에 1년에 4천만 원씩의 소득을 올릴 수 있는 기회를 포기하게 되는 것이다. 형에게는 3년간 1억 2천만 원의 기회비용이 추가로 발생한다. 따라서 형의 로스쿨 비용은 무려 2억 2천만 원이나 된다. 물론 동생의 비용은 형보다 작다. 만약 연봉 2천 5백만 원 정도 받을 수 있는 취업을 포기한다 할 때 7천 5백만 원의 기회비용이 발생한다. 동생의 로스쿨 비용은 3년간 1억 7천 5백만 원이라고 할 수 있다.

　기업 생산비용을 분석할 때 경제학에서는 그 생산활동 때문에 포기되는 소득도 비용으로 계산한다. 포기되는 소득은 명시적으로는 지급하지 않지만 실제로는 손실이 되기 때문에 비용에 해당된다. 산토끼는 잡았다지만 집에 돌아와 보니 집에서 기르던 토끼가 어디로 달아나버렸다면 산토끼 사냥이 무슨 소용 있겠는가.

비슷한 속담

✔ 산돼지 잡으려다 집돼지 잃는다.

공짜 생선은 쥐덫 위에나 있다

공짜 점심은 없다, 사회적비용

세상에 공짜는 없다. 유일한 공짜는 속담에 나오는 것처럼 쥐덫 위에나 있다. 쥐가 그 공짜 생선을 먹기 위해서는 목숨을 걸어야 한다. 새뮤얼슨은 그의 저서 『Economics』에서 "공짜 점심은 없다."고 말했다. 겉으로는 공짜처럼 보이지만 공짜가 아닌 것 중에 민자유치 사업이 있다.

민자유치民資誘致 사업이란 정부나 지방자치단체가 재정적 여유가 없는 경우 민간기업에 공사를 맡기고, 대신 사용료 수입을 얻게 해 주는 사업을 말한다. 얼른 보면 재정적으로 넉넉지 않은 공공단체가 추진할 수 있는 좋은 방식처럼 보인다. 그러나 기업이란 이윤극대화행동을 하는 집단이며 기업의 이익은 공익과는 거리가 있기 때문에 공짜 점심은 기대하기 어렵다. 더구나 환경 파괴의 우려가 있는 사업이라면 공익과 멀어질 가능성이 있다. 우선 다음 글을 보자.

대운하 사업을 100% 민자로 수행하겠다는 말이 상당히 매력적으로 들리는 것은 사실이다. 사업의 타당성이 자동적으로 검증되는 것은 물론, 세금 한 푼들이지 않고 큰일을 해낼 수 있을 테니 말이다. 성공하면 좋고 실패해도 별 문제가 없다는데 구태여 반대할 이유가 없어 보인다. 그러나 이 세상 일이 그렇게 단순하지만은 않다. 경제학의 기본적인 법칙 중 하나가 공짜는 없다는 것이다. 대운하 사업에 반대하는 사람이 가장 우려하는 부분은 그것이 가져올 환경 피해다. 그러나 기업의 입장에서 보면 환경 피해가 발생해도 자신의 수익성에 아무런 영향이 없다. 따라서 사업 참여 여부를 결정할 때 환경 피해 비용은 고려 대상에 들어가지 않는다.

사회적 관점에서 본 비용

예를 들어 운하 건설, 운영에서 나오는 예상수입이 20조 원이라고 하자. 그리고 이 사업에 직접 투입된 비용이 18조 원이며, 환경피해 비용은 5조 원에 이른다고 하자. 환경 피해 비용을 고려할 필요가 없는 기업은 이 사업에서 2조 원의 이윤이 예상되기 때문에 참여하기로 결정할 것이다. 그렇지만 사회적 관점에서 본 비용은 23조 원이나 되기 때문에 이 사업이 오히려 손실을 가져다준다는 결론이 나온다.*

이 예에서 사업에 투입되는 18조 원을 사적비용 私的費用이라고 말한다. 그런데 환경 피해를 고려하면 전체 비용은 23조 원이 된다. 이 23조 원을 사회적비용 社會的費用이라고 한다. 예상수입이 20조 원이라 할 때 3조 원의 사회적 손실이 발생한다. 기업은 2조 원의 이익을 보지만, 사회적으로는 3조 원의 손해가 발생하는 것이다. 기업의 사익과 사회의 공익이 다를 수도 있다는 말은 바로 이것을 말한다. 그리고, 공짜 점심은 없다.

---

* 이준구 교수 기고문(한겨레, 2008. 1. 18) 발췌.

청산(靑山)에 매 놓기

매몰비용

조선 영조 때 김천택이 편찬한 시조집 『청구영언』에는 다음과 같은 작가 미상의 재미있는 사설시조가 실려 있다.

바람도 쉬어 넘는 고개 구름이라도 쉬어 넘는 고개
산진이 수진이 해동청 보라매도 쉬어 넘는 고개
그 넘어 님이 왔다 하면 나는 아니 한 번도 쉬어 넘으리라.

시조의 작자는 바람도 구름도 해동청 보라매라도 쉬어 넘는 높은 고개 너머에 님이 왔다 하면 자기는 한 번도 쉬지 않고 달려가리라는 연정을 노래하고 있다.

매잡이

매는 순식간에 하늘 높이 솟아오르거나 하강할 수 있으며, 행동이 민첩하여 꿩을 잘 잡는다. 옛날 시골에서는 매를 훈련시켜 꿩이나 비둘기 등을 사냥하기도 했다. 이청준 씨의 단편소설 「매잡이」는 길들인 매로 사냥을 하는 이야기이다. 그런데 민첩한 매가 만약 주인 손을 떠나 청산 靑山에 날아 가버리면 다시 잡을 수 없을 것이다. 그래서 엎질러진 물처럼 한 번 손에서 떠나가면 두 번 다시 돌아오기 힘든 것을 "청산에 매 놓기"라고 한다.

앞에서는 로스쿨 진학의 기회비용을 생각해 보았다. 이번에는 대학의 입장에서 생각해 보자.

매몰비용

로스쿨 때문에 대학별로 희비가 엇갈리고 있다. 인가를 받은 대학은 속으로 안도의 한숨을 쉬면서도 정원이 적다고 아우성이고, 그나마도 인가를 받지 못한 대학은 그동안 쏟아온 돈과 정성이 소용없게 되는 처지가 되어 코가 빠져 있다. 로스쿨 유치 희망 대학들은 그동안 많은 돈을 쏟아 부었다. 이미 들어간 돈 중에는 다른 용도로 전용할 수 있는 것도 있지만 그렇지 않는 지출도 많다. 이중 문제가 되는 것은 이미 지출하여 회수할 수 없거나 다른 용도로 전용할 수도 없는 돈, 즉 주워 담을 수 없는 엎질러진 물이다. 그 돈은 청산에 놓아 준 매처럼 어디론가 사라져 버렸다. 이미 지출되어 회복할 수 없는 비용을 매몰비용 埋沒費用이라고 한다. 로스쿨 인가를 받지 못하면 준비에 들어간 비용 대부분은 매몰비용이 되어버린다.

엎질러진 물에 대한 본전 생각

매몰비용은 일단 지출된 후에는 기업의 의사결정 과정에서 고려의 대상이 아니고, 또 아니어야 한다. 어느 학생이 천 원짜리 볼펜을 샀다가 그 볼펜을 금방 잃어버렸다고 하자. 볼펜을 다시 사야하나, 아니면 사지 말아야 하나. 다시 사려니 볼펜 하나에 2천 원이나 든다고 생각되어 아깝다. 그러나 냉정하게 따지자면 잃어버린 천 원은 다시 회수할 수 없는 매몰비용이다. 현재 그 학생은 천 원짜리 볼펜이 필요하다. 볼펜을 잃어버리기 전, 그 학생은 필요하기 때문에 볼펜을 샀다. 그렇다면 다시 볼펜을 사는 것이 합리적이다. 즉 잃어버린 것은 잊어버려야 한다.

경영자가 엎질러진 물에 연연해서는 안 된다고 경제학은 가르친다. 매몰비용에 대한 '본전 생각'은 경영자에게 금기 사항이다. 만약 투입한 돈이 아깝다는 생각 때문에 미련을 가지고 더 투자한다면 그만큼 매몰비용만 증가될 뿐이다. "부스럼이 살 되지 않는" 것이다.

어떤 기업의 생산활동에서 매몰비용이 발생했다고 하자. 경영자의 반응은 다음 두 가지로 나타날 것이다.

합리적인 CEO : 아깝지만 엎질러진 물이야!
비합리적 CEO : 본전은 뽑아야지, 계속 투자 해!

비슷한 속담

✔ 게 잡아 물에 놓았다.

홀아비 농사에 씨앗각시 품삯도 못 한다

이익과 손실

옛날 농가에서 씨앗을 뿌릴 때는 아낙네가 아기를 기르는 것 같이 정성 들여 뿌려야 그 씨앗이 잘 난다고 생각했다. 그래서 씨앗은 반드시 아낙네가 뿌렸다. 만약에 아낙네가 없으면 품을 사서 씨를 뿌리는데, 그 품꾼 아낙네를 씨앗각시라고 했다.* 그런데 홀아비로 사는 사람은 아무래도 의욕도 없고 해서 농사에 정성을 들이지 않았다. 가을에 수확을 하면 씨앗각시 품삯도 건지기 어려울 만큼 곡식이 적게 나기도 했다.

이익과 손실

농사를 짓든 생산을 하든, 이익을 얻을 수도 있고 손해를 입을 수도 있다. 비용이 수입을 초과해서 '씨앗각시 품삯도 못 하면' 손실이 발생한다. 반대로 수입이 비용보다 많으면 이익이 난다. 그런데 무엇을 수입으로, 또 무엇을 비용으로 보느냐에 따라 손실이나 이익의 크기가 달라진다. 이익은

* 이수경, 『한국인의 속담』, 베스트 북스, p.374.

보통 영업이익, 경상이익, 당기순이익의 세 가지로 분류된다.

첫째, 영업이익이란 기업의 주요 영업활동에서 생기는 이익을 말한다. 매출 총액에서 매출원가, 판매비, 관리비를 제하고 남는 금액을 영업이익, 또는 영업소득이라고도 한다.

둘째, 경상이익이란 기업의 경영활동에서 경상적으로 발생하는 이익을 말한다. 즉 일정한 기간 동안의 경상적 수입과 지출의 차액을 말한다. 경상이익은 영업이익에 영업외수익을 더하고 영업외비용을 공제해서 구한다. 영업외수익이란 기본적인 영업활동과 관계없는 자산 평가 이익, 이자소득 등을 말한다. 영업외비용이란 영업활동과 관계없이 지출된 자산의 평가 손실, 이자비용 등을 말한다.

셋째, 당기순이익은 경상이익에 특별 이익을 가산하고 특별 손실과 세금을 공제한 금액이다. 특별 이익과 손실이란 지진이나 홍수로 생산시설이 파손되어 대규모의 손실을 보거나 회사 소유 부동산을 매각한 것과 같이 정상적인 기업 활동과 무관하게 발생한 손익을 말한다.

한편 기업의 경영에서는 손실이 발생할 수도 있다. 기업의 손실에는 영업 손실, 경상 손실, 당기순손실 등이 있다. 영업 손실은 영업이익과, 경상 손실은 경상이익과, 당기순손실은 당기순이익과 각각 반대 개념이다.

7

생산성

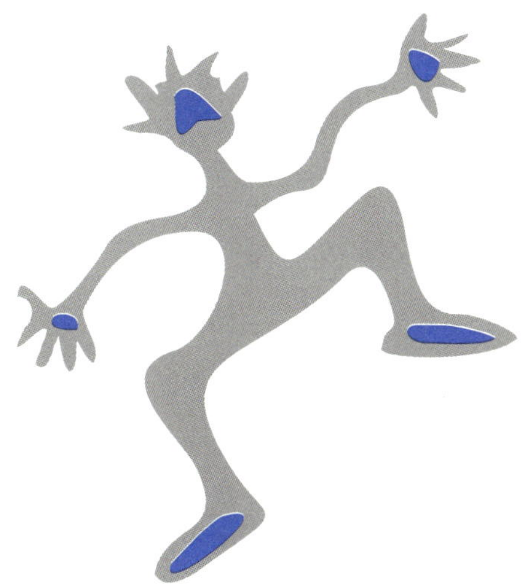

도랑 치고 가재 잡는다

범위의 경제, 시너지 효과

이 세상에서 가장 듣기 좋은 소리 세 가지가 있으니, 하나는 아기 젖 먹는 소리요, 다른 하나는 아이들 글 읽는 소리요, 마지막은 자기 논에 물 들어가는 소리라고 한다. 논농사에는 물이 매우 중요하다. 논농사를 지을 때는 도랑을 만들어서 물을 끌어들인다. 도랑이란 작고 좁은 개울을 말한다. '도랑 치다'는 도랑에 물이 잘 흐르도록 물풀이나 자갈을 걷어내는 것을 말한다. 한편, 가재는 도랑이나 시냇물의 돌 밑에 숨어 산다. 도랑을 치면 돌 밑에 숨어 있는 가재를 잡는 부수입도 올릴 수 있다. 이 속담은 농사를 잘 짓기 위해 도랑을 치면서 가재까지 잡는 것, 즉 일석이조一石二鳥를 말한다.

결합생산

'도랑 치면서 가재도 잡듯이' 기업은 관련 있는 재화 여러 가지를 동시에 생산하여 효율성을 높이기도 한다. 악어 사육 농장에서는 대개 악어가죽 가공 공장도 같이 운영한다. 이 가공 공장에서는 악어가죽 제품은 물론, 부산물을 이용한 제품을 만들어 판매한다. 또 구두 만드는 회사는 핸드백이나 허리띠도 함께 생산한다. 가죽의 어떤 부분은 구두를, 다른 어떤 부분은 핸드백을 만드는 데 이용하고 나머지 부분으로는 허리띠를 만들면 재료를 효율적으로 이용하기 때문에 원가를 절감할 수 있다. 두부 공장에서는 대개 돼지를 키운다. 두부를 만들고 남은 비지로 돼지를 사육하는 것이다.

이처럼 두 가지 이상의 생산물이 동일한 생산기술과 생산요소에 의해 생산되는 것을 결합생산 結合生産이라고 한다. 결합생산을 나타내는 속담으로는 "밥 위에 떡 찌기", "떡 삶은 물로 풀 한다", "마당 쓸고 돈 줍고", "일석이조", "님도 보고 뽕도 따고" 등이 있다. 결합생산의 일석이조를 장려하는 우리 조상의 지혜를 엿볼 수 있는 속담들이다.

범위의 경제

결합생산은 대부분 '범위 範圍의 경제'를 실현시킨다. 범위의 경제란 두 가지 이상의 생산물을 따로따로 독립된 기업에서 생산하는 것보다 한 기업이 동시에 생산하는 것이 유리한 것을 말한다. 즉 결합생산으로 이득을 얻는 것을 범위의 경제라고 한다. 밥 따로 하고 떡 따로 찌느니보다는 밥하면서 떡도 찌면 비용이 훨씬 적게 든다는 얘기다. 흔히 사용하는 시너지 효과 synergy effect라는 말이 바로 범위의 경제를 의미한다.

장사가 잘 되는 음식점을 가보면 대개 정육점도 겸하는 것을 볼 수 있다. 그 집의 고기는 좋다고 정평이 나 있고 국밥도 푸짐하다. 이 집에서는 고기를 팔 때 좋은 부위만 떼어 팔아 신용을 얻는다. 그리고 나머지 고기나 뼈는 국밥이나 설렁탕에 푸짐하게 넣어준다. 고기 사러 온 손님에게는 고기가 좋고, 국밥 먹으러 온 손님에게는 값싼 음식이 푸짐하여 좋은 평판을 얻게 되니, 이것이 바로 결합생산의 이점이요 범위의 경제가 아니겠는가. 범위의 경제를 나타내는 비슷한 속담으로는 "호박이 넝쿨째, 잘되는 집은 가지에 수박 열린다." 등이 있다.

범위의 불경제

그러나 어느 생산 공정에서든 항상 범위의 경제가 발생하는 것은 아니다. 이탈리아의 소읍에서 생산되는 세계적으로 유명한 제품들은 오로지 한 가지 재화를 특화하여 기술개발을 하고 유행을 선도함으로써 특화 생산의 이점을 살리는 경우이다. 이들이 만약 이것저것 손댄다면 오히려 효율성이 저하될 수 있다. 즉 범위의 불경제가 발생할 수도 있다. 한 기업이 두 가지 재화를 동시에 생산하는 것이 각각 독립된 기업에서 따로 생산하는 것보다 불리한 경우를 범위의 불경제라고 한다. 범위의 불경제가 발생하는 산업이나 기업에서는 특화 생산하는 것이 유리하다.

백석꾼은 천석꾼 못 되어도 천석꾼은 만석꾼 된다

규모의 경제, 대규모 생산의 법칙

백석꾼이란 한 해에 벼 100석 石을 수확하는 부자를 말한다. 천석꾼은 벼 1,000석을 수확하는 큰 부자이고, 만석꾼은 벼 10,000석을 수확하는 아주 큰 부자이다. 속담은 재산을 '백석에서 천석으로 늘리는 것보다 천석에서 만석으로 늘리는 것이 더 쉽다'고 말한다. 매년매답 每年每畓이라는 말이 있다. 이 말은 해마다 논을 산다는 것을 뜻한다. 속담은 백석꾼 부자보다는 천석꾼 부자가 돈이 더 많기에 매년매답 하기가 더 쉽고, 그래서 만석꾼 되기가 더 쉽다는 것을 말하고 있다.

"소매가 길면 춤추기가 좋고, 돈이 많으면 장사하기가 좋다."라는 속담이 있다. 전통적인 한국 춤은 긴 소매를 펄럭이며 춘다. 한국 춤을 출 때 긴 소매는 멋진 포물선을 그리며 아름다운 모습을 연출한다. 소매가 길면 아무래도 춤이 더 멋진 것 같다. 장사하는 사람에게 돈은 많을수록 유리하다. 돈이 많으면 재고 확보에도 유리하고, 때로는 과감한 할인 판매로 경쟁 상대를 제칠 수 있다. 즉 규모의 경제가 발생하는 이점을 누릴 수 있다.

규모의 경제

기업의 생산활동에도 작은 규모보다는 큰 규모가 유리하다. 라면 공장을 두 배로 확장했더니, 즉 생산기계와 노동자 수를 두 배로 늘렸더니 생산은 세 배로 증가하여 생산량이 '2배+α'가 되었다고 하자. 규모를 두 배로 늘렸더니 생산은 세 배로 증가했다는 것이다.

기업의 규모가 커지면 기술개발에 대한 투자를 증가시킬 수 있어 기술혁신이 일어나 생산량이 증가하거나 생산비가 감소된다. 규모가 커지면 생산 원료의 확보가 유리해진다. 예를 들어 원유를 대량으로 사용하는 국가는 상대적으로 낮은 가격으로 장기간 안정적인 공급을 받을 수 있다. 규모가 커지면 노동의 전문화 또는 분업화가 촉진됨에 따라 노동생산성이 증대된다. 또 생산이 자동화됨으로써 노동시간을 절약하게 된다. 즉, 생산단계 간의 자동적 연결 등으로 제품 단위당 운송비 등의 절약이 가능하게 된다.

생산 규모를 키울 때 규모를 키운 이상으로 생산이 증가하는 현상을 규모規模의 경제라고 한다. 규모의 경제는 대규모 생산의 법칙이라고도 한다. 한편, 규모의 경제가 발생하면 평균 생산비용이 감소하게 된다. 생산 규모가 증대됨에 따라 평균 생산비가 감소하는 현상도 규모의 경제이다. 규모를 키울 때 생산성이 증가한다는 말이나 생산비가 감소한다는 말은 동전의 양면을 말하는 바와 같이 똑같은 현상을 달리 관찰하는 것일 뿐이다. 즉 규모의 경제를 생산량으로 판단하느냐 아니면 생산비로 판단하느냐의 차이일 뿐이다.

규모의 경제는 대개 적절한 분업을 통해 달성된다. 분업을 통해 규모의 경제를 실현시킨 선구자는 포드H. Ford이다. 포드는 분업과 컨베이어 시스템을 구축하는 자본투자를 통해 규모의 경제를 달성했다.

열 냥짜리 굿하다가 백 냥짜리 징 깬다

규모의 불경제

모든 기업이나 산업에서 항상 '규모의 경제'가 나타나는 것은 아니다. 또 규모의 경제를 보이는 기업이라도 그 규모가 어느 한도를 넘어서면 규모의 경제가 사라진다. '열 냥 받는 굿하다가 백 냥짜리 징을 깨뜨리는' 불경제 현상이 나올 수도 있는 것이다. 속담에 나오는 징鉦은 크고 둥근 놋쇠 판에 끈을 달아 사용하는 악기로, 음색이 웅장하면서도 부드럽고 여운이 길어 우리나라 사람에게 친숙한 악기이다.

규모의 불경제

기업이 생산 규모를 확대시킬 때 규모를 키운 만큼 생산성이 증대되지 않고 오히려 감소하는 현상을 규모의 불경제 不經濟라고 한다. 예를 들어 공장의 규모를 2배로 확장했지만 생산량은 1.5배 증가, 즉 '2배−α'로 나온 경우이다. 일반적으로 기업의 규모를 키우면 처음에는 규모의 경제가 나타나지만 계속해서 규모가 커지면 규모의 불경제가 나타나게 된다. 기업의 규모가 너무 커지면 각종 비효율이 발생하기 때문이다. 열 냥 벌려고 굿하다가 백 냥짜리 되는 징을 깨뜨리는 모양이 되는 것이다.

규모의 불경제 현상이 나타나는 이유는 경영의 제약에서 오는 비효율성 때문이다. 인간 능력에는 한계가 있기에 경영인의 능력에도 한계가 있을 수밖에 없다. 이러한 경우에 너무 큰 규모의 기업을 경영하면 능력의 한계를 벗어나는 부분에 비효율이 나타나게 마련이다. 우리나라는 외환위기를 겪으며 대기업의 경영에서 규모의 불경제가 나타나는 것을 많이 보아왔다. 또 동유럽 공산권국가들의 몰락과 해체도 규모의 불경제 현상이라고 볼 수 있다. 계획경제체제를 택한 사회주의국가는 하나의 거대한 기업이라고 볼 수 있다. 비교적 작은 규모의 국가이거나 저개발단계의 국가에서는 정부가 경제를 통제하면서 규모의 경제를 누릴 수도 있다. 그러나 구소련처럼 거대한 국가의 경제를 이윤 동기나 시장 원리의 도입 없이 몇 명의 지도자가 끌고 간다는 것은 거의 불가능하다.

비슷한 속담

✔ 한 푼(分)짜리 푸닥거리에 두부가 오 푼(分)

개미가 천 마리면 절구통도 물어간다

아프리카를 여행하다 보면 숲이나 들에서 피라미드 모양의 흙무더기를 가끔 볼 수 있다. 사람 키를 훌쩍 넘는 이 흙무더기 위에는 구멍이 나 있다. 그 흙무더기는 땅 속에 있는 흰개미 집의 입구이자 통풍 기둥이라고 한다. 흰개미는 지푸라기와 흙을 섞어 이 통풍 기둥을 만들었다. 개미의 덩치에 비해 거대한 규모의 통풍 기둥은 개미 한 마리 한 마리가 작은 흙덩이와 지푸라기를 입으로 물어 날라다가 만든 것이다. 이 통풍 기둥 아래 지하에는 밖으로 보이는 기둥보다 훨씬 규모가 큰 개미집이 있다. 개미는 땅속에 있는 습기 많은 공기를 뽑아내기 위해 기둥을 쌓아 올린 것이라 한다. 이 통풍 기둥 덕분에 지하에 있는 개미집은 늘 쾌적하고 시원함을 유지할 수 있다. 개미 한 마리의 힘은 크지 않다. 그러나 여러 마리가 힘을 합하면 커다란 일을 해낼 수 있다. '개미 천 마리면 절구통도 나를 수 있는' 것이다.

노동집약적 생산

현대 산업의 거대한 생산시설 속에서도 노동은 여전히 중요한 생산요소이다. 자본보다는 노동을 상대적으로 많이 투입하여 생산하는 방식을 노동집약적 생산이라고 한다. 다시 말해서 노동집약적 생산이란 기계시설 같은 자본력보다는 인간의 노동력을 주로 하여 재화를 생산하는 방식을 말한다. 반면에 인간의 노동력보다는 기계시설 등 자본력을 주로 하여 생산하는 방식을 자본집약적 생산이라고 한다.

현대의 경제시스템은 점점 자본집약적 구조로 바뀌어 가고 있다. 예를 들어 서울 지하철 9호선에는 5무無 시스템이 도입되어 있다. 이 지하철에는 역장, 역무실, 매표소, 현업사무소, 숙직 등 다섯 가지가 없다. 이에 따라 역무원의 근무 방식도 정거장의 역무실에 상주하는 대신 열차 운행 시간 내 각 역을 순회 근무하는 방식으로 전환되었다. 또 교통카드 충전 및 판매는 정거장 내 편의점을 이용토록 해 매표인력을 없앴다. 시범적으로 도입된 이러한 제도는 앞으로 다른 분야에까지 확산될 것이다. 이러한 사회 구조의 변화는 일자리를 점점 줄이는 결과를 가져온다.

이탈리아와 대만의 중소기업

중소기업은 일반적으로 노동집약적 생산 방식을, 대기업은 자본집약적 생산 방식을 택하여 생산한다. 또 국가의 산업구조도 대기업이나 재벌 중심으로 이루어진 나라도 있고 중소기업 위주로 이루어진 나라도 있다.

이탈리아는 근로자 400명 미만의 중소기업이 전체 기업 수의 99%, 기업 총매출의 75%를 차지하고 있을 정도로 중소기업의 나라이다. 이탈리아에는 세계시장에서 1위를 점유하는 품목이 310여 개에 이른다. 세계적인 경쟁력을 가진 중소기업들이 이탈리아를 탄탄하게 받치고 있는 것이다. 부존자원도 별로 없고 인구도 얼마 되지 않는 대만이 '조용히 잘 나가고 있는' 것도 작고 강한 중소기업들이 국가경제를 받치고 있기 때문이다. 대만의 중소기업들은 세계적인 글로벌 기업의 주요 부품 공급시장의 위치를 확고히 하고 있다. 대만 경제가 비교적 안정적인 것을 보면 개미가 절구통을 정말로 물어 가는가 보다.

비슷한 속담

✔ 백지장도 맞들면 낫다.

천만 재산이 서투른 기술보다 못하다

기술진보, R&D

옛날 농사짓던 시절, 농부가 자식에게 물려줄 것은 쌀이 아니라 논과 함께 농사짓는 기술이었다. 마찬가지로 어부는 자식에게 고기를 물려주는 게 아니라 고기 잡는 기술을 물려줘야 했다.

우리 조상들은 "자식에게 돈 물려줄 생각 말고 글을 가르쳐라."고 했다. 아무런 기술도 가르쳐주지 않고 천만千萬 재산을 자식에게 남긴다 한들 언젠가는 없어져버릴 것이니 무슨 소용이 있겠는가. 그러나 기술을 가르쳐 주면 재생산이 가능하기 때문에 재산을 유지할 수 있다. 더구나 불로소득으로 얻은 재산은 흥청망청 과소비하기 쉽지만 자기가 땀 흘려 얻은 소득을 탕진하는 사람은 거의 없다. "천만 재산이 서투른 기술보다 못하다."라는 옛날 어르신들의 가르침은 지금도 귀 기울이고 들어야 할 말이다.

기술진보

현대의 생산관계에서는 기술이라는 생산요소가 매우 중요하다. 그리고 기술은 진보해야 생명력을 가진다. 기술진보 없이 똑같은 생산방식만 고집한다면 그 기업은 도태될 수밖에 없다. 기술진보는 내부의 R&D 활동과 함께 지식의 축적과 축적된 지식의 실용화 과정에서 이루어진다. 또 새로운 생산기술의 실용화는 기술혁신으로 이어진다. R&D란 연구 및 개발research and development을 뜻한다.

기술진보가 일어나면 동일한 노동과 자본을 투입하더라도 더 많은 양이 생산되거나, 동일한 양의 생산에 필요한 요소 투입량이 감소된다. 기술진보는 새로운 기계와 함께 들어오거나, 새로운 훈련을 받은 노동자와 함께 들어온다. 새로운 기계는 대개 새로운 기술을 채용하고 있다. 투자는 새로운 생산기술을 도입시키는 중요한 경로가 된다. 또한 새로운 생산기술은 새로운 노동력에 부수되어 나타나는 수도 있다. 새로운 노동력은 선진화된 기술을 습득한 후 투입되므로 기존의 노동력보다 더 높은 생산성을 발휘하게 한다. 노동자를 양성하는 기술계 고등학교나 대학은 새로운 기술의 전수장이다.

기술진보의 형태

기술진보는 투입요소 집약도의 변화에 따라 중립적, 자본집약적, 노동집약적 기술진보의 세 가지 형태로 나타난다. 중립적 기술진보란 동일한 양을 생산하면서 노동과 자본을 동일한 비율로 절약하여 투입할 수 있는 기술의 발전을 말한다. 자본집약적 기술진보란 동일한 양을 생산하면서 노동과 자본을 절약하되, 노동에 비해 자본을 상대적으로 더 많이 투입하게 되는 기술의 발전을 의미한다. 이러한 현상은 기술진보를 통해 자본생산성이 증가할 때 일어난다. 자본집약적 기술진보가 있을 경우, 노동투입이 상대적으로 더 감소하기 때문에 이를 노동절약적 기술진보라고 부르기도 한다. 노동집약적 기술진보란 동일한 양을 생산하면서 노동과 자본을 절약하되, 노동을 자본에 비해 상대적으로 더 많이 투입하게 되는 기술의 발전을 의미한다. 즉 기술진보로 인해 자본생산성에 비해 노동생산성이 상대적으로 증가한 것이다. 노동집약적 기술진보가 있을 경우, 자본투입이 상대적으로 더 감소하기 때문에 이러한 진보를 자본절약적 기술진보라고도 한다.

비슷한 속담

- ✔ 국수 못 하는 년이 피나무 안반만 나무란다.
- ✔ 서투른 목수(木手)가 대패 탓만 한다.

소리개도 오래면 꿩을 잡는다

꿩 사냥은 주로 매가 한다. 그래서 "꿩 잡는 것이 매다."라는 속담이 있을 정도이다. 이에 비해 솔개라고도 하는 소리개는 주로 병아리나 쥐, 그리고 개구리 등 작은 동물을 잡아먹고 산다. 소리개는 매에 비해 사냥기술이 조금 뒤떨어지는 것이다. 그러나 속담은 '소리개도 오랜 동안 사냥 연습을 하면 꿩을 사냥할 수 있다'고 말한다. 아무리 재주 없는 사람일지라도 한 가지 일을 오래 지속하면 그것을 잘할 수 있게 된다는 것이다.

비슷한 속담으로 "서당 개 삼 년이면 풍월을 읊는다."와 "독서당 개가 맹자 왈 한다."가 있다. 과장이기는 하지만, 부단히 연습하면 이룰 수 있다는 세상 이치를 가르치는 속담이리라. 이 책의 맨 마지막에는 대우 명장 김규환 씨가 소개되어 있다. 그는 본인 스스로 밝혔듯이 큰 재주가 있는 사람이 아니었다. 오로지 연습하고 또 연습해서 명장이 될 수 있었다.

현대는 전문화 專門化, 즉 프로페셔널 professional의 시대이다. 프로페셔널은 보통 프로라고 말하며, 어떤 일을 전문으로 하거나 그런 지식이나 기술을 가진 사람을 말한다. 프로 하면 떠오르는 것은 프로야구나 축구선수이다. 교수도 프로페서professor, 즉 프로에 속한다. 옛날에는 교수가 대표적인 프로 집단이었기 때문에 교수에게만 프로페서라는 말을 붙여주었다. 요즈음에는 각 분야마다 전문가가 있다. 모두가 프로페서이다.

피터 드러커 Peter Drucker는 사회와 기업의 중심은 지식 근로자라고 주장했다. 그는 기업이 경쟁력에서 우위를 보이려면 지식 근로자의 생산성을 향상시켜야 하고, 지식 근로자의 생산성을 향상시키기 위해서는 자기 계발이 필요하다고 했다. 피터 드러커는 자기 계발을 통한 생산성 향상 여부가 단순 노동자와 지식 근로자의 차이라고 생각했다. 자기 계발은 곧 전문화로 이어진다. 경제에서 전문화는 대개 생산 과정에서 이루어진다. 생산 과정에서 전문화를 가장 잘 보여주는 것은 분업이다.

분업에는 사회적 분업과 기술적 분업이 있다. 사회적 분업은 하나의 생산 부문이 한 집단이나 지역에 전담되는 방식을 말한다. 남녀 간의 분업, 지역적 분업이 사회적 분업의 일종이다. 사회적 분업을 전문화라고 한다. 전문화는 각자가 기능을 최대한으로 발휘할 수 있게 해준다. 이에 따라 생산능률이 향상된다. 소리개도 오래면 꿩을 잡게 되는 것이다. 기술적 분업에 대해서는 다음 장에서 설명한다.

길쌈질은 계집종에게 물어서 하랬다

분업의 이익

예전에는 시골에서 어머니가 자녀들을 앉혀 놓고, "저 논다랑이는 내가 길쌈해서 산 것이란다."고 자랑스럽게 말하는 모습을 가끔 볼 수 있었다. 부녀자가 가정에서 무명, 삼베 등의 직물을 짜는 일을 길쌈이라고 한다. 길쌈으로 짜 낸 베는 옷을 해 입거나 이불을 만드는 데 쓰였다. 뿐만 아니라 이 베는 화폐 대신 이용되기도 했다. 논이나 밭을 살 때 '베 몇 필'을 주고 사기도 한 것이다.

분업

길쌈 대부분의 과정은 아낙네가 도맡아 해냈다. 대신 남정네는 논밭에 나가 일을 했다. 가족 간에 분업分業이 자연스럽게 이루어진 것이다. 이 분업은 기업이나 사회에서도 이루어진다. 그리고 분업은 효율적인 생산 방식이다. 아담 스미스는 국부론에서 핀 공장의 예를 들어 분업의 효과를 설명했다.

핀 공장에서 직공이 서로 독립적으로 핀을 만든다면 아무리 숙련된 제조공이라도 한 사람이 하루 20여 개 만들기가 힘들다. 그러나 핀 만드는 공정을 여러 단계로 나누고, 그 공정을 맡은 사람은 그 공정만 담당하는 식으로 만들면 같은 수의 제조공이 훨씬 많은 양의 핀을 만들 수 있다. 예를 들어 철사를 꺼내는 일, 곧게 펴는 일, 자르는 일, 끝 부분을 뾰족하게 하는 일, 머리 부분을 만드는 일 등으로 일을 분담하여 생산할 경우 하루에 한 사람 당 4,800개의 핀을 만들 수 있다. 혼자 모든 공정을 담당하여 핀을 만들면 하루에 고작 20개를 겨우 만들 수 있는데, 분업 방식으로 생산하면 한 사람 당 4,800개로 엄청나게 증가하는 것이다.

포드 시스템

분업을 통해 생산성이 좋아지는 것을 분업의 이익이라고 한다. 분업을 이용해 생산성을 향상시킨 대표적인 사례는 포드 시스템Ford System*이다. 포드는 자동차공장에 생산의 표준화와 이동식 조립법을 도입하여 대량생산 시스템을 구축했다. 생산의 표준화란 상품이나 부품의 기준을 정해 생산을 하는 것을 의미한다. 제품 표준화는 원가를 절감하게 하고 대중성 있는 제품의 생산을 가능하게 해주었다. 이동식 조립법이란 컨베이어conveyer로 일감을 이동시켜 노동자가 자기 자리에서 자신에게 주어진 단순한 일을 반복하도록 하는 시스템이다. 포드는 표준화와 이동식 조립법을 도입해 공장의 효율성을 향상시켰다.

한편 분업은 국제적으로도 가능하다. 국가 간에 무역이 일어나는 것은 국제적 분업의 덕분이다.

---

* "고기 보고 부럽거든 가서 그물을 떠라(우회생산)."에서 설명하였다.

8

기업과 경영

장사꾼은 오 리 보고 십 리 간다

이윤극대화

이 속담의 '오 리'의 리厘는 비율을 나타내는 할·푼·리·모割分厘毛 중의 '리'를 말한다. 1리의 크기는 1/1,000로 0.1%이다. 따라서 '오 리'는 0.5%에 해당한다. 반면 십 리에서의 리里는 거리를 나타내는 말이며, 십 리는 4km이다. 속담은 '오 리'와 '십 리'에서 발음은 같으나 뜻은 다른 '리'를 이용해 재치 있는 대비를 하고 있다. 이러한 방식의 대비는 우리나라 속담에서 자주 발견된다. 장사꾼은 오 리(0.5%)밖에 안 되는 작은 이윤을 얻기 위해서 십 리(4km)를 걸어가는 수고를 한다는 것이다. 즉 장사는 이윤을 위해 행동한다.

기업의 행동 원리

물론 조선시대의 거상巨商 임상옥은 사람을 남기기 위해 장사를 한다고 했고, 유한양행의 창업자 유일한 씨는 기업을 통해서 사회에 봉사하고자 했다. 그러나 모든 기업이 사람을 남기는 장사를 하거나, 사회봉사를 기업의 목표로 하는 것은 아니다. 1997년 외환위기 이전까지 우리나라의 기업들은 이윤을 남기기 위한 행동과 함께 시장 점유율을 높이거나 매출액을 극대화하는 행동을 하기도 했다. 매출액극대화란 소유와 경영이 분리된 기업에서 경영자들이 일정한 최저이윤 수준을 달성하는 조건 하에 매출액을 극대화시키려는 행동을 하는 것을 말한다. 그 뒤 IMF 구제금융 시기를 거치면서 기업들은 이윤극대화에 눈을 돌렸다. 오늘날 대부분의 기업은 이윤극대화 행동을 한다고 볼 수 있다.

이윤극대화 준칙

이윤극대화란 기업의 행동 목표가 이윤을 극대화시키는 데 있는 것을 말한다. 기업의 행동이란 곧 생산이라는 것을 생각할 때, 이윤극대화 행동이란 기업이 이윤을 위해서 생산한다는 말이다. 그리고 이윤을 목적으로 생산하는 기업의 행동 원리를 '이윤극대화 준칙'이라고 한다. 그 준칙은 '한계수입과 한계비용이 동등하도록 생산하는 것'이다.

예를 들어 기업이 어떤 상품 한 개를 더 생산하면 12만 원의 추가비용이 들고, 그 한 개를 팔면 13만 원의 추가수입이 생긴다고 하자. 이 추가비용 12만 원을 한계비용이라 하고, 추가수입 13만 원을 한계수입이라고 한다. 이 기업은 추가 생산한 한 개 덕분에 1만 원의 이익을 얻고 있다. 그렇다면 기업은 생산을 더 늘릴 것이다. 즉 마지막 한 개 생산해서 단 1원이라도 남는 동안은 생산을 늘린다. 그런데 한 개, 한 개 더 생산하면 그로 인한 이윤은 점점 줄어든다. 생산 증가에 따라 값은 내려가고 생산비는 증가되기 때문이다.* 생산 증가에 따라 수입은 점점 감소하고 비용이 증가한다면 언젠가는 그 수입과 비용이 같아지는, 즉 '한계수입 = 한계비용'인 지점에 이를

---

* 생산비가 증가하는 것은 수확체감의 법칙이 작용하기 때문이다.

것이다. 그 지점이 적정 생산량이라고 설명하는 것이 이윤극대화 준칙이다.

한계라는 말 기억하기

우리는 앞의 "한식에 죽으나 청명에 죽으나"에서 한계라는 말의 역할을 알아보았다. 독자 여러분은 "기내식 안 먹겠습니다."라는 배낭여행 젊은이의 말을 기억할 것이다. 승객 한 명을 더 태우느라 추가되는 비용이 바로 한계비용이다. 이처럼 한계비용이란 어떤 재화를 한 개 더 생산할 때 추가되는 비용을 말한다. 또 젊은이 한 명을 더 태울 때 들어오는 수입 추가분, 즉 젊은이가 낸 요금이 한계수입이다. 즉 한계수입이란 재화 마지막 한 개를 더 판매할 때 추가로 들어오는 수입이다.

어느 임원회의에서

어느 기업 임원회의에서 부장의 보고를 들어보자.

생산부장 : 한 개 더 생산하는 데 비용이 12만 원이 추가됩니다.

영업부장 : 한 개 더 생산해서 팔면 수입이 13만 원 추가됩니다.

사업부장 : 어쩐다지?

이 책의 독자 : 한계수입이 한계비용보다 더 크니, 생산을 늘리세요.

이 속담은 집 사는 데 들어가는 돈보다 더 많은 돈을 들여서 이웃을 산다는 것으로, 사람이 중요하다는 것을 가르치는 말이다. 즉 집도 중요하지만 사람을 양성하는 것은 더 중요하다고 이 속담은 말하고 있다. 최인호 씨의 장편소설 『상도』는 조선시대의 거상 임상옥을 그린 작품이다. 작품 속에서 임상옥은 "장사란 돈을 벌기 위한 것이 아니라, 사람을 얻기 위한 것"이라고 말한다. 그리고 일생 동안 이를 실천하려고 노력한다.

인적자본

사람을 인적자본 人的資本이라고도 말한다. 자본재를 기계자본이라고 말하듯이 노동을 인적자본이라고 말하는 것이다. 인적자본이란 단순한 노동자가 아니라 교육투자를 통해 문제 해결 능력이 높아진 인력을 말한다. 인적자본은 경제발전의 원동력이다. 미래를 위한 투자는 사람에 이루어질 때 가장 효과가 크다고 한다. 기술진보가 인적자본에 대한 투자와 결합하여 일어나기 때문이다.

　기업이나 국가는 보다 나은 미래를 위해 인재양성에 온 힘을 기울인다. 노르웨이나 스웨덴 등 북유럽국가는 대학교육이 무료일 뿐만 아니라, 대학생에게 재학기간 동안 생활비를 보조해 준다. 이들 국가가 무료로 대학교육을 시키고 생활비까지 보조하는 이유는 지도자를 양성하기 위해서다. 북유럽에서는 고등학교만 졸업해도 취업할 수 있다. 그런데도 국가와 민족의 지도자가 되기 위해 대학에 진학하는 것이기에 국가에서 보조금을 지급해 주는 것이다. 대학이란 원래 지도자를 양성하는 곳이다. 대학교육이 취업을 위한 수단이 되고 있다는 것은 안타까운 일이다.

효율임금

　요즈음은 일부 기업들이 인적자본을 확보하기 위해 효율임금效率賃金을 지급하고 있다. 효율임금이란 기업이 근로자의 생산성과 충성심을 고취하기 위해 일반 평균임금보다 높은 임금을 지불하는 것을 말한다. 노동시장의 평균임금보다 높은 임금을 받는 근로자의 입장을 생각해 보자. 만약 태만히 근무하다가 해고당하면 해고의 기회비용이 너무 크다. 왜냐하면 해고당할 경우 평균임금보다 많이 받던 그 임금을 놓칠 수 있기 때문이다. 효율임금을 받는 노동자에게는 열심히 일할 유인誘因이 생긴다. 효율임금은 기업에게도 도움이 될 수 있다. 효율임금을 지급하면 일반적으로 이직률이 낮아진다. 근로자의 이직률이 낮아지면 노동자가 자주 바뀜에 따라 추가로 들어가는 신입사원 선발 비용, 신입사원 훈련 비용, 그리고 직원과의 적응 비용 등에 대한 지출을 줄일 수 있다. 효율임금을 유효임금이라고도 한다.

소나무가 무성하면 잣나무가 즐거워한다

우리나라에서 가장 먼저 해가 뜬다는 호미곶에는 일출 외에 또 하나의 볼거리가 있다. 이름도 아름다운 '상생의 손'이 그것이다. 상생 相生의 손은 두 개인데, 그중 왼손은 해맞이 광장 가운데서 영원의 횃불을 호위하고 있고, 오른손은 바다에서 떠오르는 태양을 떠받치는 모습을 하고 있다. 속담 "소나무가 무성하면 잣나무가 즐거워한다 松茂栢悅."라는 말은 어떤 하나가 무성하게 잘 되면 그 옆도 잘 되어 덕을 본다는 것을 말한다. 즉 상생을 말하고 있다.

산업연관효과

악어와 악어새는 서로 상생 관계이다. 악어새는 악어의 이 사이에 끼어있는 음식물 찌꺼기를 먹으며 살아간다. 악어새는 악어에게서 먹이를 얻고, 악어는 악어새가 이를 깨끗이 청소해주는 이득을 얻고 있는 것이다.

한 경제체제 내에서 각각의 산업은 연관관계를 가지고 있으며, 서로 영향을 주고받는다. 산업 간의 경제적 영향을 산업연관효과라고 한다. 산업연관효과에는 전방 前方효과와 후방 後方효과가 있다. 전방효과나 후방효과는 흔히 사용되는 상생이니, 윈윈win-win이니 하는 말과 뜻이 통한다. '소나무가 무성하면 잣나무가 즐거워하듯이' 중화학 공업이 발달하면 부품산업도 덩달아 발달하고 덕을 보는 것이다.

전방효과와 후방효과

전방효과는 어떤 특정 산업이 발전할 때 그 산업의 생산물을 중간재로 사용하는 다른 산업도 같이 발전하게 되는 효과를 말한다. 원자재 산업이 발달하면서 반제품 가격을 인하하면 이를 중간 투입물로 사용하는 다른 산업들의 생산 원가가 절감되어 산업 전체의 경쟁력이 향상된다. 철강은 자동차산업의 가장 중요한 중간재이다. 철강 가격이 하락하면 자동차의 생산비를 절감시키게 된다. 또 자동차산업이 발달하면 자동차를 이용한 운수산업, 관광산업 등이 발달하게 된다. 이처럼 '철강산업 발달→자동차산업 발달→운수산업 발달'로 이어지는 연관효과를 전방효과라고 한다.

후방효과는 어떤 한 산업이 발전하면 그 산업에 투입되는 중간재를 생산하는 산업이 발전하게 되는 효과를 말한다. 자동차 생산에는 타이어나 유리 등 수많은 부품이 필요하다. 자동차산업이 발달하면 부품산업도 같이 발달하게 된다. 이처럼 '자동차산업 발달→타이어 및 유리 산업 발달'로 이어지는 연관효과를 후방효과라고 한다.

포항의 포스코와 울산의 현대자동차, 그리고 부품을 생산하는 여러 기업은 서로 전방효과와 후방효과를 주고받으며 공생하고 있다.

보기 좋은 떡이 먹기도 좋다

디자인

독자 여러분이 만약 스페인 빌바오 Bilbao에 간다면 무엇을 보러 가는가. 물론 사람에 따라 다르기는 하겠지만, 아마 대부분은 프랭크 게리 F. Gehry 가 지은 세계적인 건축물인 구겐하임 Guggenheim 미술관을 보고 싶어서일 것이다. 마찬가지로 프라하에 간다면 카를 다리를 보고 싶어 할 것이고, 시 드니에 간다면 오페라 하우스를 보고 싶어 할 것이다.

디자인 하나 바꾸었더니

네덜란드 암스테르담에서는 시내를 순찰하는 경찰차의 디자인을 바꾼 다 음 시민의 반응을 조사해 보았다. 시민들은 경찰차가 늘어나 순찰 횟수가 많아진 걸로 느꼈다고 응답했다. 사실 경찰차의 수는 늘리지 않고 단지 디 자인만 바꿨는데 시민들은 경찰차가 늘었고, 순찰 횟수도 늘었다고 느낀 것 이다. 암스테르담 시 당국은 경찰차의 디자인을 바꾸어서 시민들의 심리적 안정과 치안에 긍정적인 효과를 거둘 수 있었다고 한다.

우리 조상들은 "보기 좋은 떡이 먹기도 좋다."고 했다. 보기 좋다는 것은 바로 디자인이 잘 되었다는 말이 아니겠는가.

산파우 병원

바르셀로나 하면 사람들은 맨 먼저 가우디 A. Gaudi를 떠올린다. 실제로 바르셀로나 시내 곳곳에도 가우디의 작품이 자리 잡고 있으며, 이곳을 방문한 사람들은 순례하듯이 가우디의 건축물을 찾아다닌다. 특히, 지금도 건축이 진행되고 있는 바르셀로나의 상징 성가족성당은 가우디의 걸작이다. 그런데 바르셀로나에 가우디의 명성에 가려져 있지만, 흙에 묻힌 진주처럼 아름답고 의의 있는 명소가 한 군데 있다. 산파우 Sant Pau 병원이 그것이다. 이 병원은 이 지역 출신 은행가였던 산파우가 기증한 돈으로 도메네크 몬타네르 D. Muntaner가 건축했다. 도메네크는 '예술에는 사람을 치유하는 힘이 있다'는 신념을 가지고 이 병원을 지었다. 아름다운 수녀원처럼 보이는 이 병원은 건물 그 자체가 예술품이다. 노란색이나 분홍색의 타일과 벽돌을 사용해서 무척 밝은 느낌이 드는 산파우 병원은 이슬람과 고딕 양식이 절묘하게 조화를 이루도록 디자인되었다. 유네스코 문화유산으로 지정된 이 병원은 건물이 아름답고 편안해서 질병이 저절로 치료될 듯싶은 곳이다.

명품의 디자인

세계적인 명품은 하나같이 우수한 디자인과 품질을 갖추고 있다. 그중에서도 특히 디자인이 명품의 생명력을 좌우한다고 해도 과언이 아니다. 사실 대부분 명품들의 품질은 거기서 거기다. 명품을 명품으로 구분지어 주는 것은 대개 디자인이다. 명품으로 알려진 상품은 그 제품의 모양과 무늬, 그리고 로고가 독특하고 아름답거나 품위가 있다. 디자인은 명품뿐만이 아니라 모든 상품의 경쟁력에 매우 중요한 요소의 하나이다.

깨진 유리창이론

뉴욕의 범죄율이 1990년대 들어 예년의 절반 수준으로 감소했다. 범죄율이 감소한 데는 여러 가지 요인이 있을 것이다. 그중 하나가 '깨진 유리창이론'의 적용이다. 깨진 유리창이론의 내용은 다음과 같다.

> 동네 어느 빈 집의 깨진 유리창이 방치되고 있다고 하자. 사람들은 그래도 되는가보다 생각하게 되고, 그 이웃집의 유리창이 또 깨지는 등 점점 더 거칠어진다. 사람이 많이 다니는 골목 어느 구석에 한 사람이 휴지를 버리면 그 다음 사람이 연속해서 휴지를 버리면서 그곳이 쓰레기통이 되어버리는 것과 같다. 결국 깨진 유리창이 늘어나면서 동네가 슬럼으로 전락하고 범죄의 온상이 될 수 있다. 깨진 유리창은 절대 방치하지 말아야 한다.

이 설명에 일리가 있다고 판단한 뉴욕시 당국은 지하철 낙서 정비, 거리 청결 유지, 노상 방뇨 등 경범죄 단속에 주력했다. 그 결과 범죄율이 대폭 감소한 것이다. 디자인은 이처럼 우리 생활에서 중요한 역할을 하고 있다. 21세기가 디자인시대라는 말은 결코 과장이 아니다.

뒤주 밑이 긁히면 밥맛이 더 난다

희소성 마케팅

많은 청소년들이 서태지를 좋아하고 그의 노래를 듣고 싶어 한다. 그러나 서태지는 매스컴에 자주 등장하지 않는다. 어느 고등학생이 "서태지는 왜 TV에 안 나오지? 보고 싶은데." 한다고 하자. 재미있게도 그 학생의 질문이 바로 답이다. 학생은 서태지가 TV에 자주 등장하지 않기 때문에 더욱 서태지를 보고 싶어 한다. 서태지는 화면에 자주 등장하지 않음으로 자기의 주가를 올리고 있는 것이다.

"뒤주 밑이 긁히면 밥맛이 더 난다."라는 속담도 있다. 무엇이든 풍족하게 있을 때는 귀한 줄 모르다가도 희소해지면 귀하게 느끼는 것이 사람의 마음이다. 더구나 가난해서 배고프던 시절, 쌀이 거의 떨어져서 뒤주 밑이 긁히는 소리가 나기 시작하면 그 밥이 얼마나 귀하고 맛있었겠는가.

오늘 곰국은 다 떨어졌으니

직장인들이 간단한 점심을 먹기로는 곰탕이 제격이다. 쇠뼈를 오랫동안

고아서 내놓는 국물의 고소하고 시원한 맛에 손님들은 곰탕을 즐겨 찾는다. 잘한다고 소문난 곰탕집의 점심시간은 늘 만원이다. 어쩌다가 점심시간에 조금 늦게 가면 "오늘 곰국은 다 떨어졌으니 내일 오세요."라는 인사만 받고 돌아설 때도 있다. 이름난 곰탕집은 대개 하루 몇 백 그릇 하는 식으로 한정해서 곰국 끓인 양만큼만 판매한다. 이러한 영업 방침은 국물에 맹물을 붓지 않아 순수한 곰국으로 된 곰탕만 판다는 신용을 얻게 함과 동시에, 손님들에게 희소성을 자연스럽게 알리는 전략이 되기도 한다. 손님들에게 그 집 곰탕을 더 먹고 싶게 만드는 것이다.

잭슨 플록의 No. 5

경매에 나오는 그림 중 지금까지 세계에서 가장 비싸게 팔린 작품은 잭슨 플록J. Pollock이 그린 'No. 5'이다. 이 작품은 1억 4천만 달러에 팔렸다. 두 번째로 비싸게 팔린 그림은 클림트Gustav Klimt의 '아델 블로흐 바우어의 초상'이며 경매에서 1억 3천 5백만 불에 팔렸다. 그렇다고 잭슨 플록의 그림이 세계에서 가장 비싼 그림은 아닐 것이다. 모나리자도 있으니까. 그런데 모나리자는 최근에 거래된 적도 없고, 앞으로도 거래될 가능성이 거의 없다. 그래서 매매되는 값은 알 수 없고, 다만 간접적으로 그 값을 추정해 볼 뿐이다. 1962년에 모나리자를 미국에 전시했을 때, 루브르 박물관은 모나리자를 위해 1억 달러짜리 보험에 들었다. 지금 금액으로는 약 7억 달러 정도 되는 금액이다. 보험계약 당시 루브르 박물관은 모나리자에 7억 달러의 가치를 부여했던 것이다.

　명화의 값이 그토록 비싼 것은 예술적 가치와 함께 '희소성' 덕분일 것이다. 최근에 고야드 가방이 명품으로 떠오르고 있다. 세계적인 스타들이 들고 다니면서 유명해진 고야드는 희소성 유지가 마케팅 전략이다. 고야드는 희소성 유지를 위해 전 세계에 13개 매장만을 운영하고 있다. 이에 비해 스타벅스의 침체는 희소성의 중요성을 말해 준다. 스타벅스는 인기를 얻으면서 계속 매장을 확대했다. 그러나 무리한 확대는 자기 회사 매장 간의 경쟁으로 이어지면서 경영 실적이 나빠졌다. 매장이 급증하면서 매장끼리 제 살을 깎아 먹어버린 것이다. 고야드가 희소성 마케팅 전략을 고수한다면 상당한 고가로 가방을 팔면서 동시에 명품이라는 명성도 유지할 것이다.

꿩 먹고 알 먹는다

마일리지

한 가지 일로써 두 가지 이익을 보는 것을 "꿩 먹고 알 먹는다."고 한다. 같은 뜻의 한자말에는 일거양득 一擧兩得이 있다. 그 의미는 같아서 한 번 움직여 두 가지를 얻는다는 뜻이다. 시장에 소비자주권이 점점 강해지면서 소비자에게 복합적인 서비스를 제공하여 눈길을 끌려고 하는 마케팅 전략이 계속 생겨나고 있다. 그중 하나가 마일리지 서비스 mileage service이다.

마일리지

원래 마일리지 mileage 제도는 항공사에서 나왔다. 마일리지는 비행기를 이용하는 승객에게 사용한 거리에 비례하여 베푸는 여러 가지 혜택을 말한다. 대한항공이나 아시아나항공 등 한 항공사의 비행기를 계속 탑승할 때 보너스를 누적시켰다가 일정한 거리의 항공권을 무료로 주거나 더 좋은 좌석을 주고 있다. 이 마일리지가 다른 분야에도 계속 분화하며 발전하고 있다. 항공사 마일리지의 경우 초기에는 단순히 여행거리만을 합산하였으나 최근에는 은행이나 카드회사 등 금융기관과 협력하여 예금이나 환전액, 카드 사용 실적에 따라 점수를 더해 주고 있다.

이러한 마일리지 기법을 이용하여 각종 음식점이나 서비스업체에서도 이용실적에 따라 '포인트'를 쌓도록 하여 다음 이용시 해당액만큼 무료로 이용하게 하거나 할인해주고 있다. 그동안 할인 판매의 방법으로 흔히 사용한 쿠폰coupon 제도도 마일리지의 일종이다.

지식 마일리지

마일리지 제도는 소비자에게 그야말로 '꿩 먹고 알 먹는' 제도이다. 물론 공급자도 마일리지 제도를 통하여 고객을 자기 회사에 계속 잡아두는 효과를 얻는다. 마일리지 제도가 한 걸음 더 나아가 조직 내부에서도 사용하는 것이 '지식 마일리지 제도'이다. 지식 마일리지란 은행이나 관공서에서 조직 운영에 필요한 정보나 업무 개선 실적을 누적하여 그 조직원에 대한 평가와 보상 체계를 구축하는 제도이다. 지식 마일리지 제도는 본인의 자기 계발 기회가 될 뿐만 아니라 조직 전체의 효율화 계기도 된다.

하로동선

계절상품 마케팅

더운 여름날, 남녀 두 친구가 아이스크림을 먹으며 스포츠용품 가게 앞을 지난다. 가게에서는 스키용품을 대대적으로 세일하고 있다. 여자 친구가 묻는다.

"왜 겨울도 아닌데 스키를 세일하지?"

남자 친구가 아는 소리를 한다.

"그게 다 하로동선 夏爐冬扇 마케팅 아니겠어?"

하로동선

하로동선은 한자말로 여름 夏의 화로 爐와 겨울 冬의 부채 扇라는 뜻이다. 이 사자성어는 원래 철에 맞지 않아 쓸모없는 것을 말하는 데 쓰였다. 그러나 요즈음에는 '지금 당장 필요하지 않지만 미래를 위해 준비한다'는 말로 사용되기도 한다.

역 逆 계절상품 마케팅이 바로 하로동선 판매기법이다. 여름에 하는 스키와 보온용품 할인판매, 겨울에 하는 에어컨 할인판매 등이 하로동선 판매이다. 한편 소비자는 하로동선을 통해 성수기가 아닌 때에 비교적 값싸게 공급되는 상품을 미리 구입해 둘 수 있다.

쿨비즈와 웜비즈

요즈음은 쿨비즈cool biz와 웜비즈warm biz 마케팅도 유행이다. 쿨비즈는 더운 날씨에 넥타이를 풀고 시원한 옷을 입어서 에어컨 가동을 줄이자는 운동을 말한다. 또 웜비즈는 겨울철에 옷을 한 겹 더 껴입어서 난방장치의 가동을 줄이자는 운동을 말한다. 더운 여름에 시원하게 입고, 추운 겨울에 따뜻하게 입는 것은 당연한 일이다. 그런데 이 일이 역발상의 일처럼 보인다. 승용차, 에어컨, 난방장치의 보급이 여름에 정장을 하고 겨울에 가벼운 옷을 입어도 되도록 우리의 생활 패턴을 변화시켜버렸던 것이다. 쿨비즈와 웜비즈는 역발상을 통해 여름에 시원하게 입고 겨울에 따뜻하게 입는 '당연한 일'로 돌아가게 하고 있다. 기업은 이러한 사회적 흐름을 마케팅에 활용하고 있다. 즉 백화점 등에서 여름에 노타이 패션을, 그리고 겨울에는 조끼 등을 판매하는 '당연한' 전략을 택하고 있다.

쿨비즈와 웜비즈를 통해 에너지 사용을 줄이는 것은 국가사회와 가계에 일석이조의 효과를 가져다준다. 에너지 사용을 줄여서 온실가스 발생을 감소시키는 효과가 있고, 고유가시대에 경비를 절감하는 효과도 있다. 해마다 여름에 노타이 패션이 유행하기를 기대해 본다.

어사는 가어사가 더 무섭다

과대광고

『춘향전』에서 가장 신나는 장면은 거지로 변장했던 이몽룡이 암행어사로 출두하는 장면일 것이다. 어사御使란 왕명으로 특별한 사명을 띠고 지방에 파견되던 임시 벼슬을 말한다. 어사에는 감진어사, 순무어사, 안핵사, 그리고 암행어사가 있었다. 이중 사극에 자주 등장하던 암행어사는 다른 관료들이 모르도록 비밀리에 보낸 어사를 말한다.

한편, 가어사假御史란 가짜로 어사 행세를 하는 사람이다. "가어사가 더 무섭다."라는 것은 진짜 권세를 가진 사람보다도 어떤 세력을 빙자하여 유세를 부리는 사람이 더 혹독한 짓을 한다는 것을 뜻한다.

짝퉁이 더 설쳐

유명 상표의 모조품을 짝퉁이라고 부른다. 짝퉁이 중국이나 우리나라뿐만 아니라 전 세계적으로 기승을 부리고 있다. 짝퉁 시장의 규모는 연간 6천 억 달러에 달한다고 추정되고 있다. 이러한 규모는 우리나라 전체의 무역 규모에 해당한다. 짝퉁 생산은 시장 질서를 흔들 뿐만 아니라 더욱 심각한 사회 문제를 일으키고 있다. 국제적 범죄조직이 짝퉁 생산에 손을 대기 시작한 것이다. 짝퉁 생산은 마약이나 무기 밀매에 비견될 정도로 엄청난 이윤을 가져다준다. 그러면서도 마약 제조나 무기 밀매에 비해 위험은 훨씬 적다. 적발되어도 마약 제조범과는 비교가 안 될 정도로 가벼운 범죄로 인식되고 있는 것이다. 이러한 장점(?) 때문에 테러단체나 조직 범죄자까지 그 생산 에 가세하고 있는 형편이 된 것이다.

과대광고

여름 등산길에 식량이 떨어져도 '아름다운 버섯'은 절대 먹지 말아야 한 다. 아름다운 색깔의 버섯은 대부분 독버섯이다. 우리 속담에 "장사 웃덮 기"라는 말이 있다. 장사꾼이 손님을 끌기 위하여 겉으로만 허울 좋게 꾸미 는 것을 말한다. 가어사가 더 설치고, 독버섯이 더 아름답듯이 광고 세계에 도 가끔 장사 웃덮기가 나타나고, 과대광고가 설치기도 한다. 과대광고 誇大 廣告란 상품의 내용을 사실대로 전달하지 않고 과장하여 선전하는 광고를 말 한다. 양두구육 羊頭狗肉이라는 말이 예전부터 전해 내려오는 것을 보면 과대 광고는 어제 오늘의 일이 아닌 모양이다. 양두구육이라는 말도 정육점에서 양의 머리를 걸어놓고 개고기를 판다는 것이니, 선전은 그럴 듯하지만 내용 은 그렇지 않은 것을 비유하는 말이다. 이러한 과대광고나 허위광고는 가어 사처럼 소비자에게 피해를 끼치고 시장 질서를 어지럽힌다. 우리나라에서는 허위의 내용이나 과장된 사실을 표시하거나 광고하는 행위를 법으로 금하 고 있다.

팔은 안으로 굽는다

내부거래

팔이 안으로 굽듯이, 가까운 사람이 서로 돕는 것은 인지상정이다. 그 점은 기업에 있어서도 마찬가지이다. 기업도 거래를 통해 다른 기업을 도울 수 있다.

내부거래

기업 간의 도움은 주로 내부거래內部去來를 통해 이루어진다. 기업 간 거래 중 특히 대규모 기업집단에 속하는 기업 간의 거래를 내부거래라고 한다. 그런데 어떤 때는 이 내부거래가 사회문제가 되기도 한다. 그것은 가끔 발생하는 부당不當 내부거래 때문이다. 기업집단 내 기업 간에도 필요한 거래가 있을 수 있다. 단지 문제가 되는 것은 내부거래가 부당하게 이루어지는 경우이다. 그것은 부당 내부거래가 시장 질서를 깨뜨리거나, 제3자에게 손해를 입힐 수 있기 때문이다.

상품의 가격, 거래의 조건 등에서 계열회사에 유리하게 차별거래를 하거나, 정당한 이유 없이 비계열사와의 거래를 기피하는 것을 부당 내부거래라고 한다. 특히 문제가 되는 것은 기업집단 내의 계열회사를 지원하기 위해 원자재나 부품을 낮은 가격으로 공급하거나, 계열회사의 상품을 비싸게 사주는 등 거래조건이나 지불조건 등에서 차등을 두는 거래이다.

공정거래법은 기업집단 내 계열회사들이 회사 간에 혜택을 주거나 계열회사와 경쟁관계에 있는 회사에 불리하게 하는 거래를 금지하고 있다. 그러한 거래는 기업집단 내 경쟁력이 취약한 한계기업의 퇴출을 막거나 신설기업을 과보호하여 자유로운 경쟁을 저해하기 때문이다. 법으로 금지하는 부당 내부거래의 유형은 계열회사 간 내부거래를 위해 비계열회사의 거래 요청을 부당하게 거절하는 행위, 비계열회사에 비해 계열회사를 부당하게 우대하는 등 차별 취급하는 행위, 계열회사의 경쟁사업자 배제를 위해 같은 계열회사들이 지원하는 행위, 비계열회사에 대해 자기 계열회사와 거래하도록 부당하게 강제하는 행위, 경쟁사업자 배제를 위해 부당하게 거래 상대방을 구속하는 행위 등이다.

대규모 기업집단이 부당 내부거래를 하는 경우 공정거래위원회는 행정조치를 취하거나 검찰에 고발하도록 되어 있다. 행정조치에는 해당 기업에 거래행위 중지 명령을 내리거나, 부당 내부거래 규모에 따라 과징금을 부과하는 방법이 있다. 또 위반사항을 신문에 공표하기도 한다.

9

시장이론

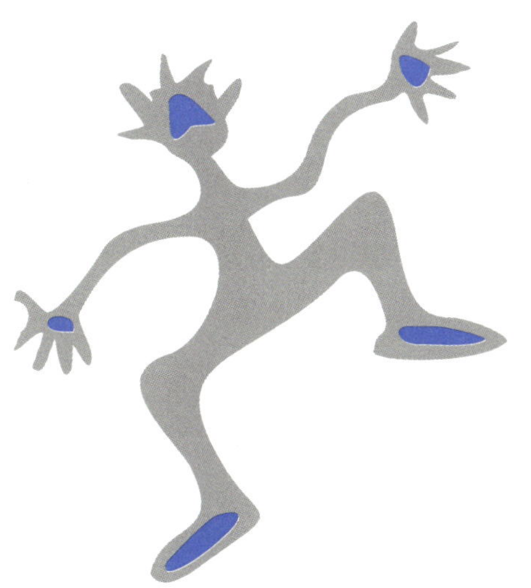

뛰는 놈 위에 나는 놈

경쟁, 완전경쟁시장.

"화장품시장과 참깨시장 중 어느 것이 더 경쟁적일까?"

이 질문을 듣는 즉시 독자 여러분은 인기 있는 탤런트가 등장하는 TV 광고를 떠올리며 속으로 '화장품시장이지 뭐!' 하고 대답할 것이다.

국어사전을 보면 경쟁競爭이란 둘 이상이 같은 목적으로 서로 다투어 겨루는 것을 말한다. 경제학에서는 시장 참가자가 서로 경제적 효과를 많이 얻기 위해 겨루는 상황을 경쟁이라고 한다. 경쟁은 소수의 특정 상대 사이에 이루어지기도 하고, 다수의 불특정 상대 사이에 이루어지기도 한다.

대립관계의 경쟁

어떤 시장의 판매자가 소수라 하자. 판매자들은 서로 상대방을 의식하며 고객을 확보하고 매상을 높이기 위해 노력한다. 소수의 판매자만 있는 이 시장에는 '대립관계의 경쟁 rivalry'이 일어난다. 판매자가 소수인 대립관계의 시장을 '불완전경쟁시장'이라고 한다. 불완전경쟁시장에서는 광고와 선전이

치열하다. 일반적인 상식으로는 광고가 치열하면 경쟁적이라고 생각하지만, 사실은 경쟁이 불완전하기 때문에 광고가 치열한 것이다.

대립관계 없는 경쟁

　자, 이 시장에 새로운 판매자가 많이 등장한다고 하자. 이제 이 시장은 경쟁 상대가 많기 때문에 특정 상대와의 대립관계 경쟁은 줄어든다. 그 대신 불특정 다수를 상대로 '대립관계가 아닌 경쟁 competition'이 이루어진다. 경쟁자의 수가 더욱 많아지면 시장의 경쟁 정도는 더욱 높아진다. 만약 판매자의 수가 무한히 많아진다면 이 시장은 무한히 경쟁적인 시장이 된다. 어느 시장에 참가자가 많아 대립관계 없는 경쟁이 이루어지고, 이에 상품의 동질성, 요소의 자유 이동성, 정보성을 갖추면 이 시장을 완전경쟁시장이라고 한다. 흔히 듣는 시장원리, 시장경제, 자유경쟁 등은 완전경쟁시장을 염두에 두고 하는 말들이다. 완전경쟁시장에서는 상품을 광고할 필요가 없다. 상품은 동질적이고, 소비자나 생산자가 그 정보를 모두 알기 때문에 구태여 비용을 들여 광고할 필요가 없는 것이다. 독자 여러분은 이제 질문에 대한 답을 말할 수 있다.

　"음, 참깨시장이 더 경쟁적이군!"

완전한 것은 없다

여우는 어린 왕자에게 물었다.
"그 별에도 사냥꾼들이 있니?"
"아니, 없어."

생텍쥐페리의 『어린 왕자』에 나오는 이야기다. 어린 왕자가 살던 별에 사냥꾼이 없다는 말을 듣고 여우는 반색한다. 그러나 먹이인 병아리도 없다고 하자 한숨을 쉰다. 이 세상에 완전한 것은 없다. 그것은 시장에 있어서도 마찬가지다. 완전한 시장이란 발견하기가 쉽지 않다. 오늘날 대부분의 시장은 독과점 형태의 시장이다. 설령 기업의 수가 많다고 하더라도 각 기업은 상품을 조금씩 다르게 만들어 동질성이 부족하다. 굳이 말한다면 외환시장이나 주식시장 정도가 완전경쟁시장에 비교적 가까운 편이다.

왜 완전경쟁 모형을 분석하는가

그렇다면 왜 완전경쟁시장 모형을 분석하는가. 그것은 완전경쟁시장이 시장 형태 중 가장 이상적이어서 산업정책이 지향하는 하나의 모델을 제시해 주기 때문이다. 즉 완전경쟁시장은 현재 산업조직이 얼마나 불완전한가를 비춰주는 '거울' 역할을 하는 것이다. 또 완전경쟁의 모형에서 얻은 결론은 현실에 대한 어느 정도의 설명력도 있다. 즉 현실의 시장 조건이 비록 완전경쟁의 조건을 엄밀하게 만족시키지 못하더라도 이에 어느 정도 근접해 있는 경우, 이 시장에서 관찰되는 현상이 완전경쟁의 모형에서 나온 결론과 상당 부분 유사한 것이다.

청기와 장수

　오랜 세월 동안 조선시대의 유물로만 존재해 온 물시계인 자격루自擊漏가 복원되었다. 이 자격루는 원래 세종시대의 천재 과학자였던 장영실이 만든 것이다. 자동 시보장치까지 갖춘 자명종 물시계인 자격루는 오랜 옛날에 고장 나거나 불타 없어지면서 역사 속에 묻혀가고 있었다. 그 자격루를 고증 작업을 거쳐 원형 그대로 복원한 것이다. 복원은 비교적 자세한 기록이 있었기에 가능했다고 한다.

　이에 비해 우리나라가 자랑하는 고려청자의 비색은 아직도 완벽한 재현이 불가능하다. 청자는 만드는 비법이 기록되거나 전수되지 않았기 때문이다. 고려청자의 비색은 말하자면 '청기와 장수'였다. 옛날에 청기와 장수는 값이 나가는 청기와를 만드는 비법을 남에게는 가르쳐주지 않고 자기 혼자만 알고 있으면서 이익을 독점하였다고 한다. 그래서 '청기와 장수'라는 말이 나왔다. 즉 청기와 장수란 제조비법을 혼자 알면서 독점 생산하는 것을 말한다.

독점

독점 獨占, monopoly이란 공급자가 하나뿐인 산업을 말한다. 독점이 성립하고 유지되는 것은 시장에 진입장벽이 존재하기 때문이다. 진입장벽은 산업 형편에 따라 발생하기도 하고, 법률제도로 만들어지기도 한다. 즉 독점은 시장이 좁아 산업수요가 적은 경우, 제조기법을 독점하거나 특허, 전매권으로 진입장벽이 형성된 경우, 어떤 기업이 주요 생산요소를 독점하는 경우, 규모의 경제에 의한 자연독점이 이루어지는 경우, 기업 간 담합이 있는 경우에 발생한다.

기업이 어떤 특정 재화를 독점해서 생산한다고 해도, 대개 대체재가 있는 법이다. 예를 들어 철도산업이 독점처럼 보이지만 버스나 항공 등 대체 운송수단이 있기 때문에 완전한 독점력을 행사할 수 없다. 대체재가 존재하지 않는 경우에도 독점기업이 그 독점력을 완전히 행사하기는 어렵다. 독점기업이 많은 이윤을 얻고 있다면, 새로운 기업이 그 산업에 진입하고자 하기 때문이다. 이 경우 독점기업은 새로운 기업의 진입을 막기 위해서 로비를 하거나, 극대이윤을 얻을 수 있는 가격을 포기하고 새로운 기업의 진입을 저지할 수 있을 정도의 낮은 가격, 즉 진입저지가격을 설정하기도 한다.

독점의 효과

시장이 독점화되면 경쟁시장에 비해 생산량은 감소하고 가격은 오른다. 가격이 오르기 때문에 소비자가 누려야 할 후생의 일부가 독점기업에 전환된다. 그리고 사회적으로 후생의 상실이 발생한다. 독점화되면 소비자의 후생만 감소하는 것이 아니라 생산 감소로 자원이 효율적으로 이용되지 않기 때문에 사회 전체의 후생이 감소한다. 이 경우에 사회적인 후생 상실 부분을 그림으로 나타내면 삼각형 모양이 된다. 이 삼각형을 후생삼각형이라고 한다. 또 연구자 하버거A. Harberger의 이름을 따서 하버거삼각형이라고 부르기도 한다.

매점매석

장사하기 좋은 자리를 차지하여 이익을 독점하거나 권력을 휘두르는 것을 농단 壟斷이라고 한다. 농단이라는 말은 맹자 孟子에 나오는 말이다. 맹자는 제 齊나라의 정치 고문이었지만 왕이 말을 듣지 않자 다음과 같이 말하고 고향으로 돌아갔다.

"옛날에는 시장에 남는 물건을 가지고 와서 필요한 물건과 바꾸었습니다. 그런데 그중에 한 욕심 많은 장사치가 있어 높이 솟은 언덕 壟斷을 차지하고는 시장의 모든 이익을 독차지 했습니다."

맹자가 욕심 많은 장사치의 소행을 나무라면서 왕을 간접적으로 깨우친 이 고사에서 농단이라는 말이 생겨났다. 시장을 농단하는 사람이 흔히 쓰는 수법이 매점매석 買占賣惜이다. 매점매석은 물건 사기는 좋아하고 팔기는 서운해 한다는 뜻이며, 투기 목적으로 사재기하는 것을 말한다.

허생의 매점매석

박지원의 소설 「허생전 許生傳」에서 허생은 매점매석으로 큰돈을 번 사람이다. 소설의 앞부분을 간추리면 다음과 같다.

빈둥빈둥 놀기만 하던 허생(許生)이 한양의 큰 부자 변씨를 찾아간다. 변씨는 그가 돈을 벌 사람임을 한눈에 알아보고 거금을 빌려준다. 돈을 빌린 허생은 안성으로 내려가 각종 과일을 시가의 두 배 값으로 사서 저장한다. 그 후 곳곳에서 잔치나 제사 등에 사용할 과일이 동나는 상황이 벌어지고, 이제 과일 값은 부르는 게 값이다. 허생은 시가의 두 배로 샀던 것을 10배를 받고 팔아 큰 이득을 얻는다.

허생은 매점매석의 원조이지만, 그리 큰 비난을 받지는 않는다. 그가 간직한 휴머니즘(?) 때문이다. 사재기로 큰돈을 번 허생에게 한 사람이 찾아와 쌀을 사재기 하면 더 큰돈을 벌수 있다고 제안한다. 이 말에 허생은 "제사용품이야 부자들이 주로 쓰는 것이고, 또 없다고 해서 굶어죽는 것은 아니나, 쌀을 사재기하면 백성들이 굶어죽게 되니 그런 일을 해서는 안 된다."고 거절하였다.

시장실패

장사가 시장을 농단하고 매점매석하면 그 시장은 제대로 돌지 않는다. 시장이 효율적인 자원배분을 달성하지 못하는 것을 시장실패市場失敗라고 한다. 이렇게 말하면 거창하게 들리는데, 쉽게 말하면 시장실패란 시장에 물건이 나오지 않아 시장 자체가 성립되지 않거나, 시장이 있어도 제대로 돌지 않는 것을 말한다.

일찍 일어나는 새가 먹이를 잡는다

자연독점

앞에서 규모의 경제에 대해 이야기 한 적이 있다. 독자 여러분은 "백석꾼은 천석꾼 못 되어도 천석꾼은 만석꾼 된다."라는 속담을 기억할 것이다. 백석꾼이 천석꾼 되기보다 천석꾼이 만석꾼 되기가 더 쉽다는 것은 기업의 규모가 클수록 유리하다는 것을 나타낸다.

자연독점

라면 공장을 두 배로 늘렸더니 생산은 세 배로 늘어났다면 이는 규모의 경제가 발생한 것이다. 앞에서도 설명한 바와 같이 규모의 경제가 발생한다는 것은 규모를 키울수록 생산비는 낮아지고 산출은 증가하여 이득이 된다는 말이다.

규모의 경제가 나타나는 산업에서는 어느 기업이 가장 유리할까? 물어볼 필요도 없이 가장 먼저 규모를 키운 기업이 유리하다. 아직 규모를 키우지 않았거나, 규모를 키웠다 하더라도 규모가 작은 다른 기업들은 생산의 효율성에서 먼저 규모를 키운 기업에 비해 뒤떨어진다.

자, 이 산업에는 어떤 일이 벌어질까? 당연히 가장 먼저 규모를 키운 한 개의 기업만 살아남고, 다른 기업들은 도태될 것이다. 즉 시장에는 자연히 한 기업만 남게 된다. 그리고 그 기업은 독점기업이 된다. 이처럼 어느 산업에 먼저 규모를 키운 한 기업만 남아서 시장이 자연히 독점화하는 것을 자연독점 自然獨占이라고 한다.

늦잠이란 가난 잠

"일찍 일어나는 새가 벌레를 잡는다."라는 속담은 언제나 맞는 말이다. 옛날 어르신들은 자녀들에게 일찍 자고 일찍 일어나라고 가르쳤다. 요즈음 청소년들에게는 밤낮이 뒤바뀌어 있다. PC 앞에 앉아서 밤을 새우다가 해가 중천에 떠오른 뒤에야 일어나는 청소년이 많은 것이다. 일찍 일어나기 운동이라도 펼쳐야 하려나?

우리나라에서 1급 자격증 최다보유자인 대우 명장 김규환 씨는 어려서 사환으로 입사한 회사에 매일 새벽 5시에 출근했다고 한다. 그가 노력을 통해 이루어낸 갖가지 업적은 귀감이 된다. 반면에 "늦잠이란 가난 잠"이란 속담이 있다. 게으른 새는 벌레를 잡을 수 없을 것이다.

망해가는 집은 주인이나 머슴이나 열심히 일하지 않고 흥청망청 먹고 마신다. 이에 비해 흥하는 집은 주인과 머슴 모두 열심히 일하고 절약하며 산다. 그래서 "망하는 집 머슴은 배부르고 흥하는 집 머슴은 배곯는다."라는 속담이 나왔다. 또 "일에는 배돌이, 먹을 땐 감돌이"라는 속담도 있다. 이 속담은 일이 있을 때는 꾀를 부려 뱅뱅 돌아다니다가 먹을 때는 가까이 감도는 사람을 말한다.

신의 직장

독자 여러분은 '신神의 직장'이라는 말을 들어보았을 것이다. 일은 별로 힘들지 않으면서 정년이 보장되고 봉급은 높은 직장을 신의 직장이라고 한다. 대부분의 공기업은 신의 직장으로 알려져 있다. 그 공기업을 민영화시켜야 한다는 주장이 자주 나온다. 공기업 민영화 이야기가 자주 나오는 것은 공기업이 민간기업보다 효율적이지 못하다고 생각하기 때문이다. 감사원이 공기업의 경영 실태를 감사한 바에 의하면 방만한 경영으로 효율화를 달성하지 못한 사례가 실제로 발견되기도 한다.

"건대 놈 풋 농사 짓 듯"한다는 속담이 있다. 건대는 경남 합천군 쌍책면에 있는 마을 이름이다. 치수治水가 잘 되지 않던 시절, 건대 마을은 낮은 지역이어서 상습적으로 수해를 당하는 곳이었다고 한다. 건대리 근방에 사는 사람은 아무리 농사에 공을 들여도 수해 때문에 제대로 수확을 하지 못하곤 했다. 그래서 건대리 사람들이 농사일에 정성을 들이지 않고 건성으로 한다고 해서 생긴 말이 속담으로 굳어졌다. 공기업이나 신의 직장에서는 '건대 놈 풋 농사 짓 듯' 하는 일이 자주 일어난다.

X-비효율성

라이벤슈타인 H. Leibenstein은 시장이 경쟁적일 때는 기업이 가장 낮은 비용으로 생산하지만, 독과점 등 비경쟁적 시장의 기업은 그렇지 않다고 주장했다. 일반적으로 기업은 경쟁이라는 압력이 있을 때 비용극소화 행동을 한다. 그러나 독점기업에는 경쟁사로부터의 경쟁 압력이 없다. 독점기업의 경영진이나 노동자들은 비용극소화를 위해 그렇게까지 노력할 필요성을 느끼지 않는다. 이에 따라 독점기업은 경쟁시장에서는 달성될 수 있는 최소비용보다 높은 비용으로 생산하게 된다.

최선을 다할 이유가 없는 조직에서 나타나는 비효율 현상을 X-비효율성이라고 한다. 라이벤슈타인은 독점기업의 비용과 경쟁기업의 비용 간의 차이를 독점기업의 X-비효율성이라고 했다. 어느 산업이 독점화되면 그 기업은 효율성을 위한 노력을 게을리 해서 결국은 비효율성이 발생한다. 공기업은 X-비효율성 현상이 나타나기 쉬운 조직이다.

형만 한 아우 없다

가격선도, 과점시장

"형만 한 아우 없다."라는 속담은 형제 간에 다툴 때 아무래도 형의 마음 씀씀이가 동생보다 낫다는 말이다. 우리나라 시장은 대부분이 마치 형제처럼 서로 다투기도 하고, 협조하기도 하는 과점시장 寡占市場 형태이다. 과점시장 안에서는 기업 간에 다툼과 협조가 빈번히 일어난다. 기업 간의 다툼 행동을 경쟁이라고 하고, 협조 행동을 담합이라고 한다. 담합에는 강력한 담합도 있고 느슨한 담합도 있다. 강력한 담합으로는 카르텔이 있고, 느슨한 담합으로는 가격선도 價格先導가 있다.

가격선도

캠퍼스 주변 식당의 백반 값은 왜 모두 같을까? 그 이유는 식당 간에 눈에 보이지 않는 담합이 존재하기 때문이다. 과점시장에서 기업 간에 대립관계의 경쟁을 하면 서로 손해이다. 과점시장에서 원가고에 시달리는 어느 기업이 가격을 올린다고 하자. 이때 다른 기업도 같이 가격을 올리면 좋으련만 그렇지 않는 경우 손님을 놓치게 될 것이다. 좋은 방법은 담합해서 모두들 같이 가격을 올리는 것이지만, 그것은 당국에서 법으로 금하는 일이다. 이때 기업은 '가격선도'를 시도한다.

가격선도란 한 기업이 가격을 조정하면 다른 기업도 따라서 조정하는 묵시적 담합을 말한다. 기업 사이에 묵시적으로 협약이 이루어지면 한 기업이 주도적으로 가격을 인상하고 그 후에 다른 기업도 슬그머니 가격을 올린다. 담합도 피하고 한 기업만 가격을 올려서 시장을 잃는 위험도 피하는 것이다. 마찬가지로 가격을 인하해야 할 필요가 있을 때, 한 기업이 가격을 먼저 인하하고 얼마 후에 다른 기업들도 가격을 내린다. 그래서 서로 손해를 피할 수 있다. 예를 들어 항공사는 회사 간에 시차를 두고 항공요금을 올리거나 내리거나 한다. 명시적으로 약속하지는 않지만 묵시적인 담합을 하는 것이다. 가격선도는 주로 과점시장에서 일어난다.

과점시장

과점시장이란 둘 이상의, 그러나 많지는 않은 수의 기업이 경쟁하는 시장을 말한다. 우리나라의 시장조직은 대부분 과점시장이다. 한편, 과점 중에서도 두 기업이 시장을 분할하고 있는 형태를 복점複占이라고 한다. 우리나라의 대한항공과 아시아나항공을 복점기업이라고 할 수 있다.

완전경쟁시장에서의 경쟁은 완전히 비인격적이어서 상대방이 누구인지 어떤 행동을 하는지 알 수도 없고 알 필요도 없다. 그러나 과점시장에서의 경쟁은 상대방의 행동에 반응을 보이는 관계이다. 과점시장에서는 기업이 생산량이나 가격을 결정할 때 경쟁기업이 어떤 반응을 보일 것인가를 고려하여 행동한다. 과점기업은 경쟁 상대방이 어떻게 나올 것인가를 추측해야 하며, 이 추측의 결과에 따라 자신의 행동을 결정한다. 이와 같은 상호의존성은 기업들로 하여금 무모한 경쟁을 피하고 담합에 의한 공동이익을 추구하게 하기도 한다. 여러분은 삼성전자와 LG전자가 신제품을 개발하고 발표하기까지 서로 상대방의 행동에 얼마나 신경을 쓰는지 잘 알 것이다.

한편 과점기업들은 가능하면 가격경쟁을 피하고 비가격경쟁 非價格競爭을 한다. 비가격경쟁에는 광고, 상품차별화 등이 있다. 그래서 과점시장에는 광고와 선전이 요란한 편이다.

담합

어느 기업 사장에게 소원이 무엇이냐 묻는다면 아마 '독점'이라고 대답할 것이다. 독점기업은 시장 지배력을 갖고 있기 때문에 생산을 조절하고 가격을 올리는 등의 방법으로 경쟁시장일 경우에 비해 더 큰 이윤을 얻을 수 있다. 그래서 기업의 '꿈에도 소원'은 독점이다. 그러나 어쩌랴, 기업이 나 말고도 여럿인 것을······.

담합

이때 기업이 취할 수 있는 행동이 담합談合이다. 담합이란 기업들이 자기들의 유익을 위해 재화의 가격, 생산량, 판매 방식 등에 대해 합의하는 것을 말한다. 담합은 주로 과점산업에서 일어난다. 과점기업이 담합을 하는 이유는 독점기업처럼 행동해서 이윤을 증대시키거나 새로운 경쟁기업의 진입을 저지하기 위해서이다. 그런데 담합은 해당 기업에는 이익이 되지만 소비자에게는 손해가 된다.

부당한 공동행위

담합을 법률용어로는 부당한 공동행위라고 한다. 부당한 공동행위란 사업자 단체가 공동으로 경쟁을 제한하는 행위를 말한다. 정부는 여러 정책과 제도를 통해 부당한 공동행위를 규제한다. 부당한 공동행위의 유형으로는 가격 카르텔, 조건 카르텔, 수량 카르텔, 시장 분할 카르텔, 설비 도입 카르텔, 특화 카르텔, 합작회사, 다른 사업자의 사업 활동이나 사업 내용을 방해하거나 제한하는 행위 등이 있다.

우리나라를 비롯한 대부분의 국가에서는 담합을 '공공의 적'으로 간주하여 담합 행위를 중죄로 취급한다. OECD에서도 담합을 가장 죄질이 나쁜 경제행위로 규정하고 있다. 그럼에도 불구하고 기업은 늘 담합의 유혹을 받는다. 다음 글은 담합의 폐해를 우화적으로 말해준다.

햇빛 차단 법을 만들어 주세요

프랑스에서 의회에 다음과 같은 양초 제조업자의 입법 청원서가 올라온다.

"우리 양초 제조업자들은 외국 업자들과 경쟁을 함으로써 막대한 손해를 보고 있다. 외국의 조명기구 제조업자들은 강점을 가지고 국내시장에 몰려오고 있다. 그들은 놀랄 만한 수준의 낮은 가격을 제시한다. 우리의 고객들은 전부 우리를 버리고 그들에게 가버렸다. 이에 따른 우리의 청원은 다음과 같다. 바라건대 모든 창문, 채광창, 덧문 등 햇빛이 들어올 수 있는 통로를 막도록 하는 법률을 통과시켜주시기 바랍니다."*

양초 제조업자들은 자기들이 생산하는 양초를 팔기 위해 집에 들어오는

---

* Bettina B. Greaves, 『수필로 엮은 경제학』(박병호 역, 한국경제신문사, 1990), p.308.

모든 햇빛을 차단하게 하는 법률 제정을 청원하고 있다. 이 에피소드는 실제 있었던 일은 아니다. 집단 이기주의의 폐해를 말하기 위한 풍자이다.

합리적 무시

일반적으로 이익 집단은 로비를 통해 특혜를 받을 수 있는 경우에 타인의 손해를 합리적으로 무시하는 성향이 있다. 소수집단에게는 합리적이지만 전체에는 불이익을 가져다주는 경제 행위를 합리적 무시라고 한다. 합리적 무시 행동을 하는 소수집단은 자기들의 이익을 위해서는 국가적으로 손실이 발생하는 것을 개의치 않는다. 예를 들어 수도권 과밀화 해소 정책과 지역 균형발전 정책은 우리나라 전체의 국민, 그리고 다음 세대의 국민까지 누릴 수 있는 편익을 가져다줄 수 있다. 그러나 당장 국민 개인에게 돌아가는 편익은 그리 크지 않고, 눈에 보이지도 않는다. 오히려 이사를 해야 하는 당사자의 불편, 수도권 부동산 가격 하락이 가져오는 경제적 손실 등이 현실적으로 피부에 와 닿는다. 이 경우에 직접적인 손해를 입는 특수 집단은 간접적으로 편익을 얻는 다수를 합리적으로 무시하게 된다.

어떤 정책 시행을 통해 불특정 다수가 얻는 간접 이득이 아무리 크더라도 소수집단의 손해가 직접적이면 그 정책은 추진하기 어렵다. 다수가 누려야 할 이득을 소수집단이 가져가도 다수는 그저 바라보기만 하는 경우가 있다.

사고팔고는 엿장수 마음이다

옵 션

가난하던 시절, 시골 동네에 가위를 철컥거리면서 나타나는 엿장수는 여간 반가운 존재가 아니었다. 엿장수가 오면 아이들은 기다렸다는 듯이 헌 고무신이나 고물을 들고 나가 엿과 바꾸어 먹었다. 이때 엿장수는 아이들이 들고 온 고무신 등을 눈대중으로 보고서 대강 짐작으로 가락엿을 주거나 엿판에서 엿을 떼어 주었다. 엿장수가 엿을 뗄 때는 뭉툭한 칼을 엿판에 대고 철컥거리는 가위로 칼을 때려서 떼어냈다. 이때 칼을 엿판의 어디에 대고 떼느냐에 따라 엿이 크게 떼어지기도 하고 작게 떼어지기도 했다. 어린아이가 가지고 나온 헌 고무신의 값어치를 판단하는 것도 엿장수 마음이요, 엿을 얼마나 많이 떼는가도 엿장수 마음이었다. 그래서 "사고팔고는 엿장수 마음"이라는 말이 나왔다. 오늘날 일반 상품 거래에서도 '엿장수 마음대로'가 통하는 방식이 있으니 바로 옵션거래다.

옵션

옵션option이라는 말의 사전적 의미는 선택권이다. 선택 권리를 거래에 응용한 것이 옵션이다. 거래에서 옵션이란 상품이나 유가증권 등을 미리 정한 가격으로 일정 시점에 가서 사거나 팔 수 있는 권리를 말한다. 상품 구입권을 가지는 거래 계약을 콜옵션call option이라 하고, 상품 판매권을 가지는 거래 계약을 풋옵션put option이라고 한다. 옵션권을 갖기 위해서는 일정한 돈, 프리미엄premium을 미리 내야 한다. 프리미엄을 지불한 옵션 매입자는 상품을 구입하거나 판매할 수 있는 권리를 갖게 된다. 그는 자기에게 유리할 경우에는 권리를 행사하고, 불리한 경우에는 권리를 포기할 수 있다. 반대로 옵션 매도자는 프리미엄을 미리 받아먹은 죄(?)로 코 꿰인 사람이 된다.

자, 옵션 이야기가 나왔으니 선물 이야기도 하자.

김장배추 밭떼기

김장배추 농사는 날씨에 따라 작황이 크게 변하고, 김장배추의 가격은 작황에 따라 크게 변하는 것이어서 재배 농가의 수입도 크게 변동한다. 대부분의 농가는 이러한 위험을 피하고 싶어 한다. 반면에 중간상인 중에는 그해 배추 작황을 보고 가격을 예측하고 시세차익을 겨냥, 미리 배추를 사두고자 하는 사람도 있다. 중간상인과 농가 사이에 적정 가격이 성립하여 서로의 이해관계가 맞아 떨어지면 밭떼기계약이 체결된다. 수확기에 배추 가격이 높아지면 중간상인은 이익을 보지만 그 반대일 경우에는 손해를 보게 된다. 배추 재배 농가는 적정수준의 가격이 보장됨에 따라 작황에 따른 가격변동의 위험을 피할 수 있게 된다.

선물

김장배추 밭떼기매매는 선물거래의 일종이다. 선물이란 현재 계약하되 나중에 인도되는 상품을 말한다. 즉 '현재 계약, 실물 나중' 방식의 거래를 선물거래라고 한다. 선물거래의 대상으로는 금융상품도 있고 금, 곡물 등의 실물상품도 있다. 요즈음은 선물이라면 선물환, 주가지수선물을 떠올릴 정도로 금융선물시장이 보편화되어 있다.

소설 속의 선물시장

우리나라에는 오래 전부터 미두米豆라는 이름으로 쌀의 선물거래가 이루어져 왔다. 조정래 씨의 『아리랑』 8권에는 다음과 같이 미두와 관계된 내용이 나온다.

> 논까지 축나기 시작하자 정재규는 본전이라도 채울 심산으로 더욱 미두(米豆)에 혈안이 되었다. 미두란 이름 그대로 쌀 시세를 놓고 벌이는 투기였다. 다시 말하면 3개월 단위로 미리 쌀값을 예측해서 쌀을 팔고 사는 행위였다. 돈을 미리 내는 선불매매로 이루어지는 그 거래는 그야말로 덫 놓인 덤불 속을 걸어가야 하는 투기였다. 1만 석을 샀다가 석 달 후에 값이 폭락하면 그 차액만큼은 고스란히 손해였다.

속담 "꼬리가 몸통을 흔든다."는 글자 그대로 개의 꼬리가 몸통을 흔든다
는 말로, 주객 主客이 전도되었다는 것을 뜻한다. 그런데 꼬리가 몸통을 흔드
는 일이 주식시장에서 실제로 일어나기도 한다. 이 현상을 꼬리-개 효과
tail-wagging-the-dog effect라고 한다. 우리 속담과 경제학 용어가 정확하게 일
치하는 그리 많지 않은 예이다.

꼬리가 몸통을……

꼬리-개 효과란 주식시장에서 주식의 선물가격이 현물가격에 영향을 미
치는 효과를 말한다. 원래 선물 先物 상품이란 어디까지나 파생 派生된 상품
으로 꼬리에 해당한다. 그런데 꼬리인 이 파생상품이 몸통인 현물에 영향을
미칠 수 있다. 선물가격이 현물가격에 영향을 미치는 것이다. 시장이 투기
장화 되거나 거대 자본에 장악되면 그러한 현상이 나타날 수 있다. 이렇게
되면 선물시장이 현물시장의 단점을 보완하는 것이 아니라 오히려 교란시

키게 된다. 개가 꼬리를 흔드는 것이 아니라, 꼬리가 개를 흔드는, 이른바 꼬리—개 효과가 나타나는 것이다.

현실의 금융시장을 보면 선물 등 파생금융상품이 위험을 분산시키는 것이 아니라 오히려 대형 금융사고를 일으켜 '꼬리'의 부작용이 크다는 것을 보여주기도 한다. 2008년 뉴욕 월 가에서 시작된 금융위기가 바로 그것이다. 이러한 부작용을 예견이라도 했듯이 월가의 전설적 투자가인 워런 버핏 W. E. Buffett은 "파생상품은 금융시장의 시한폭탄이며 대량살상무기"라고 입버릇처럼 말했다고 한다.

세 마녀의 날

세 마녀의 날, 즉 트리플 위칭 데이 triple witching day라는 말이 요즈음에는 점점 세인들에 익숙한 말이 되어가고 있다. 세 마녀란 주가지수선물, 주가지수옵션, 개별주식옵션 3가지 파생금융상품을 말하고, 마녀의 날이란 세 가지 파생상품의 만기가 겹치는 날이라는 뜻이다. 세 마녀의 날에는 세 가지 상품의 매물이 주식시장에 대거 쏟아져서 시장을 흔들어 놓기 때문에 마녀가 심술부리는 날이라고 말한다. 그날 주식시장은 대개 주가가 상당한 폭으로 하락하곤 한다.

그런데 요즈음에는 마녀가 하나 더해져서 네 마녀의 날, 즉 쿼드러플 위칭 데이 quadruple witching day도 생겼다. 위에 말한 세 마녀에 개별주식선물이 추가 상장되면서 네 마녀가 겹치는 날도 생기는 것이다. 그날 주가 변동폭은 아무래도 평일보다는 클 가능성이 높다.

주식시장에서는 공매도 제도를 이용하여 보유하지도 않은 주식을 팔 수 있고 증거금제도를 통해 본인이 가지고 있는 돈보다 훨씬 큰 금액의 거래를 할 수 있다. 옛날 사람들은 이 제도를 어떻게 미리 알고 "없는 놈에게는 외상도 밑천이다."라는 속담을 만들어냈을까, 선인들의 지혜가 놀랍다.

공매도

공매도空賣渡란 보유하지도 않은 주식을 판다는 뜻으로, 주식을 빌려다가 팔고 나중에 그 주식을 다시 사서 갚는 것을 말한다. 즉 주식시장에서 어떤 주식의 가격이 하락할 것으로 예상되면 그 주식을 빌려다 팔고, 주식가격이 하락한 다음 사들여 갚아서 그 차액만큼 이익을 얻는 주식거래 방법이 공매도이다. 그야말로 외상으로 밑천을 삼는 기막힌 제도이니, 대동강 물을 팔아먹은 김선달도 혀를 내두를 것 같다.

증거금제도

증권 거래에는 두 가지 방식이 있다. 하나는 실물거래이며 다른 하나는 청산거래이다. 실물거래란 맞돈을 주고 주권을 거래하는 보통의 현물거래와 같다. 청산거래란 매매를 약정하고 일정기간이 지난 후 주식과 대금을 주고받는 거래이다. 그런데 청산거래는 계약 후 일정한 기간이 경과한 후에 이루어지기 때문에 계약을 이행시킬 제도적 장치가 필요하다. 그중 하나가 증거금제도이다. 증거금제도란 거래 참여자에게 계약의 이행을 담보하는 표시로 증거금을 납부하도록 하는 제도를 말한다. 파생금융상품 거래의 대금 지불방식은 대부분 증거금제이다. 계약을 체결할 때 매입자는 상품가격 전액을 모두 지불하는 것이 아니라 계약금액의 일부분만 증거금으로 지급한다. 증거금제도는 애초에 거래를 보증하기 위해 만들어진 제도이다.

증거금제도를 역逆으로 생각하면, 자기가 현재 가지고 있는 돈보다 훨씬 더 많은 양의 거래를 할 수 있다는 말이 된다. 예를 들어 증거금비율이 15% 라고 하자. 이 경우에는 15만 원만 있으면 100만 원어치를 거래할 수 있다는 얘기이다.

레버리지 효과

증거금제도는 자기가 가진 자금보다 훨씬 더 큰 규모의 매매를 가능하게 해준다. 즉, 레버리지 leverage 효과가 크다. 레버리지란 지렛대를 말한다. 레버리지 효과란 지렛대가 조금만 움직여도 큰 움직임을 가져오는 것처럼 차입자본을 이용하여 큰 액수의 투자를 가능하게 해주는 효과를 말한다. CD 금리선물의 경우 계약금액의 0.5%을 증거금으로 지불하면 되기 때문에 레버리지 효과가 무려 200배에 달한다. 자기가 가진 자금의 200배에 해당하는 금융상품 거래가 가능하다는 얘기이다.

깡통계좌

증권회사는 자기 회사에 계좌를 가지고 있는 투자자에게 주식 매입자금을 융자해주기도 한다. 어떤 투자자가 증권회사로부터 3백만 원을 융자받아 자기 돈 2백만 원과 합해서 5백만 원어치의 주식을 매입하였다. 그런데 주식의 가격이 하락하여 3백만 원 이하로 떨어졌다고 하자. 이렇게 되면 주식의 가치가 융자받은 돈의 액수에도 미치지 못하게 된다. 이처럼 주가가 하락해 보유주식의 가치가 대출받은 금액 아래로 내려간 신용계좌를 깡통계좌라고 한다. 깡통계좌가 되면 주식가치가 융자액보다 낮으므로 투자자는 한 푼도 건질 수 없게 된다.

10

게임이론

소 잃고 외양간 고친다

게임이론

사람들은 어떤 실패를 겪으면 다음에는 그 실패를 기억하고 다시 되풀이하지 않으려고 한다. 또 실패를 직접 겪지 않더라도 실패할 수 있는 상황과 실패하지 않을 수 있는 상황을 구분하여 대처하려고 한다.

소 잃기 전에

어떤 사람은 '소 잃고 나서 외양간을 고치'고, 다른 어떤 사람은 '소 잃기 전에 외양간을 고칠 수' 있다. 시행착오를 거친 다음 고치는 경우가 있는가 하면 시행착오를 거치지 않고 고칠 수도 있는 것이다.

인생이 시행착오와 게임의 연속이듯이 기업 행동도 시행착오와 게임 상황을 거치게 된다. 특히 하나의 시장을 두고 대립적인 경쟁을 벌이는 과점산업에서는 기업들의 상호의존성이 높아서 이런 일이 자주 일어난다. 과점시장에서 기업은 상대방의 움직임에 신경을 많이 쓴다. 각 기업은 자신의 행동을 결정할 때 경쟁 기업의 반응을 고려하여 결정한다. 과점시장은 기업에 게임 game 상황이 된다.

게임이론

시장에서의 게임 상황이란 둘 이상의 기업이 이윤을 위해 행동하지만 상대성이 있기 때문에 어느 누구도 그 결과를 임의로 조정할 수 없는 대립적 경쟁 상황을 말한다. 그리고 이러한 대립적 상황을 설명하는 이론이 게임이론이다. 즉 게임이론이란 둘 이상의 경쟁자 간 이해가 대립되는 상황에서 일어나는 의사결정을 설명하는 이론이다. 게임이론은 주로 군사학에서 적용되다가 경제학에 이용되고 있다. 게임에는 네 가지의 구성 요소가 있다. 그 구성요소란 참가자, 게임 규칙, 전략, 그리고 보수이다. 참가자란 바로 기업이고, 보수란 기업이 얻는 매상액이나 이윤을 말한다.

게임의 종류

게임에는 여러 종류가 있는데, 그중 중요한 것을 들면 다음과 같다. 보수의 형태에 따라 영합 零合게임과 비영합 非零合게임이 있다. 영합게임은 제로섬 게임 zero-sum game이라고도 하며, 참가자들의 보수를 모두 합하면 '0'이 되는 게임이다. 도박판에서 돈을 딴 사람과 잃은 사람의 돈을 모두 합하면 '0'이 된다. 비영합게임이란 참가자들의 보수를 합했을 때 '0'이 되지 않는 게임으로, 보통 넌 제로섬 게임 non zero-sum game이라고 한다. 게임에 참가한 참가자들의 이득의 상태에 따라 분류할 때는 정합게임과 비정합게임으로 나눌 수 있다. 정합게임이란 각 참가자의 보수의 합이 참가자의 전략과 관계없이 일정한 게임을 말한다. 영합게임에서는 합이 '0'인데 비해 정합게임에서는 어떤 일정한 수치이다. 비정합게임은 보수의 합이 일정하지 않는 게임을 말한다.

뒹굴 자리 보고 씨름판에 나간다

최소극대화 전략

신중하게 행동하는 것을 흔히 "돌다리도 두드려보고 건넌다."고 한다. "뒹굴 자리 보고 씨름판에 나간다."라는 속담도 신중하고 소극적인 사람의 행동을 말한다. 만약 씨름에 져서 넘어지더라도 크게 다치지 않겠다는 확신이 있을 때에야 씨름에 응한다는 것이다. 게임이론 중에 가장 이해하기 쉬운 최소극대화 행동이론은 뒹굴 자리가 안전한가를 먼저 살펴보고 씨름판에 나가는 행동을 분석하는 이론이다.

최소극대화 행동

A, B 두 기업이 경쟁하고 있는 시장에서 A는 두 가지 전략을 가지고 있고, B는 세 가지 전략을 가지고 있다. 각 전략을 택해 기업 A가 얻을 수 있는 이익이 표와 같다고 하자. 단, A의 이익은 B의 손실이다. 이와 같은 조건에서 A가 택할 수 있는 전략은 여러 가지가 있을 것이다. 이중 최소극대화 행동 원칙이란 어떤 내용인가 알아보자.

기업 A의 전략		기업 B의 전략			
		B1	B2	B3	A의 최소치
	A1	3	2	4	2
	A2	1	5	6	1

〈표〉 최소극대화행동(단위 : 억 원)

표를 볼 때, 기업 A가 A1전략을 선택하면 기업 B의 대응에 따라 각각 3억, 2억, 또는 4억 원의 이익을 얻을 수 있다. 기업 A가 A2전략을 선택하는 경우에는 기업 B의 대응에 따라 각각 5억, 6억, 또는 1억 원의 이익을 얻을 수 있다. A는 B가 A의 이익을 최소화시키는 전략을 선택하리라는 것을 알고 있다. 이에 따라 A는 자신의 전략에 대해 B의 대응으로 일어날 수 있는 최악의 경우를 생각한다. A가 A1전략을 택하면 최악의 경우 2억의 이익을 얻는다. A2전략을 택하면 최악의 경우 1억의 이익을 얻는다. 이 상황에서 A는 A1전략을 택하여 '최소 중 극대'인 2억 원의 이익을 얻으려 한다. 이같이 최소 중 극대를 고르는 전략을 최소극대화 전략 또는 맥시민 전략maximin policy이라고 한다. 이 전략으로 A는 '최소한 얼마'를 확보하게 된다. 이 전략은 매우 보수적이고 소극적인 전략이다. 최소극대화 전략을 통해 A는 최소한 2억 원의 이익을 얻는다.

비슷한 속담

✔ 밑져야 본전(本錢)

맞은 놈은 펴고 자고 때린 놈은 오그리고 잔다

용의자의 딜레마

남에게 못된 짓을 한 사람은 아무래도 마음이 불안하다. 그래서 맞은 놈은 다리를 펴고 잘 수 있지만, 때린 놈은 다리를 오그리고 불안하게 자는 것이다. 죄 짓고 못 산다는 뜻의 속담이다. 경제학에서도 이와 비슷한 현상을 분석한다. 이른바 용의자의 딜레마 prisoner's dilemma가 그것이다.

용의자의 딜레마

중범 重犯이와 동범 同犯이 두 사람이 공범 혐의로 검거되었다. 이 두 사람은 검거될 경우에 범행 사실을 부인하기로 미리 약속을 했다. 노련한 검사는 두 용의자를 각각 다른 방에서 분리해 심문하고 있다. 검사는 중범이에게 말한다. 두 사람이 모두 다 범행을 자백하면 정상을 참작하여 징역 2년씩만 구형한다. 만일 두 사람 중 한사람만 자백하면 자백한 자는 석방하고, 자백하지 않는 자는 다른 혐의까지 씌워서 괘씸죄를 적용하여 5년형을 구형한다. 중범이가 의리를 지킨다고 끝까지 버티고 있는데, 저쪽에서 동범이가 자백했다고 하자. 그렇게 되면 동범이는 석방이고 중범이만 5년 구형을 받는다. 둘 다 범행사실을 끝까지 부인하면 심증은 가나 물증이 없기 때문에 지금까지 저지른 경범을 근거로 두 사람 모두 징역 1년형을 구형받는다.

표는 중범이와 동범이의 형편을 나타내고 있다. 표의 숫자는 구형량이며, '0'은 석방을 의미한다.

		중범이의 전략	
		자 백	부 인
동범이의 전략	자 백	-2 \ -2	0 \ -5
	부 인	-5 \ 0	-1 \ -1

〈표〉 용의자의 딜레마

이 '용의자의 딜레마' 상황에서 중범이와 동범이는 어떤 행동을 취해야 하는가. 먼저 중범이의 입장에서 생각해 보자.

중범이는 혼자서 이렇게 생각한다.

> 우선 동범이가 부인한다 하자. 나도 부인하면 1년을 살게 된다. 그러나 자백하면 나는 석방이다. 동범이가 부인할 경우 나는 자백하는 것이 유리하군. 다음으로 동범이가 자백할 경우를 생각해 보자. 나도 자백하면 2년을 산다. 만약 나만 부인한다면, 이크, 나는 5년을 살아야 한다. 동범이가 자백할 때도 자백하는 것이 유리하군. 그러고 보니 동범이가 부인할 때도 나는 자백하는 것이 유리하고, 동범이가 자백할 때도 자백하는 것이 유리하군.

중범이의 입장에서 볼 때, 동범이가 자백을 하건 부인을 하건 자기의 최선의 전략은 항상 자백이다. 한편 다른 방에서 동범이도 똑같은 생각을 하고 있다. 동범이에게도 최선의 전략은 자백이다. 결국 중범이와 동범이 두 사람은 각각 자백 전략을 선택하게 된다.

그런데 자백 전략이 과연 두 사람에게 최선일까. 그렇지 않다. 두 사람이 모두 부인한다면 구형량을 1년으로 줄일 수 있는데도 이들은 자백 전략을 선택함으로 2년씩을 받아야 하는 것이다. 용의자의 딜레마에서 자백 전략이 균형이라는 것은 어떤 점에서 다행이다. 범죄자의 거짓말이 통하는 세상이어서는 안 될 테니까.

'조직원'이거나 재범이라면

자백이 우월전략이라는 것은 두 사람이 초범이거나 잡범일 때 가능하다. 잡혀 온 두 사람이 강력한 범죄조직, 예를 들어 마피아의 단원이라고 가정해 보자. 이 경우에는 좀처럼 자백 전략이 나오지 않을 것이다. 혼자 자백하면 석방되겠지만, 배신한 죄로 범죄조직에 쫓기는 신세가 되어 오히려 감옥보다 못한 생활을 해야 할 것이다. 반대로 혼자 의리를 지켜 5년을 살면 조직이 그동안 식구들을 보살펴 줄 것이고, 만기로 출소하면 커다란 보상을 해 줄 것이다. 이 경우에는 두 사람 모두 부인 전략을 택할 가능성이 높다.

재범 再犯인 경우에도 일반적으로 부인 전략을 택할 것이다. 이들이 초범 때는 서로 배신해 5년을 살고 나왔다고 하자. 이러한 상황을 몇 번 거치는 동안 범죄자들은 서로 협력하는 것이 자기들에게 더 이익이라는 것을 깨닫게 된다. 그래서 별(?)을 많이 달수록 부인 전략을 택할 가능성이 높아진다. 교도 행정이 얼마나 중요한가를 느낄 수 있는 대목이다.

비슷한 속담

✔ 도둑놈 제 발 저린다.

날 잡은 놈이 자루 잡은 놈 당하랴

우월전략균형

오늘날 기업은 광고에 많은 비용을 지출한다. 광고란 매출을 높여주는 좋은 점도 있지만, 경영수지 압박 요인이 되기도 한다. 세계 음료시장의 라이벌 코카콜라와 펩시콜라는 특히 막대한 광고비를 지출하고 있다. 이에 한 회사가 광고를 서로 줄이자고 제안한다고 하자. 서로에게 이득이 되는 일이라 두 회사는 광고비를 줄이기로 약속할 것이고, 약속을 지킬 경우 두 회사의 수지는 대폭 개선될 것이다.

다음 표는 두 회사 광고비 지출의 많고 적음에 따른 이윤을 나타내고 있다.

두 기업이 많은 광고비를 지출한다면 각각 20억 달러의 이윤을 얻는다. 두 기업이 적은 광고비를 지출한다면 각각 연 40억 달러의 이윤을 얻는다. 즉 광고비를 줄이는 것이 서로에게 도움이 된다.

		코카콜라	
		많은 광고비	적은 광고비
펩시콜라	많은 광고비	20 \ 20	60 \ 10
	적은 광고비	10 \ 60	40 \ 40

〈표〉 광고비 지출에 따른 이윤(단위 억 달러)

우월전략균형

그러나 광고를 줄이기로 한 약속은 오래 유지되기가 어렵다.

먼저 펩시의 입장에서 생각해 보자. 코카콜라가 약속을 지켜 적은 광고비를 지출하는 경우 펩시가 많은 광고비를 지출하면 60억 달러를 얻고, 적은 광고비를 지출하면 40억 달러를 얻는다. 즉 많은 광고비를 지출하는 것이 유리하다. 코카콜라가 많은 광고비를 지출한다고 하자. 펩시가 많은 광고비를 지출하면 20억 달러를 얻고, 적은 광고비를 지출하면 10억 달러를 얻는다. 이 경우에도 많은 광고비를 지출하는 것이 유리하다. 코카콜라가 어떤 전략을 선택하든 펩시에게는 많은 광고비를 지출하는 전략이 유리하다.

이러한 상황은 코카코라에도 마찬가지이다. 펩시가 많은 광고비를 지출하든 적은 광고비를 지출하든 코카콜라에는 많은 광고비 전략이 유리하다.

칼 하나를 놓고 두 사람이 서로 다툰다고 하자. 한 사람은 칼의 날을 쥐고, 다른 한 사람은 자루를 쥔다면 자루를 쥔 쪽이 유리하다. 칼자루를 쥐었다는 말까지 있지 않은가. 게임에서 자기에게 언제나 유리한 전략을 우월전략이라고 한다. 펩시나 코카콜라 회사 모두 많은 광고비 지출이 우월전략이다. 두 회사가 모두 많은 광고비 지출이라는 우월전략을 택하면 결국 우얼전략균형이 이루어진다. 이 경우 펩시와 코카콜라는 각각 20억 달러씩만 얻는다. 즉 우월전략은 비협조적 게임에 속한다.

참고로 앞에서 본 '용의자의 딜레마'에서 자백 전략이 바로 우월전략이다.

가는 말이 고와야 오는 말이 곱다

내쉬 균형

어떤 거래에서든 상대방의 입장도 고려해야 그 거래가 쉽게 성립할 수 있다. 가격을 정할 때는 품질에 비해 너무 높지는 않는지, 소비자의 취향은 어떤지 고려하는 것이 필요하다. 중국에 수출할 물건을 만든다면 가능하면 디자인은 붉은 계통의 색깔을 사용하는 것이 좋을 것이다. 상대방의 선호를 알면 상품도 제값을 받을 수 있다. 즉 '가는 말이 고와야 오는 말도 고울' 것이다. 미국의 천재 경제학자 존 내쉬J. F. Nash는 서로에게 최선이 되어야 거래가 균형을 이룬다고 생각했다.

뷰티풀 마인드

영화 <뷰티풀 마인드Beautiful Mind>는 노벨 경제학상 수상자인 천재 학자 내쉬의 일생을 그린 것이다. 내쉬가 한번은 친구들과 술집에 들른다. 술집에는 아름다운 금발 아가씨와 친구들이 와 있었다. 내쉬의 친구들은 다투어 금발 아가씨와 데이트하고 싶어 한다. 그런데 모두들 데이트를 신청하더라도 한 명만 선택된다. 나머지는 이제 다른 아가씨에게 접근한다. 그러나 다른 아가씨는 자존심 때문에 데이트를 거절할 것이다. 한 명마저 데이트가 깨질 수도 있다. 여기서 내쉬는 생각한다. 모두가 금발 아가씨에게만 몰려 가면 결국 모두 거절당한다. 아가씨들의 입장도 고려해야 한다. 다른 아가 씨에게도 골고루 가야 성공할 수 있다. 즉 양쪽에 최선이 되어야 데이트라 는 균형이 성립한다.

내쉬 균형

이러한 생각을 정리하여 이론으로 만든 것을 내쉬 균형이라고 한다. 내쉬 균형이란 서로에게 최선이 되는 전략의 짝을 말한다. 내쉬 균형은 최선의 전략에 대해 최선의 대응 전략이 짝을 이루는 것이기 때문에 상대방이 모두 최선의 전략을 선택할 때만 성립할 수 있다. 앞에서 본 우월전략균형은 서 로 최선의 전략이라는 점에서 내쉬 균형도 된다. 그러나 그 역은 성립하지 않는다. 즉 내쉬 균형이 성립한다고 해서 항상 우월전략균형이 되는 것은 아니다.

'칼 자루 잡은 놈'만 이기는 세상보다는 '가는 말, 오는 말이 고운' 세상이 왔으면 좋겠다.

11

분배와 소득

곳간에서 인심 난다

성장과 분배

성장이 우선인가 아니면 분배가 우선인가. 이 문제는 닭이 먼저냐 계란이 먼저냐 하는 문제만큼이나 끝없는 논쟁을 불러일으키는 사회적 과제이다. 그래서 경제정책을 담당하는 당국자는 성장과 분배 중 무엇을 우선해야 하는가가 항상 숙제이다. 아울러 성장이 먼저냐 복지가 먼저냐 하는 문제도 늘 도마에 오른다.

성장이냐 분배냐

경제학에서는 경제성장과 소득분배의 관계를 파이 pie의 크기와 나누기로 비유해 설명한다. 파이가 커야 여러 사람에게 많이 나눌 수 있다는 생각은 성장에 우선을 두는 견해이다. 이에 비해 아무리 파이가 커도 공평하게 나누지 못하면 소용이 없다는 생각은 분배에 우선을 두는 견해이다. 어떤 견해가 옳다고 단정해서 말하기는 어렵다. 다만 먼저 파이의 크기를 키우고 그 다음에 공평하게 나누도록 하자는 것이 대부분 개발도상국들의 생각이다. 그러나 그러한 생각이 잘 지켜지지 않는 것이 현실이다. 성장 과정에서 먼저 부를 축적한 층이 그 부를 쉽사리 내어 놓으려고 하지 않기 때문이다. 이렇게 되면 성장이 소득 양극화 현상을 더욱 심화시켜 저소득층에게 상대적 빈곤감을 안겨주게 된다. 그렇다고 공평분배를 먼저 달성하고 나중에 성장을 이룩하자는 것은 매우 어려운 일이다. 공평분배에 치중하면 성장이 더디기 때문이다.

아흔 아홉 가지면

어쨌든 "광에서 인심 난다."라는 속담은 성장 우선 쪽의 손을 들어주고 있다고 볼 수 있다. 광에 곡식이 있어야 인심을 쓸 수 있다는 것이다. 그러나 있는 사람이 가진 것을 내어놓는다는 것은 그리 쉽지 않다. 그동안 우리는 있는 사람이 더 가지려고 욕심 부리는 것을 많이 보아왔다. 아흔 아홉 가진 사람이 하나를 더 가져다가 백百을 채우려고 하는 세상이니 말이다. 세상이 이러할 때 빌 게이츠의 나눔은 '광에서 인심 나는' 모습을 보여주는 본보기이다.

빌 게이츠의 나눔

세계적인 부호인 빌 게이츠Bill Gates는 세 자녀에게 1천만 달러만 물려주고 나머지 재산은 자선사업에 쓰겠다고 발표했다. 마이크로소프트의 창설자인 빌 게이츠의 재산은 460억 달러에 이른다. 이중 자식한테는 0.02%만 남기고, 나머지는 사회를 위하여 쓰도록 하겠다는 것이다. 빌 게이츠는 아이들이 너무 많은 돈을 가진 채 인생을 시작하는 것은 좋지 않다고 늘 말한다. 또 재산을 모은 이들은 불평등을 해소하기 위해 이를 사회에 환원하는 방법을 발견하기 바란다는 말도 하였다. 특히 그는 아이들의 인생은 출생과 무관해야 한다고 주장하였다. 빌 게이츠 부부는 1999년부터 게이츠 재단을 통해 보건과 교육 분야에 229억 달러를 기부하거나 기부를 약정하였다. 이는 이들의 현재 보유자산 460억 달러의 54%에 이르는 금액이다. 이들 부부는 부를 대물림하지 않고 사회에 환원함으로 부가 존경받을 수 있다는 것을 보여주고 있다.

씨는 뿌린 만큼 거둔다

소득분배이론, 한계생산력설

콩을 심으면 콩이 나고, 팥을 심으면 팥이 난다. 그리고 '씨는 뿌린 만큼 거두는' 것이 자연의 이치다. 씨를 뿌리지 않고서 수확을 기대할 수 없는 것이다. 씨 뿌린 만큼 거두듯 소득도 일한 만큼 얻는다는 주장이 있다. 즉 신고전학파 경제학자들은 노동이나 자본 등 각 생산요소가 생산에 기여한 만큼 소득을 받아간다고 주장한다. 신고전학파의 이 주장을 한계생산력설이라고 한다. 한계생산력설은 기능별 소득분배이론의 하나이다.

소득분배이론

노동과 자본 등 생산요소의 소득이 어떤 원리로 결정되는가를 연구하는 이론을 기능별 소득분배이론이라고 한다. 전통적으로 고전학파 경제학자들은 완전경쟁시장을 전제로 하여 이론을 전개한다. 고전학파의 생각을 계승한 신고전학파 경제학자들은 완전경쟁시장을 전제로 하는 분배이론을 전개하였다. 신고전학파의 소득분배이론의 핵심은 '이윤극대화를 추구하는 기업이 생산요소를 고용할 때 그 요소의 한계생산물의 가치만큼 고용하고, 그만큼 대가를 지급한다'는 것이다. 즉 생산에 사용된 요소는 그 요소가 생산에서 기여한 만큼 분배를 받아간다는 생각이다.

우리는 "월천꾼에 난쟁이 빼듯"에서 생산자균형을 분석한 바 있다. 생산자균형은 노동과 자본, 양 요소 가격의 비율과 한계생산물의 비율이 같을 때 달성된다. 이미 앞에서 설명한 바와 같이 노동의 한계생산물이란 노동자를 한 명 더 투입할 때 그 한 사람으로 인해 증가한 생산량을 말한다. 피자 한 조각 더 먹을 경우의 효용 증가분을 한계효용이라고 하는 것과 마찬가지로 노동자 한 명 더 투입한 경우의 생산 증가분을 한계생산물이라고 하는 것이다.

생산력설

노동과 자본요소의 가격을 노동자나 자본가 쪽에서 보면 그것이 바로 소득이다. 기업이 한계생산성과 가격을 고려하여 생산요소를 투입한다는 말을 뒤집으면 요소 제공자는 자신의 한계생산성만큼 소득을 얻는다는 말이 된다. 요소 소득의 크기란 생산력에 비례한다는 것이 신고전학파의 주장의 핵심이다. 노동이나 자본의 고용량은 그 가격과 노동의 한계생산가치가 서로 일치하는 수준에서 결정된다. 즉, 각 생산요소는 생산에 참여한 대가로 그 한계생산물의 가치만큼을 분배받게 되는 것이다.

> **비슷한 속담**
>
> ✔ 좋은 씨 심으면 좋은 열매 열린다.

가난 구제는 나라도 못 한다

빈곤 문제

소득분배가 어떤 과정을 통해 이루어지든지 사회에는 소득격차가 존재하고, 아울러 빈곤貧困 문제가 존재한다. 가난은 어느 곳에나 존재하며, 가난 구제는 쉽지 않다. 가난한 사람을 도와주는 것은 좋은 일이지만, 그것은 나라의 힘으로도 어려운 일이라는 것이 역사상의 교훈이다. 가난 구제는 동서고금을 막론하고 개인과 나라의 중요한 과제이다.

그런데 가난한 사람을 제대로 구제하여 모두 잘 살도록 한 나라는 아직 없다. 그만큼 가난을 구제하기는 어려운 일이다. 그래서 "가난 구제는 나라도 못 한다."라는 속담이 나왔다. 이 속담은 가난에서 벗어나기 위해서는 스스로 노력해야 한다는 것을 말하고 있다.

평등 세상은 없는가

가난한 사람이 없는 나라란 아마 이상향일 것이다. 이상향이라는 말은 두 가지 뜻을 가지고 있다. 하나는 '이상적인 나라'를 의미하고, 다른 하나는

‘이상에 불과하여 실현 가능성이 없다’는 것을 의미한다. 두 가지 뜻을 합하면 ‘이상향이란 이상에 불과한 것’이라고 말할 수 있겠다.

서양에서는 이상향을 ‘유토피아’라고 한다. 그런데 유토피아라는 말은 ‘없는 곳’이라는 뜻을 가지고 있다. 유토피아 Utopia는 그리스말의 아우토포스 outopos에서 유래했다. 아우 ou는 영어로 not를, 토포스 topos는 place를 뜻한다. 따라서 유토피아는 not place, 즉 ‘어디에도 없는 곳’이라는 의미를 가지고 있다. 단어의 숨겨진 뜻에서도 알 수 있듯이, 가난 구제는 어느 곳에나 누구에게나 어려운가 보다.

빈곤의 원인

빈곤은 소득분배의 차이에서 발생한다. 소득분배에 차이가 발생하는 요인에는 여러 가지가 있으며, 이중 중요한 몇 가지를 들면 부의 차이, 개인 능력의 차이, 교육과 훈련의 차이가 있다.

첫째, 부 富의 차이가 소득의 차이를 가져온다. 부자의 자녀는 부모의 부를 통해 유리한 위치에서 경제활동을 시작할 수 있다. 또 재산 소유의 차이가 개인 능력의 차이를 발생시킬 수도 있다. 부의 소유는 또 다른 부를 축적할 수 있는 유리한 기회가 되는 것이다. 반면에 좋은 능력을 갖춘 사람도 부의 축적이 없기 때문에 능력을 발휘할 수 없는 경우가 있다. 그런 경우는 가난이 대물림된다.

둘째, 개인 능력의 차이도 소득분배의 차이를 가져온다. 능력이 있는 사람은 많은 소득을 얻어 부를 축적할 수 있다. 그러나 능력이 없는 사람은 소득분배나 부의 축적에 상대적으로 뒤떨어질 것이다.

셋째, 교육과 훈련 등의 차이도 소득분배의 차이를 가져온다. 교육과 훈련은 인간의 능력을 증진시킨다. 교육과 훈련을 받은 사람은 그렇지 못한 사람에 비해 높은 소득을 획득할 수 있는 기회를 가진다.

가난 구제는 나라도 못한다지만

가난 구제는 나라도 못한다지만, 위의 세 가지 요인을 분석하면 소득분배의 차이를 어느 정도 해소시킬 수 있는 방안이 나올 수 있다. 즉 부의 차이가 소득의 차이를 가져온다는 점을 생각하면, 상속이나 증여에 대해 조세를 부과함으로써 부의 대물림을 어느 정도 완화할 수 있다. 또 개인 능력의 차이와 교육의 차이가 소득분배의 차이를 가져온다는 점을 생각하면, 의무교육 연한을 늘려가고 직업교육을 강화하는 것도 소득의 불평등을 해소시키는 방법이 될 것이다.

부자 집 나락이 먼저 팬다

부익부 빈익빈

여름이 끝나갈 무렵이면 벼의 이삭이 올라온다. 벼의 줄기가 볼록해지다가 이삭이 올라오기 시작하면 농부는 희망에 부푼다. 곧 쌀밥을 먹을 수 있기 때문이다. 속담은 "부자 집 나락이 먼저 팬다."고 말하고 있다. '나락'이란 벼를 말하며, '팬다'는 벼의 이삭이 올라오는 것을 말한다. 부자 집 벼 이삭이 먼저 올라오는 것은 아마 부자 집에서는 적당한 시기에 파종하고 벼도 잘 가꾸어서일 것이다. 또 부자 집 논은 햇볕이 잘 들고 물도 좋은 곳에 있어서 가뭄을 타거나 홍수에 시달리지도 않았을 것이다. 그래서 이삭이 먼저 올라오고 부자 집에 햅쌀을 먼저 안겨준다는 것이다. 이 속담은 부익부 빈익빈 富益富 貧益貧 현상을 실감나게 이야기하고 있다.

부익부 빈익빈

DJ DOC의 노래에 다음과 같은 내용이 나온다.

이 노래는 "있는 놈은 항상 있지, 없는 놈은 항상 없지." 하며 부익부 빈익빈 현상을 노래하고 있다. 부익부 빈익빈이란 부자는 더욱 부자가 되고 가난한 사람은 더욱 가난해지는 사회 현상을 말한다. 자본주의 경제의 문제점 중 하나가 이 부익부 빈익빈 현상이다.

부익부 빈익빈 원인

자본주의 경제체제는 구조적으로 부익부 빈익빈 현상을 일으키기 쉽게 되어 있다. 자본주의 경제체제란 자본가가 이윤을 목적으로 생산하는 경제체제이다. 자본가는 자본이 없는 노동자를 고용하여 생산한다. 생산에서 얻는 이득은 자본가에게 들어가고 노동자에게는 임금만 지급된다. 따라서 자본가는 더욱 부유해지고 자본이 없는 노동자는 더욱 가난해진다. 더구나 생산구조에서 소액 자본가보다는 거액 자본가가 유리하다. 자본가 중에서도 부익부 빈익빈이 일어나는 것이다.

빈곤의 악순환 현상도 부익부 빈익빈을 초래한다. 자본이 부족한 경우에는 '자본 부족 → 저생산성 → 저소득'의 현상이 일어나고, 자본이 풍부한 사람에게는 '자본 풍부 → 고생산성 → 고소득'의 고리가 생기는 것이다. 부와 교육의 관계에서도 부와 빈곤의 순환이 일어난다. 빈곤 계층은 교육 혜택을 받을 기회가 상대적으로 부족하기 때문에 '저교육→저소득→저교육'의 악순환이 계속된다. 이에 반하여 고소득자는 좋은 교육 기회를 얻을 수 있어서 고소득을 얻을 수 있는 기회가 많이 제공된다.

"파리도 여윈 말에 더 붙는다."라는 속담이 있다. 먹지 못해서 빼빼 마른 말馬에 파리가 더 많이 달라붙는다는 것이다. 여윈 말이라면 아마 가난한 집의 말일 것이다. 이 말은 잘 먹지 못하고 일만 하기에 더 지저분해서 파리가 붙을 것이다. 이 속담은 가난해서 먹을 것도 없는 집에 돈 들어 갈 일이 겹친다는 인간사를 이야기하고 있다.

부익부 빈익빈의 악순환 고리를 끊기 위한 정책으로는 누진세를 통한 소득의 재분배, 의무교육의 확대를 통한 공평한 교육 기회 제공, 상속세 등 재산세의 강화 등을 들 수 있다.

가난한 집 제사 돌아오듯

빈곤의 악순환

소득은 적은데 나갈 일은 많은 것을 "가난한 집 제사 祭祀 돌아오듯 한다."고 한다. 직장인들이 가끔 농담 삼아 말한다.

"왜 카드 결제 날은 금방 돌아오는데 봉급날은 안 와?"

가난한 집에서는 소득은 적고 나갈 일은 많아서 좀처럼 가난에서 헤어나지 못한다. 반면에 앞에서도 보았듯이 부자 집 나락은 일찍 패서 부자 집은 더욱 부자가 되는 것이 세상사이다.

빈곤의 악순환

개인이 빈곤에서 쉽사리 벗어나기 어렵듯이 저개발국가의 빈곤도 쉽사리 없어지지 않는 경향이 있다. 이러한 경향을 넉시 R. Nurkse는 빈곤의 악순환 惡循環이라 불렀다. 저개발국에서는 자본 형성의 부족으로 빈곤해지고, 그 빈곤 때문에 자본이 형성되지 않아 빈곤이 해소되지 않는 현상이 있다는 것이다. 빈곤의 악순환에는 다음과 같은 세 가지 유형이 있다.

첫째, 소득과 자본의 관계에서 빈곤이 순환한다. 그 순환 고리는 '자본 부족→저생산→저소득→저축 부족→자본 부족'이다.

둘째, 빈곤과 건강의 관계에서 빈곤이 순환한다. 그 순환 고리는 '빈곤→영양 부족→병약→저생산→빈곤'이다.

셋째, 빈곤과 교육의 관계에서 빈곤이 순환한다. 그 순환 고리는 '빈곤→저교육→저숙련→저생산→빈곤'이다.

『지도 밖으로 행군하라』

오지여행가 한비야 씨는 여행 중 느낀 바 있어서 국제구호단체인 월드비전 World Vision의 긴급구호팀장이 되어 일하고 있다. 출판 후 100쇄를 돌파한 스테디셀러인 『지도 밖으로 행군하라』는 긴급구호팀장으로 일하면서 겪은 경험담을 모아 펴낸 책이다. 그 책에 나오는 다음 이야기 한 토막은 빈곤의 악순환을 끊으려는 작지만 큰 이야기이다. 글의 '둘째 딸'이란 결연 맺은 어린이를 말하며, 한 달에 2만 원씩 보내서 그들의 삶을 돕고 있다.

한비야의 둘째 딸

'방글라데시에 있는 둘째 딸 아도리의 아버지는 인력거꾼이다. 새벽부터 밤늦게까지 일을 하지만 식구들에게 하루 한 끼 먹이기도 어렵다. 그 인력거가 남의 것이기 때문이다. 인력거 임대료는 보통 하루 수입의 절반 정도이다. 수리비나 부품 값, 비 올 때 치는 비닐 지붕 값도 인력거꾼이 내야 하니, 임대료를 주고 나면 남는 것이 거의 없다. 하루 벌어 하루 먹고 사는 사람들은 집에 아픈 사람이 생기거나 결혼 등 큰일을 치르려면 돈을 빌리는 수밖에 없다. 빌린 돈이 50달러, 우리 돈 5만 원이 넘어가면 고리대금업자는 채무자의 아이 한 명을 데려간다. 그리고 아이를 새벽부터 밤늦게까지 부려먹는다. 빌려간 50달러의 이자를 아이의 노동으로 받는 것이다. 원금을 갚기 전에는 이 담보노동에서 헤어날 방법이 없으며, 가난한 부모에게 50달러는 도저히 갚을 수 없는 어마어마한 돈이다.

아도리도 담보노동 어린이였다. 다섯 살 때부터 담뱃잎 마는 일을 하느라 학교에 가 보지도 못한 아이의 손은 거칠고 상처투성이였다. 담보노동 아이가 풀려났다고 해서 끝이 아니다. 가난한 사람들은 구조적으로 돈을 빌리지 않을 수 없기 때문에 이 아이가 다시 담보노동을 하게 되는 것은 시간문제이다. 후원은 이래서 중요하다. 내가 50달러를 들여 아이를 풀려나게 하고, 2만 원을 보낸다고 해서 당장 아도리가 학교에 다닐 수 있는 것은 아니다. 극빈자들은 돈벌이를 해야 먹고 살 수 있기 때문에 아이를 학교에 보낼 수 없다. 그래서 우선 아이가 벌어오는 만큼의 수입을 보장해 주는 게 중요하다. 그 방법 중의 하나가 젖이 나오는 어미 염소를 빌려 주는 것이다. 그 염소젖을 팔아 아이 수입을 대체하면 아이가 학교에 다닐 수 있다. 게다가 어미 염소가 새끼를 낳으면 그 새끼는 이 집 것이 된다. 다음에는 우리가 인력거를 사서 아버지에게 임대료의 반값만을 받고 빌려준다. 그리고 그 임대료를 모았다가 아버지가 인력거를 살 수 있게 도와준다. 이렇게 해서 아버지는 꿈도 꾸지 못했던 인력거 주인이 되는 것이다. 인력거 한 대, 그리고 아이가 받는 초등교육으로 드디어 이 식구는 가난의 굴레에서 벗어날 발판을 마련하는 것이다. 내 딸의 학비는 물론 어미 염소, 인력거 대여금 등이 한 달에 2만 원으로 해결된다. 2만 원이 이렇게 큰돈인 줄 정말 몰랐다.'*

---

* 한비야, 『지도 밖으로 행군하라』(푸른숲, 2006)에서 발췌.

조록싸리 피면 남의 집에 가지 말랬다

춘궁기

조록싸리는 콩과의 식물로 6월경에 분홍색 꽃을 피운다. 그런데 왜 조록싸리 꽃이 피면 남의 집에 가지 말라고 했을까? 그것은 조록싸리 꽃이 피는 6월이 바로 춘궁기 春窮期이기 때문이다.

춘궁기

춘궁기란 봄에 양식이 떨어져서 궁한 시기이다. 6월경은 지난 가을에 수확한 양식은 바닥이 나고 보리는 미처 여물지 않아서 먹을 것이 없는 시기이다. 아직 보리가 익지 않았다고 해서 보릿고개라고도 한다. 옛날 우리 농촌에서는 봄에는 보리농사를, 가을에는 벼농사를 지었다. 그래서 여름에는 보리를 먹고, 가을부터 이듬해 봄까지는 쌀을 먹으며 살았다. 그런데 보리수확 후 벼가 나오기까지는 약 4개월을 기다리면 되었지만, 벼 수확 이후 보리가 나오기까지는 8개월을 기다려야 했다. 그래서 대부분의 가난한 농가에는 봄마다 먹을 쌀이 떨어져서 보리 익기를 기다리는 춘궁기가 찾아왔다.

춘궁기 때는 너나없이 모두들 굶주리고 있기 때문에 남의 집에 가서 폐를 끼치지 말라는 것이 이 속담의 뜻이다. 비슷한 속담으로 "미나리 꽃 필 때는 딸내미 집에도 가지 마라."라는 말도 있다. 미나리 꽃도 6월경 춘궁기에 핀다. 미나리 꽃 필 무렵, 집에 먹을 것이 없는 딸내미 집에 친정아버지가 오셨다고 하자. 대접할 것도 없는 그 딸은 얼마나 안타까울 것인가. 어떤 지방에서는 "미나리 꽃 필 때 친정아버지 온다."고 말하기도 한다. 이 속담도 역시 머피의 법칙처럼, 하필이면 곡식이 떨어졌을 때 귀한 손님이신 친정아버지가 오셔서 딸의 마음을 아프게 하는 정경을 이야기하고 있다. 춘궁기 중에도 지난 가을에 흉년이 든 다음에 찾아오는 춘궁기는 특히 혹독했다. 이 경우에 우리 조상들은 구황식품으로 연명했다. 구황식품에 대해서는 "가을밭에 가면 없는 친정에 가는 것보다 낫다."에서 설명했다.

1차산업

춘궁기란 농업이 주요 산업이던 시절의 산물이다. 즉 농사를 짓던 시절에는 계절에 따라 먹을 것이 있고 없고의 차이가 심했다. 벼든 보리든 수확철에는 어느 정도 먹을 곡식이 있지만, 수확 철에서 멀어지면 결국 양식이 동이 나고 식량난에 시달려야 했던 것이다.

요즈음에는 이러한 춘궁기가 사라지고 어른들에게 이야기로만 듣는 옛날 일이 되었다. 그 이유는 우리나라의 소득수준이 올라가면서 먹고사는 문제가 어느 정도 해결된 데다, 주요 산업이 계절과 밀접한 1차산업에서 계절과 관계가 거의 없는 2차산업과 3차산업으로 발전했기 때문이다. 주요 산업이

2, 3차산업인 경우에는 계절에 따라 먹을 것이 풍족하거나 부족해야 할 이유가 없는 것이다.

5차산업까지

1차산업이란 자연으로부터 원료나 동력을 이용하여 생산활동을 하는 농업, 목축업, 수산업 등을 말한다. 2차산업이란 1차산업에서 채취한 자원을 가공하거나 활용하여 생산활동을 하는 제조업, 공업, 토목건축업, 첨단산업 등을 말한다. 3차산업이란 1, 2차산업에서 생산된 물품을 다루는 산업으로 상업, 무역업, 금융업, 관광업, 문화산업 등 서비스업이라고 불리는 산업을 말한다. 최근에는 3차산업 중에서 통신, 교육, 의료 등 지식산업은 4차산업으로, 오락이나 레저 등 문화산업은 5차산업으로 분류하기도 한다.

배고픈 건 참아도 배 아픈 건 못 참는다

절대적 빈곤, 상대적 빈곤

1997년 말의 외환위기로 시작된 우리나라의 경제침체는 위기를 극복하여 IMF를 '졸업한' 뒤에도 후유증을 남겼다. 그중에서도 가장 문제가 되는 것이 소득 양극화 현상의 심화이다. 소득 양극화란 중간 소득 계층이 줄어들면서 소득 분포가 양극단으로 쏠리는 현상을 말한다. 소득 양극화가 진행되면 가난한 사람은 더욱 가난해지고, 부자는 더욱 부자가 되어 소득격차가 커지면서 빈곤층이 늘어난다.

배고픈 설움은 겪어보지 않은 사람은 모른다. 그런데 배고픈 것보다 더 서러운 것은 이웃은 부자인데 나는 가난하다는 점이다. 오죽하면 "배고픈 건 참아도 배 아픈 건 못 참는다."라는 속담까지 있겠는가. 이 속담에서 배고픈 것은 자기가 가난해서이고, 배 아픈 이유는 이웃이 잘 살아서이다. 가난해서 배가 고픈 것은 참을 수 있지만, 이웃이 잘 사는 것은 참기가 어렵다는 뜻이다. 이 속담은 사촌이 논을 사면 배가 아프다는 속담을 교묘하게 이용하고 있다. 즉 가난해서 배고픈 것은 참아낼 수 있지만, 이웃이 부자인 것은 배가 아파 견디기 힘들다는 것을 말한다.

절대적 빈곤

속담은 절대적 빈곤과 상대적 빈곤을 대조하고 있다. 속담의 '배고프다'는 말은 절대적 빈곤을 의미한다. 절대적 빈곤 絶對的貧困이란 생활의 기본 필수품을 획득할 수 없어 최저의 생활수준도 유지하지 못하는 상태를 말한다. 좀 더 구체적으로 말하면, 신체적 건강과 기본적 노동력을 유지할 수 있는 정도의 의식주를 획득하기 위한 최소한의 소득수준도 되지 못한 상태이다.

상대적 빈곤

속담의 '배 아프다'는 말은 상대적 빈곤을 의미한다. 상대적 빈곤 相對的貧困이란 동일한 사회 내의 다른 사람과 비교하여 소득이나 부가 적은 것을 말한다. 즉 어떤 사람이 그가 속한 사회의 평균에 해당하는 생활수준에 미치지 못하는 정도의 빈곤을 상대적 빈곤이라고 한다. 상대적 빈곤은 상대적 박탈감이나 불평등의 문제를 불러일으킨다. 한편 "한 잔 술에 눈물 난다."라는 은근히 재미난 속담도 있다. 술 한 잔 주기에 고마워했는데, 옆에 있는 사람에게는 두 잔 주는 것을 보고 오히려 서운해서 눈물이 난다는 것이다. 사람이 느끼는 만족도의 상대성을 잘 나타내는 속담이다.

상대적 빈곤이 심화되면 '배 아픈' 사람이 많아지고 사회문제가 된다.

풍년거지가 더 서러운 법이다.

흉년에 죽 쑤면 어른도 한 그릇 아이도 한 그릇

최저임금제

인기 소설 『연어』를 쓴 안도현 씨의 시 「갱죽」은 가난한 집에서 쑨 죽을 사실적으로 묘사하고 있다.

하늘에 걸린 쇠기러기
벽에는 엮인 시래기
시래기 묻은 햇볕을 데쳐
처마 낮은 집에서 갱죽을 쑨다
밥알보다 나물이 많아서 슬픈 죽
훌쩍이며 떠먹는 밥상 모서리…

먹을 것이 부족한 흉년에는 죽으로 끼니를 때워야 했다. 그나마 죽이라는 것도 곡식은 시늉으로만 넣고 물만 많이 부어 쑨 멀건 죽이었다. 그야말로 '밥알보다 나물이 많아 슬픈 죽'이었다. 흉년에 쑨 멀건 죽은 어른도 한 그릇, 아이들도 한 그릇씩 나누어 먹었다. 멀건 죽 한 그릇은 사람이 살아가기 위한 최소한의 것이었다.

최저임금제

가난한 사람에게 최소한 '죽 한 그릇'을 먹게 해주기 위한 사회제도가 있으니 바로 최저임금제이다. 최저임금제란 임금의 최저한도를 결정하고, 고용주에게 법으로 강제하는 제도를 말한다. 임금이라는 것은 원래 사용자인 주인이 적절히 정해서 주거나, 노사 간 계약 또는 단체협약에 의해 결정되는 것이 원칙이다. 그러나 노사협약에 의해 임금을 정하는 기업에서도 노사 간에 대등한 교섭이 이루어지기 어렵다. 아무래도 노동자가 약자이다. 더구나 사용자가 임금을 정하는 작은 기업은 말할 것도 없다. 이 경우 임금의 결정을 근로계약에만 맡겨놓으면 근로자는 적정한 임금을 받기 어렵게 된다. 이러한 점을 고려하여 각국 정부는 최저임금제를 통해 최소한의 임금을 보장해 주도록 법으로 규제하고 있다. 우리나라에도 최저임금제가 시행되고 있다. 2008년 현재, 최저임금은 시간당 3,770원이며 8시간을 기준으로 하면 일급 30,160원이다. 이 임금 하한선은 1인 이상 근로자를 사용하는 모든 사업장에서 동일하게 적용된다.

한편 최저임금제의 취지는 좋지만 그 부작용이 발생하기도 한다. 최저임금이 노동시장에서 수요·공급의 원리에 의해 결정된 균형임금보다 낮다면 최저임금제는 의미가 없다. 반면에 최저임금이 균형임금보다 높으면 노동시장에서 공급이 수요를 초과하여 실업이 발생할 수 있다. 하급노동자를 보호하기 위한 정책이 오히려 실업이라는 부작용을 가져올 수 있는 것이다. 그러한 부작용이 있는데도 최저임금제도가 계속 존속하는 것은 단점보다는 장점이 더 많기 때문일 것이다.

아르바이트와 최저임금제도

　최저임금제는 주로 청소년 시간제 노동시장, 즉 아르바이트 시장에 영향을 미친다. 아르바이트 인력은 전문 노동자가 아니어서 숙련도와 경험이 가장 낮은 계층이기 때문에 낮은 임금에도 기꺼이 일을 하려 한다. 이 경우에는 최저임금제가 청소년이 저임 低賃 아르바이트로 시달리는 것을 막아줄 수 있다. 반면에 최저임금제가 청소년의 전문 직업 훈련 기회를 앗아갈 수 있다는 우려도 있다. 아르바이트와 직업 사이의 임금수준의 한계가 모호한 경우, 청소년이 저임이지만 특별한 기술이 없이 손쉽게 일할 수 있는 아르바이트를 택함으로써 전문훈련 받을 수 있는 기회를 놓칠 수 있다는 것이다. 정말 이 세상에 완벽한 것이라고는 없는 것 같다.

부자 하나에 세 동네 망한다

소득이란 절대적 크기도 중요하지만, 어떻게 나누어 가지는가도 중요하다. 한정된 부富를 나눌 때, 한 사람이 많이 가져가면 다른 사람의 몫은 적어진다. "부자 하나에 세 동네가 망한다."라는 속담이 있다. 부자 하나가 생기면 동네 셋이 가난해진다는 것이다. 또 "천석꾼이 하나면 삼십 리 안이 다 망한다."라는 속담도 있다. 농사짓던 시절, 농토는 한정되어 있는데 한 사람이 많이 가지면 다른 사람은 가질 농토가 없었던 것이다.

부는 평등하게 나누어질 때 여러 사람이 행복해질 수 있다. 부가 얼마나 평등하게 분배되는가를 알아보는 지표를 소득불평등지표라고 한다. 소득불평등지표에는 10분위분배율, 소득5분위배율, 로렌츠곡선, 지니계수, 엣킨슨 지수 등이 있다. 이중에 엣킨슨 지수는 속담의 정신과 잘 통하는 지수이다.

엣킨슨 지수

두 동네가 있는데 각각 열 가구가 살고 있다고 하자. 한 동네는 열 가구 모두가 각각 연 2천만 원 소득으로 살아가고 있다. 다른 동네는 한 명의 부잣집이 있어서 그 집은 연 10억 원의 소득이 있고, 나머지 아홉 집은 소득이 없다. 한 동네의 평균소득은 2천만 원이고, 다른 동네의 평균소득은 1억 원이다. 어느 동네의 행복지수가 클까. 대답은 들어볼 것도 없이 소득이 낮은 동네의 행복지수가 크게 나타날 것이다.

엣킨슨 A. B. Atkinson은 이러한 생각을 토대로 해서 '평등분배 대등소득'이라는 개념을 도입하여 불평등지표를 만들었다. 소득이 사회구성원 모두에게 완전히 평등하게 분배되어 있다고 가정해 보자. 그렇다면 소득이 높고 불평등한 경우보다 더 작은 소득만 있어도 같은 정도의 사회후생을 누릴 수 있을 것이다. 엣킨슨은 '작아도 평등한 소득'과 '크지만 불평등한 소득'의 행복지수가 같을 때, 이 평등분배시의 소득을 평등분배 대등소득이라고 불렀다. 그는 소득이 평등하게 분배될수록 현실의 평균소득과 평등분배 대등소득의 차이가 작을 것이라 생각했다. 이러한 생각을 토대로 만든 불평등지표가 엣킨슨 지수이다. 그 지수는 소득이 평등하게 분배되어 있다면 '0'에 가깝고, 불평등하다면 '1'에 가까운 값을 가진다.

10분위분배율과 소득5분위배율

10분위분배율이란 하위 40%의 소득액을 상위 20%의 소득액으로 나누어서 얻는 지수이다. 10분위분배율은 클수록 소득이 평등하게 분배되고 있다는 것을 나타낸다. 이론상으로 10분위분배율은 '0'에서 '2'까지 나올 수 있다. '0'은 완전불평등 분배를, '2'는 완전평등 분배를 나타낸다. 우리나라의 10분위분배율은 1996년도에 0.57이었고, 1998년에는 0.51로 나빠졌다. 외환위기가 소득불평등을 심화시킨 것이다. 역사적으로 볼 때, 경제위기나 경제적 혼란이 발생하면 소득격차가 더 크게 벌어진다.

소득5분위배율은 상위 20%의 소득을 하위 20%의 소득으로 나누어서 얻는 지수이다. 소득5분위배율은 상하 동일한 20%의 소득을 비교하며, 상위 소득을 분자로 해서 계산하기 때문에 부자의 소득이 가난한 자 소득의 몇 배인가를 직관적으로 알 수 있게 해 준다.

로렌츠곡선과 지니계수

로렌츠곡선은 로렌츠 M. O. Lorenz가 고안한 도표로, 국민 전체의 소득분배 상태를 인구 누적비율과 소득 누적비율의 관계로 전환하여 그림으로 나타낸 것이다. 로렌츠곡선은 대각선에 가까울수록 소득분배가 평등에 가까우며, 대각선에서 멀리 떨어져 있을수록 불평등하다는 것을 나타낸다. 만일 모든 사람의 소득이 완전히 균등한 경우에는 로렌츠곡선이 대각선과 일치하게 되는데, 이것을 완전평등선이라고 한다. 반대로 대단히 큰 부자가 있어 혼자서 소득 전부를 차지하고 나머지 사람의 소득은 모두 '0'인 경우에는 로렌츠곡선은 직각선이 되는데, 이것을 완전불평등선이라고 한다. 일반적으로 로렌츠곡선은 양 극단의 사이에 위치하는 곡선의 모양을 보인다.

지니계수란 로렌츠곡선이 나타내는 반달 모양의 면적을 수치화시킨 것이다. 지니계수는 소득이 평등하면 값이 작게 나타나고, 불평등하면 크게 나타난다.

비는 하늘이 주고 절은 부처가 받는다

경제적 지대, 불로소득

어떤 일의 결과가 관련이 없는 다른 사람에게 돌려져서 그가 감사를 받거나 칭찬을 받는 경우가 있다. "비는 하늘이 주고 절은 부처가 받는다."라는 속담은 일하지 않고 얻은 불로소득 不勞所得을 말하고 있다. "재주는 곰이 넘고 돈은 호인이 먹는다."라는 속담과 같은 의미이다. 이 속담에서 호인 胡人이란 중국인을 말한다.

경제적 지대

경제학에서는 직접 일을 하지 않고 얻는 수익을 렌트 rent 또는 '경제적 지대 economic rent'라고 한다. 원래 지대 地代란 토지에 대한 임대료를 말한다. 토지가 무한대로 얼마든지 존재한다면 지대란 존재하지 않을 것이다. 지대는 공급이 제한적인 토지에서 발생한다. 경제학에서는 지대의 이러한 성질을 일반화해서 '경제적 지대'라는 개념을 만들어 사용하고 있다. 즉 공급이 고정된 정도에 따라 추가적으로 지급되는 보수를 경제적 지대라고 한다. 경제적 지대는 요소의 공급이 제한되거나 비탄력적이어서 공급자가 기회비용 이상으로 얻는 몫이다.

경제적 지대는 공급이 제한된 덕분에 공짜로 발생한다는 점에서 '불로소득不勞所得'의 개념을 갖는다. 그리고 토지뿐 아니라 공급이 고정된 생산요소에 대한 보수를 통틀어 경제적 지대라고 한다. 예를 들어 전문 자격증 취득이 어려워서 공급이 고정된 의사, 변호사, 공인회계사 등도 경제적 지대를 얻는다. 또한 특별한 재능과 남다른 노력이 필요한 예술가, 프로 운동선수, 인기 연예인도 공급이 고정되어 있기 때문에 경제적 지대를 얻는다.

지대추구행위

경제적 지대는 불로소득의 성질을 가지고 있기 때문에 공급자에게는 매력적인 수입원이다. 그래서 경제적 지대를 발생시키는 요소의 공급자는 그 공급을 제한하여 경제적 지대를 확보하고자 한다. 이미 얻고 있는 경제적 지대를 유지하거나 더 얻고자 하는 행위를 지대추구행위라고 한다. 의사나 변호사협회에서 의사와 변호사 수를 제한하려 하는 것은 서비스 수준을 떨어뜨리지 않으려는 순수한 동기도 있지만 지대추구행위라는 점도 인정해야 할 것이다. 현대의 사회는 각종 진입장벽과 기득권의 해체 쪽으로 진행되고 있다. 이러한 사회의 흐름은 경제적 지대의 철폐라고 볼 수 있다.

한편 미숙련 노동이나 비정규직처럼 공급이 신축적인 생산요소에는 경제적 지대가 거의 발생하지 않는다. 이들이 '재주를 넘으면' 돈은 주인이 더 많이 가져간다.

부(富)는 이웃을 살리고 덕(德)은 만인을 살린다

노블레스 오블리주

부자가 난다고 해서 이웃이 반드시 가난해지기만 하는 것은 아니다. 즉 부자 하기 나름이다. 부자가 자기가 가진 부를 나누면 이웃을 도울 수 있고, 마음을 나누어 덕을 베풀면 만인에게 도움을 줄 수 있다. 덕을 베푸는 데 사용하면 만인을 살리게 된다. "부 富는 이웃을 살리고, 덕 德은 만인 萬人을 살린다."라는 우리 속담은 한국판 노블레스 오블리주 noblesse oblige 정신을 나타낸다. 이러한 정신을 가진 '부자가 하나 있으면 세 동네를 먹여 살린다'고 할 수 있을 것이다.

노블레스 오블리주

최근에 노블레스 오블리주라는 말이 자주 나온다. 노블레스 오블리주란 높은 사회적 신분에 상응하는 도덕적 의무를 뜻하는 말이다. 노블레스는 원래 고귀한 신분(귀족)이란 뜻이고, 오블리주는 책임이라는 뜻이다. 고대 그리스와 로마 및 중세의 귀족들은 신분에 따르는 여러 가지 특권을 누릴 수 있었으며, 그 특권에 상응하는 도덕적 임무를 다해야 했다. 오늘날에는 노블레스 오블리주가 사회지도층의 책무, 즉 부나 권력 또는 명예를 갖고 있는 사람들의 책임과 의무를 의미하는 말로 사용되고 있다.

시오노 나나미는 『로마인 이야기』에서 로마제국의 역사를 지탱해 준 힘은 노블레스 오블리주라고 말하고 있다. 로마에는 기부자의 이름을 딴 유명한 건축물이 지금도 많이 남아 있다. 로마에서 부를 모은 지도자들은 거대한 병원이나 목욕탕을 지어 시민들이 사용하도록 하거나, 훌륭한 공연장을 지어 시민들에게 헌정하기도 했다. 특히 로마 귀족은 전쟁이 일어나면 솔선수범해서 재산을 사회에 환원하고 스스로 전장의 선봉에 서서 적과 싸웠다. 귀족이나 지도자들의 이러한 노블레스 오블리주 정신은 로마를 지탱시키는 사회적 합의를 이루었다.

노블레스 오블리주 정신은 서양에만 있는 것이 아니다. 우리나라에도 노블레스 오블리주 정신을 보여주는 훌륭한 예가 있다. 경주 최부자 집이나 구례 운조루 등은 지도자의 고귀한 책임의식을 잘 보여준다.

최부자 집 가훈

최부자 집 가훈은 노블레스 오블리주 그 자체이다.

첫째, 과거를 보되 진사 이상은 하지 마라. 양반으로서의 신분은 유지하되 권력과는 일정 거리를 유지하라는 의미이다. 부를 유지하기 위한 최소한의 지위는 가지되, 권력까지 가지지는 말라고 가르치고 있는 것이다. 둘째, 재산은 만석 萬石 이상을 모으지 마라. 최부자 집 후손들은 이 가르침을 지키기 위해 소작료를 낮추고, 소출을 많이 낼수록 소작인이 많이 가져가도록 했다. 셋째, 과객을 후하게 대접하라. 지나가는 손님을 후하게 대접함으로써 덕을 쌓고 인심을 얻으라는 가르침이다. 인정을 베푸니 적도 없었다. 넷째, 흉년에는 논 사지 마라. 부자들에게는 흉년이야말로 논을 헐값으로 사들여 재산을 늘릴 수 있는 절호의 기회이다. 그러나 최부자 집은 이웃의 어려움을 통해서 재산을 늘리지 않았다. 다섯째, 사방 백 리 안에 굶어 죽는 사람이 없게 하라. 가진 자로서의 도덕적 의무를 가르친 것이다. 여섯째, 며느리들은 시집 온 후 3년간 무명옷을 입어라. 집안에서 직접 살림을 담당하는 여자들에게 근검절약하는 생활을 강조한 것이다.

이러한 가훈이 있었기에 격동기를 거치면서도 최부자 집은 재산을 지켜오면서 덕을 널리 베풀 수 있었다.

타인능해 정신의 운조루

구례군 토지면에는 운조루雲鳥樓라 하는 아흔 아홉 칸 집이 있다. 조선 영조 시대에 류이주가 세운 이 운조루는 구름 속의 새처럼 숨어사는 집이라는 뜻을 가지고 있다. 운조루의 대문을 들어서면 양쪽으로 수십 칸의 행랑이 늘어서 있다. 이처럼 행랑이 줄이어 서있는 모습에서 줄행랑친다는 말이 나왔다. 자그마한 마당을 지나면 사랑채이고, 약간 오른쪽으로 안채가 들어서 있다. 사랑채와 안채는 곳간으로 연결되어 있다. 이 곳간에는 어른 키 정도 되는 크기의 쌀뒤주가 하나 놓여 있다. 뒤주의 아래에는 쌀을 꺼내는 구멍이 있는데, 그 구멍의 덮개에는 '他人能解(타인능해)'라는 글씨가 쓰여 있다. 타인능해란 다른 사람도 마음대로 이 뒤주를 열 수 있다는 뜻이다. 운조루 주인은 주변의 가난한 사람들을 돕기 위해 이 뒤주를 만들었다. 타인능해 뒤주가 놓인 곳간은 대문에서 가장 가까운 곳에 있으며, 안채와 격리되어 있다. 가난한 사람들이 안채에 들어가 자존심 상하는 구걸을 하지 않고 쌀을 가져가도록 되어 있는 것이다. 주인은 가난한 사람들을 돕되, 그 자존심과 인격을 배려하였다.

또 운조루는 다른 집에 비해서 굴뚝이 낮게 설치되어 있다. 굴뚝은 높아야 아궁이에서 불이 잘 탄다. 그럼에도 불구하고 이 집의 굴뚝이 낮은 것은 밥 짓는 연기가 높이 올라가지 않도록 하기 위해서이다. 인근의 가난한 사람들이 부잣집에서 하늘 높이 올라가는 연기를 보며 더 배고파 할 것을 염려한 배려이다.

최부자 집 가훈과 함께, 가난한 사람 인격까지 생각하면서 베푸는 운조루 주인의 마음이 각박한 시대에 사는 우리의 가슴을 따뜻하게 한다.

12

금융과 화폐

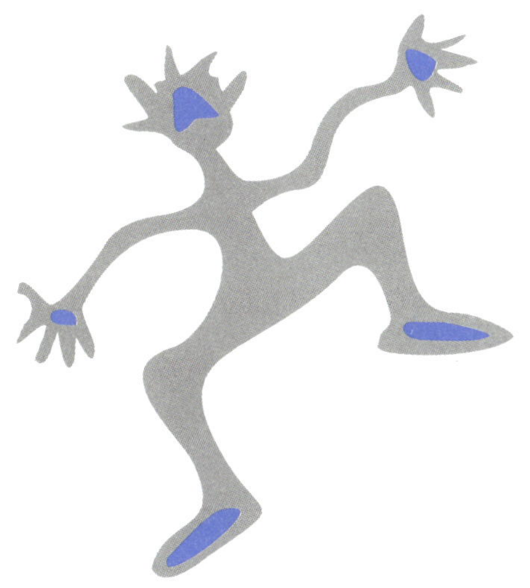

오늘 쉰 냥이 내일 백 냥보다 낫다

미래재, 현재재

중국 송나라 때 저공狙公은 원숭이를 많이 기르고 있었다. 그런데 먹이가 부족하게 되자 원숭이들에게 말했다.

"앞으로 도토리를 아침에 3개, 저녁에 4개로 제한하겠다."

원숭이들은 화를 내며 아침에 3개를 먹고는 배가 고파 못 견딘다고 했다. 이에 저공이 다시 말했다.

"그렇다면 아침에 4개를 주고 저녁에 3개를 주겠다."

이 말을 하자 원숭이들은 좋아했다.

조삼모사

『열자列子』의 황제 편에 나오는 이야기이다. 이 고사는 조삼모사朝三暮四 이야기로 널리 알려져 있다. 이 우화는 조삼모사나 조사모삼이나 결국 똑같은 숫자인데도 아침에 4개를 준다고 좋아하는 원숭이들의 어리석음을 말하고 있다. 조삼모사라는 말은 어리석은 사람을 비유하거나 무식한 백성을 속이는 일을 지칭하는 말로 쓰이게 되었다.

그러나 달리 생각해 보면 사실 그렇지 않다. 원숭이들은 아침을 먹고 일터(놀이터겠지만)에 나가야 한다. 일터에 나가기 위해서는 든든히 먹어야 한다. 그러나 저녁에 돌아와서는 잠자리에 들기 때문에 아침에 비해 덜 먹어도 된다. 즉 원숭이들에게는 아침에 3개를 먹는 것보다 4개를 먹는 것이 더 유리하다. 원숭이를 어리석다고 조롱할 일이 아닌 것이다.

미래재와 현재재

속담도 오늘 가진 쉰(50) 냥이 내일 가질 백(100) 냥보다 낫다고 말한다. 내일의 많은 돈이 현재의 적은 돈보다 못하다는 것이다. 심지어 "부잣집 외상보다 거지 맞돈이 낫다."라는 속담도 있다.

원숭이들이 아침에 4개를 택하는 더 큰 이유가 있다. 일반적으로 사람들은 미래재 未來財보다는 현재재 現在財를, 즉 미래소비보다는 현재소비를 더 선호한다. 현재소비가 주는 편익을 포기하는 대가가 이자이다. 이자란 현재가치와 미래가치 사이에서, 즉 현재와 미래 시점 사이에서 자원배분을 해주는 매개변수이다. 현재와 미래 선택에서의 시간선호가 이자인 것이다. 원숭이들도 미래소비보다는 현재소비를 더 선호한다. 그런데 주인은 이자 보상도 해 주지 않고 현재소비를 줄이겠다고 하기에 원숭이들이 화를 낸 것이다. 아침에 4개를 달라고 요구한 원숭이들의 선택이 현명한 것이다.

원숭이들이 하는 말

조삼모사의 고사를 들먹이며 자기들을 비웃는 사람들에게 원숭이가 말한다.

"사람들은 현재소비와 미래소비의 차이도 모르면서 우리를 놀리네 그려."

그 말을 들은 다른 원숭이가 말한다.

"오늘 쉰 냥이 내일 백 냥보다 낫다고 하는 속담도 못 들어본 모양이지?"

조삼모사로 원숭이를 비웃는 사람들, 이런 핀잔을 들어도 싸다.

여름에 하루 놀면 겨울에 열흘 굶는다

이자이론

우리는 개미와 베짱이 이야기를 들으며 자랐다. 개미는 여름동안 열심히 일하면서 겨울 양식을 준비한다. 그러나 베짱이는 여름내 시원한 그늘에서 노래 부르며 놀기만 한다. 추운 겨울이 닥치자 개미는 준비한 양식으로 따뜻한 집에서 지낸다. 베짱이는 먹을 것도 없고 추위에 견딜 수 없어 개미집에 먹을 것을 얻으러 온다. 베짱이는 "여름에 하루 놀면 겨울에 열흘 굶는다."는 교훈을 무시하다가 배고파 혼나고 있는 것이다.

아쉬운 소리 하고서 음식을 얻어먹은 베짱이, 그 이듬해에 원금과 이자 利子는 갚았을까?

이자

이자란 자금을 사용한 대가로 지급하는 금액이다. 옛날에는 자본을 사용하여 생산하는 경제가 아니었기 때문에 생산을 위해 돈을 빌리는 일이 거의 없었다. 돈을 빌리는 사람 대부분은 먹을 것을 사기 위해 돈을 빌렸다. 따라서 먹을 것이 없어서 돈을 빌리는 사람에게 이자를 받는다는 것은 옳지 않다고 생각했다. 특히 가난한 사람으로부터 높은 이자를 받는 고리대금업을 경멸했다. 그리스시절부터 유럽인들은 '돈은 새끼를 치지 않는다'고 생각했다.

세익스피어의 『베니스의 상인』에는 안토니오가 고리대금업자인 유대인 샤일록에게 "새끼도 치지 못하는 쇠붙이에서 이자를 받아먹으려는 자가 어디 있어?" 하고 말한다. 이 말은 '화폐불임설'이라고 하는 이자 금지의 생각을 안토니오의 입을 빌어 말하는 것이다. 중세에 이르기까지 유럽에서는 이자 받는 일이 금지되었다. 그 후 산업이 발달하면서 생산을 위해 빌리는 돈에 대해서 이자를 받는 것은 당연하다고 생각하였다. 교회에서도 법으로 인정된 이자를 받는 것은 죄가 아니라고 공표했다.

이자에 대한 견해

고전적 이자이론에는 생산력설, 제욕설, 그리고 시간선호설이 있다.

생산력설이란 자본재가 가지는 생산력이 이자의 원인이라는 견해이다. 클라크는 임금이 노동의 한계생산력에 의해 결정되듯이, 이자는 자본의 한계생산력에 의해 결정된다고 주장했다. 제욕 制慾설이란 미래소비를 위해 현재소비의 욕망을 제어한 대가가 이자라는 견해이다. 생산력이 있는 자본재를 얻기 위해서는 저축이 필요하고, 저축이란 현재소비를 억제해야 가능하기 때문에 그 억제의 대가가 이자라는 것이다.

시간선호설은 시차이론이라고도 한다. 사람들은 현재재를 미래재보다 상대적으로 더 선호하는 경향이 있다. 그런데 현재재를 구입할 수 있는 자금을 빌려주고 일정한 기간 후에 돌려받는다면 그때 구입할 수 있는 미래재의 가치는 현재재보다 작기 때문에 이를 보상해 주는 것이 필요하고 그것이 이자라고 했다. 앞의 조삼모사 고사는 바로 이 견해의 이야기인 셈이다.

근대적 이자이론에는 착취설, 대출자금설, 그리고 유동성선호설 등이 있다.

착취설은 마르크스K. Marx가 주장한 이론이다. 마르크스는 총자본에 대한 잉여가치가 이자이며, 노동에 의해 창출된 잉여가치를 자본가가 취득한다면 그것은 자본가가 노동자를 착취하는 것이라고 생각했다. 대출자금설은 이자가 대출자금의 가격이라고 보는 이론이다. 자금의 수요와 공급의 균형이 이자라는 가격의 조정에 의해 이루어진다고 보는 것이다. 유동성선호설은 케인즈J. M. Keynes가 주장한 이론이다. 금융자산을 얼마나 쉽게 현금화할 수 있느냐의 정도를 유동성 流動性이라 한다. 유동성이 가장 큰 것은 유동성이 100%인 화폐 그 자체다. 그래서 유동성이라면 보통 화폐를 뜻한다. 소득을 화폐의 형태로 보관하고 있으면 원하는 때에 재화나 서비스를 구입할 수 있다. 그러나 화폐를 누군가에게 빌려주면 편리한 유동성을 포기해야 한다. 따라서 유동성 포기의 대가가 필요한 것이고, 그 대가가 이자라는 것이다.

뒤에 볼 나무는 그루를 높이 돋우어라

"뒤에 볼 나무는 그루를 높이 돋우어라."라는 속담이 있다. '그루'란 나무나 곡식 줄기의 아래 부분을 말한다. 이 속담은 키워서 미래에 덕을 볼 나무는 미리 잘 가꾸어야 한다는 뜻이며, 후에 일어날 일을 위해 현재를 생각해 보라는 의미를 가지고 있다.

전남 장성군 축령산에 가면 우리나라에도 이런 곳이 있는가 깜짝 놀랄 정도로 조림이 잘 된 울창한 숲이 있다. 편백나무와 삼나무가 넓은 산을 가득 메우고 있는 이 숲은 한국의 조림왕 고 임종국 씨가 일생동안 조림한 것이다. 임종국 씨는 먹을거리도 제대로 없던 시절 이곳에 나무를 심기 시작했다. 그러다가 1968년 가뭄 때는 물지게를 지고 산을 오르내리며 이제 막 자라기 시작하는 나무를 살려냈다. 한국 최고의 나무밀도를 자랑하는 축령산 조림지는 세계적인 조림국 독일이 벤치마킹을 했을 정도로 유명한 곳이 되었으며, 후손들에게 풍요로움을 물려주고 있다. 조림이란 단기에 열매를 얻는 투자가 아니다. 뒤에 볼 나무이기에 그루를 높이 돋우면서 키우는 것이 조림이다. 조림은 일종의 저축이라 볼 수 있다.

저축

저축 貯蓄이란 소득 중에서 미래의 지출을 위해 쓰지 않고 남기는 부분이다. "딸이 셋이면 문을 열어 놓고 잔다."라는 속담이 있다. 딸 셋을 다 시집보내자면 돈이 너무 많이 들어 재산이 줄게 되므로 문을 열어놓고 잠을 자도 도둑이 들지 않을 정도로 몹시 가난해진다는 것을 뜻한다. 아무리 재산이나 소득이 많아도 씀씀이가 크면 닳아 없어진다. 그래서 "강물도 쓰면 준다."고 한다. 반면에 저축하면, 즉 쓰지 않고 남기면 재산은 증가한다. 저축은 장래의 예기치 않은 질병이나 재난에 대비할 수 있게 해 주고, 가계의 안정과 미래 생활을 보장해 줄 수 있다.

자본축적

거시적으로 볼 때 저축은 투자 재원이 되어 자본축적을 가능하게 해준다. 저축한 돈은 금융기관을 통해 기업에 자금으로 공급된다. 기업에 공급된 자금은 자본재 구입에 사용된다. 즉 투자된다. 자본재란 기업의 공장 건물, 기계, 설비 등 생산에 필요한 실물자본을 말한다. 투자로 자본재가 증가하는 것을 자본축적이라고 한다. 자본주의 경제는 자본축적을 통해 발전하는데, 자본축적을 가능하게 해 주는 재원이 바로 저축이다. 자본이 축적되면 생산을 증가시킴으로써 고용 창출과 소득 증가를 가져오며, 이는 다시 저축의 증대로 이어져 바람직한 재생산의 순환과정이 계속되는 것이다.

돈은 생활에 필요한 재화를 구입할 수 있도록 해 줄 뿐만 아니라, 돈을 벌게 해주기도 한다. 금융산업에서는 "돈이 돈을 번다." 오늘날 금융 선진국은 발달된 금융기법을 통해서 특별한 물자의 투입 없이도 막대한 소득을 올리고 있다.

유대인과 금융

어느 저명한 유대인의 장례식에 천주교 신부와 개신교 목사, 그리고 유대인 율법사가 참석하였다. 이 자리에서 율법사는 신부와 목사에게 조의금으로 각자 1백 달러를 내자고 제안하였다. 목사와 신부는 각각 1백 달러를 내어 관 위에 얹어 놓았다. 그러자 율법사는 수표책을 꺼내어 3백 달러라고 써서 관 위에 놓고, 대신 현금 2백 달러를 유유히 지갑에 담는 것이었다. 시신屍身이 그 수표를 제시할 수는 없을 것이니, 율법사는 금융제도를 교묘히 이용하여 2백 달러를 멋지게 챙겨 넣은 것이다.

이스라엘 멸망 이후 세계 각국에 흩어져 살던 유대인은 금융업이나 보석 세공업에 종사하며 살아갔다. '베니스의 상인'에 나오는 유대인 샤일록은 고리대금업자이다. 당시 유럽에서 금융업은 천대받는 직종이었지만 오늘날은 금융자본이 세계경제를 주름잡고 있다.

금융 허브

금융업은 특별한 시설이 없어도 부가가치를 창출하는 산업이다. 유대인 율법사는 '금융기법' 하나만 가지고 순식간에 2백 달러를 벌고 있다. 국제금융시장, 특히 금융 허브 지역에서는 국가적으로 막대한 부가가치가 창출된다. 세계의 금융기관이 한곳에 모여 금융거래가 대량을 이루어지는 지역을 금융 허브financial hub라고 한다. 싱가포르와 홍콩은 아시아 지역의 금융 허브 역할을 통해 번영을 누리고 있다. 금융업은 좁은 공간, 심지어 가상공간에서도 생산이 가능하다. 금융 허브에서는 일자리가 생기고 부가가치가 창출되기 때문에 세계 각국은 자국 안에 금융 허브를 유치하기 위해 노력하고 있다.

뉴욕 맨해튼의 중심가인 월 스트리트Wall Street는 세계적 금융 허브이다. 이곳 고층건물 대부분이 금융기관 건물이다. 월 스트리트라는 이름은 맨해튼 섬의 방위를 위해 울타리wall를 쳤던 곳이라 해서 얻었다지만, 도로 양쪽의 건물이 벽처럼 늘어선 거리라는 뜻에서 그렇게 부른다는 해석도 그럴듯하다. 세계 증권거래의 본산인 뉴욕 증권거래소가 이곳에 있으며, 세계적인 금융회사의 본지점이 즐비한 곳이 이 월 스트리트이다.

너구리굴 보더니 피물 돈 내어 쓴다

할인, 재할인

일이 되기도 전에 거기서 나올 이익부터 생각하여 돈을 앞당겨 쓰는 것을 "너구리굴 보더니 피물 돈 내어 쓴다."고 한다. 이 속담에서 '피물 皮物'이란 짐승의 가죽이나 가죽으로 만든 물건을 말한다. 속담의 주인공은 산속 어디에선가 너구리굴을 발견한다. 너구리를 잡으면 가죽을 벗겨 팔아 돈을 벌 수 있다. 이 사람은 아직 잡지도 않은 너구리 가죽을 담보 삼아 돈을 빌려 쓴다. 즉 '너구리굴 보더니 피물 돈 빌려 쓰는' 것이다.

입도선매

너구리굴 보고 피물 돈 내어 쓰는 일과 비슷한 행동이 입도선매 立稻先賣이다. 입도 立稻란 벼가 아직 익지 않아서 논에 서 있다는 말이고, 선매 先賣란 미리 파는 것을 뜻한다. 즉 입도선매란 아직 익지 않은 벼를 논에 세워둔 채로 미리 파는 것을 말한다. 옛날 농경사회에서 입도선매는 가난한 농민이 돈을 당겨다 쓰는 제도였다. 조선시대부터 우리나라 농촌에서는 먹을 것이 없거나 부채에 쪼들린 농민이 논에서 자라고 있는 벼를 미리 파는 일이 자주 있었다. 물론 입도선매되는 벼는 제값을 받을 수 없었다. 벼 값을 미리 받는 것이니 그 이자에 해당하는 만큼 떼고 받을 수밖에 없었다.

할인

금융거래에도 돈을 미리 당겨쓰는 할인 제도가 있다. 할인割引이란 만기가 되지 않은 채권을 미리 팔면서 만기까지의 이자를 공제하고 대금을 받는 것을 말한다. 채권에는 만기가 정해져 있다. 그런데 때로는 채권 소지자가 만기 이전에 돈이 필요할 수 있다. 이 경우 은행 등에 가서 남은 기간의 이자를 공제하고 현금화할 수 있는 것이다. 이것은 돈 아쉬운 사람이 봄에 벼를 싼값으로 입도선매하는 것과 같다.

은행은 할인한 채권을 가지고 중앙은행에서 재할인再割引 받을 수 있다. 재할인이란 금융기관이 한번 할인한 채권을 중앙은행에서 다시 할인받는 것을 말한다. 중앙은행의 재할인은 통화의 공급이 된다. 재할인 때 중앙은행은 이자를 받는다. 이때 적용되는 이자율을 재할인율이라 한다. 중앙은행은 재할인율을 인상하거나 인하하여 통화의 공급을 조절하고, 시중 통화량을 조절할 수 있다. 재할인율을 높이면 은행의 할인이 감소하여 통화량이 감소하고, 재할인율을 낮추면 은행의 재할인이 증가하여 통화량이 증가한다.

많으면 탈 적으면 병

통화량, 통화지표

현대의 경제는 화폐경제라고 할 수 있다. 근로의 대가로 월급을 받고, 시장에서 물건을 사는 등 경제활동이 화폐를 통해 이루어진다. 그런데 화폐란 개인적으로 보면 많을수록 좋지만, 국가적으로는 그렇지 않다. 경제의 여건에 비해 화폐가 너무 많이 풀려 있으면 인플레이션이 발생하고, 반대로 지나치게 적으면 경제활동이 위축된다. 한 나라에 유통되는 통화는 그 양이 적당해야 한다. 국가적으로 화폐는 '많으면 탈이요, 적으면 병'이다.

과유불급

어느 날 자공(子貢)이 공자에게 물었다.
"자장(子張)과 자하(子夏)는 어느 쪽이 어집니까?"
공자는 대답했다.
"자장은 지나치고, 자하는 미치지 못한다."
"그럼 자장이 낫단 말씀입니까?"

논어에 나오는 이 이야기에서 과유불급 過猶不及이라는 말이 나왔다. 너무 많은 것이나 너무 적은 것이나 똑같이 좋은 것이 아니라는 말이다. 한 나라의 통화량도 과유불급이다. 너무 많아도 문제이고 너무 적어도 문제이다. 정부는 나라 안의 통화량을 적절한 양으로 유지해야 하며, 이를 위해 먼저 통화량이 얼마나 되는지를 정확히 파악해야 한다.

무엇을 돈이라 보는가

이런 소박한 질문을 던질 수 있다. 통화량을 파악하려면 한국은행 문 앞에 지켜 서서 한국은행을 나가는 돈만 계산하면 될 것 아닌가. 그런데 이 일이 그렇게 간단하지 않다. 한국은행에서 나온 현금만 화폐라고 쉽게 생각할 수 있지만 사실은 그렇지 않다. 자기앞수표는 완벽하게 화폐의 구실을 하고 있고, 양도성예금증서도 거의 화폐와 같이 유통된다. 이들 수표나 양도성예금증서는 한국은행에서 나온 것이 아니다. 한국은행에서 나온 돈만 통화량이라고 계산하는 것으로는 부족하다는 얘기이다. 돈이 아니면서 화폐의 구실을 하는 것이 있다면 이들도 같이 계산해주어야 한다. 그래서 통화량을 계산하려면 우선 '무엇을 통화라고 할 것인가'부터 결정해야 한다.

통화지표

현금이 아니면서 화폐 노릇을 충분히 해낼 수 있는 것이 예금이다. 흔히 통화라 하면 지폐나 동전 등 현금만을 생각하기 쉽다. 그러나 은행에 맡겨 놓은 예금도 필요한 경우 불편 없이 현금으로 바꿀 수 있다. 따라서 예금도 통화라고 할 수 있다. 예금도 통화라면 통화량은 '현금＋예금'이라고 말할 수 있다. 이러한 배경으로 우리나라에서는 기본 통화지표를 협의통화 M1이라 하고, M1을 '현금＋결제성 예금'이라고 정해서 사용하고 있다. 즉 '예금'도 이론적으로 통화이다.

현재 우리나라에서 사용하고 있는 통화지표로는 M1 외에도 M2, Lf, L 등이 있다. M2는 광의통화,* Lf는 금융기관유동성, L은 광의유동성이라고 한다. 이들 통화지표는 M1보다 포괄범위가 넓다.

비슷한 속담

✔ 적게 먹으면 약주요 많이 먹으면 망주라.

---

* M2=M1＋기간물 정기예·적금 및 부금＋시장형 금융상품＋실적배당형 상품＋금융채＋기타

금장이 금 불리듯 한다

시뇨레지, 예금창조, 통화승수

금세공업자를 금장 金匠이라고 한다. 금은 잘 늘어나는 성질을 가지고 있어서 두께 1/10,000mm의 얇은 금박 金箔을 만들 수 있고, 1g의 금으로 약 3,000m의 실을 뽑을 수 있다. 금세공업자들은 이러한 성질을 이용하여 금을 늘이거나 구리 등을 섞어 양을 불리는 방법으로 이득을 얻기도 했다. 그래서 "금장이 금 불리듯 한다."라는 속담이 나왔다. '불리다'라는 말은 양을 늘린다는 뜻이다.

어느 날, 아테네 거리

어느 날 아테네 거리를 발가벗고서 "유레카! 유레카!"를 외치며 미친 듯이 달려가는 사내가 있었다. 이 벌거숭이 사내는 아르키메데스였다. 그 당시 아테네 왕은 아르키메데스에게 새로 만든 왕관이 순금으로 만들어졌는지, 아니면 구리가 섞였는지 알아보라고 명령했다. 단, 왕관을 깨뜨리지 말고 알아내라는 조건이 붙어 있었다. 구리와 금은 색깔이 비슷해서 섞어서 금관을 만들어도 쉽게 구별할 수 없다. 몇 날을 고민하던 아르키메데스는 목욕을 하다가 부력浮力을 이용해 순금인지를 알아낼 실마리를 얻었다. 그는 하도 기뻐서 옷 입는 것도 잊어버리고 '알았다'라는 뜻의 유레카eureka를 외치며 아테네 거리를 질주하였던 것이다. 덕분에 아르키메데스는 세계에서 최초로 스트리킹streaking을 한 사람으로 회자되기도 했다.

시뇨레지

금본위제 시절에는 금화를 주조하면서 구리 등 질이 떨어지는 금속을 섞어서 만들기도 했다. 이러한 방법으로 금화를 만들면 금화를 만드는 비용이 액면가치보다 적게 들기 때문에 주조권을 가진 사람은 화폐발행 차익을 얻게 된다. 이 화폐발행 차익을 시뇨레지seigniorage라고 한다. 즉 소재가치와 액면가치의 차이를 시뇨레지라고 한다. 관리통화제도 하에서는 시뇨레지가 금본위제 때보다 더 크게 나타난다. 지폐를 만드는 비용은 액면가에 비해 매우 적기 때문이다.

달러를 국제통화로 유통시키고 있는 미국은 막대한 시뇨레지를 얻고 있다. 미국은 해마다 무역수지 적자를 겪으면서도 외환위기나 경제위기를 겪지 않는다. 그것은 미국이 시뇨레지 수입을 얻고 있기 때문이다. 예를 들어 백 달러짜리 지폐 한 장 발행하는데 50센트가 든다고 하자. 미국은 백 달러 지폐 한 장마다 99달러 50센트의 시뇨레지를 얻게 된다. 중국이 위안화를, EU에서 유로화를 국제통화로 삼고자 하는 이유를 짐작할 수 있다.

예금창조

한국은행에서 돈이 나가는 것을 통화발행이라고 한다. 2007년 10월 현재 우리나라의 통화발행액은 약 29조 원이다. 이에 비해 시중 통화량(M1)은 약 304조 원이다. 한국은행에서 나온 돈은 29조 원인데, 시중에 돌아다니는 돈의 양은 304조 원이라는 얘기이다. 돈을 튀밥 튀듯 불리는 것도 아닌데 어떻게 그 일이 가능할까? 그것은 예금의 조화 때문이다.

중앙은행으로부터 통화가 공급되면 대부분의 돈은 은행에 예금된다. 예금된 돈은 누군가 다른 사람에게 대출되고, 대출된 돈은 다시 예금으로 은행에 되돌아온다. 대출과 예금이 반복되면 예금의 총액이 증가하게 된다. 이 과정은 마치 예금이 창조되는 것처럼 보이기 때문에 예금창조預金創造라고 한다. 통화량이 통화발행액보다 커진 것은 이 예금창조 덕분이다.

통화승수

이런 식으로 예금이 계속 증가하면 예금도 통화량에 계산되기 때문에 결국 통화량이 증가하는 것이다. 참고로, 통화량이 몇 배로 증가하는가를 통화승수라고 한다. 좀 더 정확히 말하면 '통화량이 본원통화량의 몇 배'인가를 통화승수라고 한다. 본원통화란 통화발행액에 지급준비예치금을 합한 것을 말한다. 통화발행액은 은행의 시재금으로 보유되거나 민간의 현금으로 보유된다. 그래서 본원통화는 지급준비예치금, 은행 시재금, 그리고 민간보유 현금의 합계라고 말할 수 있다.

고린 장이 더디 없어진다

그레셤 법칙

밥상이나 어느 잔칫상에 여러 가지 종류의 음식이 나왔다고 하자. 어떤 음식에 손이 먼저 갈까. 당연히 맛있는 음식에 손이 먼저 갈 것이고, 따라서 맛있는 음식이 먼저 없어질 것이다. 이 속담의 '고린'이란 곯아서 맛이 없다는 말이고, 장은 간장醬을 말한다. 고린 장이 상에 나왔다면 아무도 손을 대지 않을 것이니, 더디게 없어질 것이다. 그래서 "고린 장이 더디 없어진다."라는 말이 나왔다. 화폐에도 이와 비슷한 현상이 일어난다.

그레셤 법칙

금본위제 시절에는 금화가 화폐로 사용되었다. 이때 재정 형편이 좋지 않는 나라에서는 구리를 섞어 금화를 발행하기도 했다. 순도 높은 금화와 구리 섞인 금화가 같은 액면가로 통용되자 사람들은 순도 높은 금화가 손에 들어오면 즉시 장롱 속에 감추었다. 그리고 구리 섞인 금화만 내놓았다. 따라서 시중에는 구리 섞인 악화惡貨만 유통되고, 순도 높은 양화良貨는 숨어

버리는 현상이 나타났다. 이것은 마치 악화가 양화를 몰아내는 것처럼 보였다. 이처럼 '악화가 양화를 구축驅逐'하는 현상을 그레셤 법칙 Gresham's law 이라고 한다. '구축'이란 몰아낸다는 뜻이다.

금본위제도와 은본위제도

어린 시절 재미있게 읽고, TV로도 보았던 『오즈의 마법사』는 금본위제도와 관계있는 동화이다. 남북전쟁 즈음, 미국에서는 금본위제도를 채택했다. 금본위제도에서는 금이 곧 돈이어서, 금이 많으면 물가가 오르고 적으면 떨어진다. 당시 미국에는 금이 적었고, 따라서 물가가 하락했다.

물가가 하락하면 돈을 가진 사람은 이득을, 빚이 있는 사람들은 손해를 보게 된다. 물가의 하락으로 농민과 노동자들은 손해를 보게 되었다. 곡식은 헐값이 되고, 임금은 낮아졌다. 이에 은銀도 화폐로 사용하자는 주장이 나왔다. 은의 생산량은 많으니까 물가하락을 막을 수 있으리라는 생각을 한 것이다. 결국 화폐제도 문제는 대통령 선거 때 주요한 이슈가 되었다. 선거는 금본위제도를 지지하는 당의 승리로 끝났다. 이러한 상황을 그린 동화가 『오즈의 마법사』이다.

오즈의 마법사와 은 구두

어느 날 도로시는 회오리바람에 실려 오즈나라의 한 지방에 도착한다. 도로시는 고향으로 돌아가고 싶어 한다. 도로시가 고향으로 돌아갈 수 있는 유일한 방법은 마법사 오즈의 도움을 받는 것이다. 도로시는 노란 벽돌 길을 따라 오즈가 살고 있는 성으로 간다. 성에 도착한 도로시는 마법사 오즈에게 집에 보내달라고 부탁한다. 그러나 마법사는 도울 힘이 없는 엉터리이다. 이 이야기에서 노란 벽돌 길은 금본위제도를 상징한다. 금본위제도의 길을 따라 성으로 가지만 마법사 오즈는 엉터리이다. 즉, 금본위제도는 엉터리 화폐제도이고, 고생해서 서민들이 얻은 것은 결국 가난이라는 풍자이다. 그렇다면 작가가 제시하는 해결책은 무엇인가. 그것은 은銀 구두이다. 도로시가 은 구두로 땅을 건드리자 소원이 달성된다. 물론 은 구두는 은본위제도를 상징한다.

은행은 왜 금행이 아니고 은행인가

이제 평소에 궁금한 것 하나 알아보자. 돈과 관련되는 단어는 금전, 금액, 금융기관, 금융시장 등 금金이라는 말을 사용한다. 은행은 돈, 즉 금을 취급하는 곳이다. 그렇다면 은행은 당연히 금행金行이라고 불러야 하지 않을까. 은행bank은 왜 금행이 아니고 은행銀行일까?

'은행'은 당송시대의 금은행金銀行이라는 말에서 나왔다. 여기에서 행行이란 동업조합을 말한다. 중국에는 도시의 상업구역에 동업 점포가 모여 있는 거리가 있었으며, 이 동업 점포들을 행行이라 불렀다. 비단을 취급하는 동업 점포를 견행絹行, 곡식을 취급하는 동업 점포를 미행米行이라고 불렀다. 그리고 금은을 취급하는 동업 점포를 금은행金銀行이라고 불렀다. 이 금은행이라는 말이 줄어서 은행이 되었다. 금행이라고 줄여 부를 수도 있는데 은행이라고 부르게 된 것은 금보다 은이 화폐로 익숙하게 사용되었기 때문이다. 역사적으로 금보다는 은이 화폐로 더 많이 사용되었던 것이다.

금융시장에는 공 公금융시장도 있고 사 私금융시장도 있다. 은행 등 금융 기관을 통해 이루어지는 시장을 공금융시장이라 하고, 금융기관을 통하지 않고 이루어지는 시장을 사금융시장이라고 한다. 일반 서민이 공금융기관을 이용하기가 어렵던 시절, 사금융 수단으로 많이 이용되던 것이 계 契였다. 그런데 계는 이자가 비쌀 뿐만 아니라 계장 契長에게 절대적으로 유리한 구조였다. 더구나 겟돈을 타면 공돈 같아서 낭비하기 쉬웠다. 겟돈을 다 써버린 사람은 나중에 겟돈을 갚기 위해서 더 많은 빚을 내야 했다. 그래서 "겟돈 타고 집안 망한다."라는 말이 나왔다.

무이자, 무이자

인기 연예인이 나와 샹송 '빠로레 빠로레 Paroles, paroles'의 곡에 맞추어 '무이자, 무이자'를 흥얼거린 한 대부업체의 광고가 세인의 주의를 끌었다. 빠로레 빠로레는 프랑스의 샹송 가수 달리다 Dalida가 40여 년 전에 불러 세계적으로 유행했던 노래인데, 최근에 우리나라에서 한 대부업체의 CM송으로 히트한 것이다. 많은 사람들이 이 광고 노래를 무의식중에 흥얼거렸다. 그 외에도 대부업체의 다양한 광고가 이어졌다. 그런데 이 '무이자' 광고는 대출조건의 단점을 축소시키거나 알리지 않아서 사회적 문제가 되기도 했다. 대부업체의 무이자 조건은 까다롭고 기간은 짧으며, 무이자 기간 이외 기간의 이자율은 매우 높고 개인 신용에 영향을 미칠 수도 있었다. 연예인들이 부르는 그 미끼는 달콤한 것이었지만 그 결과는 씁쓸한 것이었다.

빚지면 문서 없는 종 되느니라

일반적으로 사금융은 공금융에 비해 돈을 가져다 쓰기는 쉬운 반면에 금리가 매우 높은 편이다. 몇 년 전 금융감독원이 발표한 바에 의하면 사금융私金融 피해자들이 부담한 금리가 평균 251%에 달했다. 당시 금융기관의 대출금리가 10% 정도였던 것을 생각하면 그 금리는 은행금리의 25배나 되는 터무니없이 높은 금리였다. 어떤 대출회사는 1,440%의 이자를 받기도 했다. 1,440%라는 금리는 원금의 14배가 넘는 것이다. 가히 살인적인 금리라고 말할 수 있겠다. 이러한 사금융시장에 한 번 말려들면 점점 금리가 높은 빚을 얻어 빚을 갚아야 하는 등 헤어나기 어렵다.

우리의 조상들은 사금융시장 고리채의 무서움을 알고 있었기에 "빚지면 문서 없는 종이 된다."고 경고했다. 그러나 많은 사람들이 처음에는 손쉽게 돈을 빌려주는 사금융시장에 빠져서 높은 이자율에 시달리거나 신용불량자로 전락하기도 한다. 곗돈 타고 집안 망한다는 우리 조상들의 속담은 오늘의 세태를 꿰뚫어 보는 듯하다.

아랫돌 빼어 웃돌 괴기

카드 돌려막기, 폰지 금융

요즈음 학생들은 컴퓨터를 이용해 과제를 작성하고 프린트해서 제출한다. 그러나 컴퓨터가 보급되기 전에는 학생들은 과제를 손으로 써서 제출하는 것이 보통이었다. 이때 많은 학생들이 과제 제출 당일에야 부랴부랴 작성하거나, 심지어 남의 것을 베껴서 제출하기도 했다. 특히 죄질(?)이 나쁜 녀석들은 수업 중에 강의를 듣지 않고 남이 해 온 과제를 베끼기도 했다. 그야말로 '사채私債 얻어서 은행 빚 갚는' 녀석들이었다.

속담 "아랫돌 빼어 웃돌 괴기"란 근본적인 것은 고치지 않고 우선 다급한 처지를 모면하기 위해 이리저리 둘러맞추는 임시변통 행위를 말한다. '카드 돌려막기'는 바로 전형적으로 아랫돌 빼어 웃돌 괴는 어리석은 일이다.

카드 돌려막기

카드 돌려막기란 신용카드 대금을 결제하지 못하는 경우 다른 카드에서 현금서비스를 받아 갚는 것을 말한다. 그런데 애초에 소득을 초과한 대출을 받은 상황에서 다른 카드로 현금서비스를 받아 갚은 사람은 그 현금서비스를 갚기 위해 또 다른 현금서비스를 받아야 한다. 이런 일이 연속적으로 벌어지는 것이 바로 카드 돌려막기이다.

현금서비스를 받는 일이 연속적으로 일어나면 대출 원금이 커지고, 나중에는 이자조차 감당하지 못하게 된다. 신용카드로 현금서비스를 받으면 수수료와 함께 일반 대출보다 더 비싼 이자를 갚아야 한다. 한 카드를 막기 위해서 다른 카드에서 현금서비스를 받으면 다음 달에는 그 현금서비스에 대한 수수료와 이자를 갚아야 한다. 그것을 제3의 다른 카드로 막으면 또다시 그 카드 결제일에 현금서비스에 대한 수수료와 이자를 갚아야 한다. 이렇게 해서 빚의 규모는 커지기만 하고, 돌려막기가 불가능한 상황이 오면 신용불량자가 되고 만다.

폰지 금융

이러한 카드 돌려막기의 원조는 아마 폰지 금융 Ponzi finance일 것이다. 미국 보스턴에서 일어난 폰지 금융 사건도 아랫돌 빼어 윗돌 막는 사건이었다. 폰지 금융은 1920년대 초 미국에서 폰지 C. Ponzi라는 은행원이 벌인 금융 사기사건을 두고 일컫는 말이다. 폰지는 자기에게 돈을 맡기면 시중금리보다 더 높은 이자를 주겠다는 광고를 신문에 냈고, 시민들은 그에게 거액의 돈을 맡겼다. 이후 폰지는 처음 광고에서 제시한 이자보다 더 높은 이자를 주겠다는 두 번째 광고를 내고, 여기서 조달한 자금으로 처음 돈을 맡긴 사람들에게 원금과 이자를 지불했다. 그는 이러한 방식을 계속 반복했으나 높아만 가는 금리를 감당할 수 없을 뿐만 아니라, 시민들도 이러한 방법을 눈치 채게 되어 결국은 파산하고 말았다. 무분별한 돌려막기의 마지막은 결국 파산이다.

13

기대수익과 위험

어떤 재화를 구입할 때 사람들은 무의식중에 그 재화의 효용을 신뢰하기 때문에 구입한다. 즉 볼펜을 구입하는 소비자는 그 볼펜이 가지는 필기구로서의 효용을 알고 구입한다.

불확실성하의 선택

그런데 복권을 구입하는 것은 볼펜이나 휘발유를 구입하는 것과 다르다. 복권은 당첨되어 효용을 가져다 줄 것인지, 아니면 낙첨되어 효용을 가져다 주지 못할 것인지 확실하지 않다. 복권이 당첨될는지 아닌지는 "훗장에 나올 떡이 클지 작을지"처럼 아무도 알지 못한다. '훗장'이란 5일마다 서는 재래시장에서 다음 장날을 말한다. 복권처럼 효용이 불확실한 재화를 구입하는 행동을 '불확실성하의 선택'이라고 한다. 또 그 행동 원리를 분석하는 이론을 불확실성하의 선택이론이라고 한다. 불확실성하의 선택이론에는 기대효용이론과 조건부상품이론이 있다.

기대효용

을 말한다. 불확실한 효용을 '기대 期待효용'이라고 부르는 것은 그 효용이 확률에 기대한 만큼으로 결정되기 때문이다. 확실하게 효용을 주는 일반 재화는 누구나 구입하고자 한다. 그러나 불확실성이 내포된 재화는 다르다. 어떤 사람은 불확실하기 때문에 오히려 짜릿한 쾌감을 맛보기 위해 그 재화를 구입하고, 어떤 사람은 내포된 위험 때문에 싫어한다. 불확실한 상황에서 기대효용에 보이는 소비자들의 태도는 위험을 기피하는 성향, 중립인 성향, 그리고 애호하는 성향 등 세 가지가 있다.

조건부상품

재화시장의 일상적인 거래에서는 현장에서 상품이 인도되고 대금이 지불된다. 그런데 어떤 거래는 대금은 현재 지불되지만 상품은 미래에 어떤 특정한 상황이 발생되는 경우에만 인도된다. 즉 상품 인도에 조건이 붙어 있다. 이처럼 특정 상황에만 인도되는 상품을 조건부상품 條件附商品이라고 한다.

보험 保險이 바로 조건부상품이다. 어떤 사람이 목조 가옥을 가지고 있는데 화재가 발생할까 걱정이다. 그래서 어느 회사와 현재 정해진 가격을 지불하고 화재가 발생하면 가옥 값을 받기로 계약한다. 독자 여러분은 이 거래가 보험가입이라는 것을 알고 있을 것이다. 현재 지불하는 가격은 보험료이고, 화재 발생 때 받게 되는 가옥 값은 보험금이다. 이 보험금은 화재 발생이라는 특정한 상황에만 인도되는 상품, 즉 조건이 붙은 상품이다.

사람들이 주식이나 채권을 구입하는 것은 수익을 기대하기 때문이다. 그런데 주식이나 채권에는 수익성만 있는 것이 아니라 위험성危險性도 내포되어 있다. 장미에는 가시가 있고, 탐스럽게 익은 '산딸기 밑에는 뱀'이 있다. 이 세상에서 좋은 것이란 노력이나 위험을 거쳐야 얻어진다.

기대수익

주식 가격은 날마다 오르기도 하고 내리기도 한다. 투자자는 주식 가격의 등락에 따라 수익을 얻거나 손실을 입는다. 어떤 경우에는 주식 발행 기업의 도산으로 주식이 휴지 조각이 되기도 한다. 그러한 점에서는 채권도 마찬가지다. 원래 채권은 자금조달의 수단으로 발행된다. 자금조달에는 대가가 따르며, 자금 제공자인 채권 구입자는 그 대가로 수익을 얻는다. 채권에는 수익이 있기에 시장에서 상품으로 유통되면서 차익을 실현시키기도 하고 손실을 입히기도 한다. 또 채권에 약속된 이자는 그 실현 여부가 불투명하다. 즉 채권의 유통수익과 이자는 채권 발행기업의 여건이나 경제상황 등이 불확실한 가운데 실현된다. 그래서 불확실한 복권의 효용을 기대효용이라고 하듯이 불확실한 채권의 수익을 기대 期待수익이라고 한다.

샤일록의 비아냥 : 위험

앞에서도 소개한 셰익스피어의 「베니스의 상인」에 나오는 이야기 한 토막을 보자. 밧사니오는 샤일록에게 돈을 빌리러 가서 친구 안토니오가 보증을 서주기로 했다고 말한다. 그러나 샤일록은 비아냥거린다.

> "그런데 지금 그 분의 재산은 공중에 떠 있는 셈이지요. 배 한 척은 트리폴리로, 또 한 척은 서인도로 가고 있을 거고. 세 번째 배는 멕시코로, 네 번째 배는 영국으로 가고 있지요. 그런데 배란 것이 따지고 보면 결국 판자조각에 불과한 것이고, 선원들도 그저 인간일 뿐이죠. 그리고 땅에는 땅 쥐, 바다에는 물 쥐, 땅 도둑에, 물 도둑들이 득실거리니까. 해적들이 있다는 말이죠. 게다가 태풍에다 암초의 위험까지 있고."

안토니오의 재산은 바다에 떠 있어서 각종 위험이 도사리고 있다. 그래서 안토니오의 재산은 불확실하다는 것이 샤일록의 주장이다. 불확실한 재산의 가치를 그대로 인정할 수 없다는 것이다. 안토니오의 재산처럼 수익 실현이 불확실성한 상황을 위험이라고 하며, 특히 금융과 관련하여 발생하는 위험을 금융위험이라고 한다.

금융위험의 종류

금융위험에는 신용 관련 위험, 시장 관련 위험, 그리고 경영 관련 위험이 있다.

신용 관련 위험이란 채무 불이행 위험을 말하는데, 보유하고 있는 채권으로부터 이자와 원금 상환이 예정대로 이루어지지 않을 가능성 때문에 발생하는 위험이다. 시장 관련 위험이란 금융시장에서 금융수단의 가격이 불확실하게 변동하여 발생하는 위험을 말한다. 시장관련 위험으로는 시장위험과 유동성위험 및 결제위험이 있다. 시장위험이란 금융시장에서 금융수단의 가격조건이 불확실하게 변동하여 발생하는 위험을 말한다. 유동성위험이란 자금조달과 운용상의 기간 불일치로 인하여 일시적인 자금부족 상태에 있는 금융기관이나 기업이 자금을 결제하지 못하는 위험이다. 결제위험이란 지급결제 과정에 내재되어 있는 위험을 말한다. 경영 관련 위험이란 글자 그대로 경영과 관련된 위험을 말한다.

전답을 사도 물소리 들리는 골은 피하라

헤지, 위험회피

물소리가 들린다는 것은 가까이에 급류 急流가 있다는 말이다. 이러한 곳은 큰 비가 오면 범람하기 쉽다. "전답 田畓을 사도 물소리 들리는 골은 피하라."라는 말은 홍수 피해를 입을 위험이 있는 논밭은 사지 말라는 권고다. 세상에는 위험을 좋아하는 사람도 있지만, 대부분의 사람들은 위험을 싫어한다. 위험을 싫어하는 사람의 유형을 위험회피자 risk averter라고 한다.

위험 헤지

위험회피자가 위험을 피하기 위해 어떤 거래를 하는 것을 헤지 hedge라고 한다. 헤지거래는 주로 원유, 곡물, 달러, 주식 등의 선물시장에서 많이 일어난다. 위험회피자는 이들 상품의 가격이 큰 폭으로 하락하거나 상승할 때 입을 수 있는 손실을 막기 위해 헤지 거래를 하는 것이다. 한편 위험을 피하는 거래를 하는 사람을 헤저 hedger라고 한다.

위험을 헤지하기 위한 사회제도에는 파생상품시장과 보험시장이 있다.

파생상품시장과 보험시장

파생상품시장은 상품가격 변동으로 입게 되는 장래의 손실을 피하려는 사람과 그 위험을 인수하여 돈을 벌려는 사람이 만나 이루어지는 시장이다. 대표적인 파생상품으로는 "사고 팔고는 엿장수 마음이다."에서 설명한 선물, 옵션 등이 있다. 어떤 기업이 6개월 후에 100만 달러가 필요하다. 미리 달러를 준비해 둘까, 아니면 그때 가서 매입할까. 지금 사 두자니 6개월 동안 묵혀두는 것이 아깝고, 그렇다고 그때 가서 사자니 환율이 오를까 두렵다. 이때 선물시장에서 100만 달러를 6개월 후에 인도 받기로 하고 적정 환율로 매입 계약을 해두면 위험을 피할 수 있게 된다. 또 거래 상대방은 결과가 반대로 나오는 경우 이득을 얻을 수 있다. 이처럼 파생상품시장은 시장 참가자에게 위험 헤지와 투기 기회를 동시에 제공한다. 위험회피자는 파생상품거래를 통해 자산의 가격변동에 따른 위험을 회피할 수 있다. 반면에 위험선호자인 투기자는 이러한 변동을 예측함으로써 이익을 얻을 수 있다.

보험시장은 다른 사람의 위험을 인수하는 시장이다. 보험 가입자는 자기의 위험을 인수시키는 대가로 보험료를 낸다. 그리고 화재 등 사고가 발생할 경우 약정된 보험금을 받는다. 즉 위험이 제거된다. 보험은 앞에서 설명한 조건부상품의 일종이다.

짚신 장사 나막신 장사

포트폴리오, 위험의 분산

짚으로 만든 짚신은 비 올 때는 신을 수 없다. 반대로 나막신은 평소에는 불편하지만 비오는 날에는 편리한 신발이다. 신발가게에서 짚신도 팔고 나막신도 판다면 비가 와도 걱정이 없고, 비가 오지 않아도 걱정이 없을 것이다. 비가 오면 나막신이 팔릴 것이고, 비가 오지 않는 날에는 짚신이 팔릴 것이기 때문이다. 짚신이나 나막신 한 가지만 판다면 비가 오거나 오지 않음에 따라 신발을 팔지 못하는 위험이 있겠지만, 두 종류를 동시에 취급하면 그러한 위험이 제거된다.

포트폴리오

주식이나 채권 등 수익자산은 여러 종류로 분산해서 보유하면 위험도가 낮아지는 성질이 있다. 이러한 현상을 분산투자의 이점이라고 한다. "계란을 한 바구니에 담지 말라."는 말이 바로 그것이다. '꾀 많은 토끼는 굴을 세 개 파둔다(교토삼굴 狡兎三窟)'고 한다.

위험을 줄이기 위해 여러 종목에 분산해서 투자하는 기법을 포트폴리오 portfolio라고 한다. 또 분산투자를 통해 위험이 감소하는 현상을 포트폴리오의 위험분산효과라고 한다. 포트폴리오란 원래 서류가방 또는 자료수집 철 file을 뜻하지만, 요즈음에는 여러 종목에 분산투자함으로써 한 곳에 투자할 경우 생길 수 있는 위험을 피하는 투자 기법을 뜻한다.

위험의 분산

금융자산을 다양하게 구성할 때 위험도가 낮아지는 이유는 한 채권가격의 움직임을 다른 채권가격의 움직임이 상쇄시키기 때문이다. 개별 자산의 특수한 위험은 다른 자산과의 결합을 통해 감소될 수 있다. 분산투자를 통해 감소될 수 있는 위험은 한 채권이 갖는 고유한 위험이다. 고유한 위험은 금융시장 전체 상황과는 관계가 없는 위험이라는 점에서 비체계적 위험이라고도 한다. 비체계적 위험의 예로는 채권 발행 회사의 노사갈등, 유행의 변화로 인한 생산품의 가격하락 등이 있다. 그러나 만약 시장 전체의 채권가격이 동일한 방향으로 움직인다면 그 경우의 위험은 분산투자를 통해 감소시킬 수 없다. 즉 시장에는 분산투자를 통해서도 감소시킬 수 없는 위험이 있다. 이러한 위험은 시장 전체의 상황과 관련된 위험이므로 체계적 위험이라고도 한다. 체계적 위험에는 인플레이션이나 디플레이션, 환율의 변화, 전쟁 등이 있다.

범을 잡으려면 범의 굴에 들어가야 한다

고위험 고수익, risk loving

호랑이를 잡으려면 호랑이굴에 들어가야 하듯이, 높은 수익을 바라면 높은 위험을 감수해야 한다. 높은 수익을 바라고 대신 높은 위험을 감수하는 것을 고위험 고수익high risk high return이라고 하며, 위험성이 크지만 높은 수익을 얻을 수 있는 채권을 고위험 고수익高危險高收益 채권이라고 한다.

고위험 고수익

정크본드junk bond는 대표적 고위험 고수익 채권이다. 정크junk란 중국 연안에서 사용하는 작은 배를 말하며, 미국에서는 쓰레기를 뜻하는 말로 쓰이고 있다. 정크본드를 직역하면 쓰레기 같은 채권이라는 뜻이다. 신용등급이 낮은 회사가 발행하는 회사채를 정크본드라고 부른다.

한편 고위험 고수익 채권에 집중 투자하여 높은 수익을 얻는 펀드를 하이 일드 펀드high yield fund라고 한다. 이 펀드는 이름 그대로 고수익을 얻을 수 있다고 해서 붙인 이름이다.

위험애호자 risk lover

번지점프를 하는 사람처럼 위험을 즐기는 사람을 위험애호자 risk lover라고 한다. 위험애호자는 고위험 고수익 채권을 좋아하는 성향을 가지고 있다. 우리나라의 자산관리공사는 고위험 고수익 채권을 인수하여 높은 수익을 올리기도 한다. 원래 자산관리공사는 금융기관이 보유하는 부실자산의 정리와 부실 징후 기업의 경영정상화 지원을 주된 업무로 하는 법인이며, 이 과정에서 고위험 고수익 채권을 처리한다. 한편 코스닥 KOSDAQ시장도 벤처기업 등 성장 잠재력은 높으나 투자위험이 큰 기업의 주식이 거래되는 고위험 고수익의 시장이다.

헤지 펀드

고위험 고수익을 노리는 국제 펀드로는 헤지 펀드 hedge funds가 있다. 헤지펀드란 투자가로부터 자금을 모집하여 각종 투자 기법을 이용하여 자금을 운용한 후 투자 실적에 따라 수익을 배당하는 펀드를 말한다. 원래 헤지란 위험을 피하기 위한 거래를 말한다. 헤지 펀드도 처음에는 위험을 피하는 기법을 주로 사용하였다. 최근 헤지 펀드는 파생금융상품을 조합해서 신종 상품을 개발하기도 한다. 한편 헤지 펀드의 고수익 추구 행동은 국제금융시장을 교란시키기도 한다. 1992년의 영국의 파운드화 가치 폭락, 1994년의 멕시코 금융위기, 1997년 태국의 바트화 폭락 등이 헤지 펀드에 의해 일어났다.

노름판에 돈 딴 놈 없다

도박과 승률

한동안 우리나라에는 로또 광풍이 몰아쳤다. 불법 도박장 이야기도 심심치 않게 나온다. 일확천금을 노리는 사람들의 귀를 솔깃하게 하는 엄청난 당첨금이 늘 우리를 유혹한다. 도박이 과연 할 만한 것인가. 전혀 그렇지 않다. 도박은 하면 할수록 손해나게 되어 있다. 즉 "노름판에 돈 딴 놈 없다."는 옛말은 사실이다. 도박이나 환락에 미쳐 살림을 탕진하는 사람을 가리켜 "짓 독에 바람이 든다."고 한다. '짓 독'이란 김치 항아리를 말한다. 김장 무에 바람이 들면 김치 맛을 잃는다. 도박하는 사람은 결국 살림을 탕진하여 짓 독에 바람 들게 하는 사람이라는 것이다.

라스베가스

미국 서부 네바다 사막 가운데 있는 라스베가스Las Vegas는 도박으로 먹고 사는 도시이다. 수천 개의 객실을 자랑하는 호텔이 줄지어 늘어서 있고, 호텔마다 축구장보다 더 큰 도박장들이 개설되어 있다. 신기한 것은 최고급

시설을 자랑하는 라스베가스의 호텔 숙박료가 파격적으로 싸다는 것이다. 독자 여러분도 짐작하겠지만, 그 호텔이 노리는 것은 숙박료 수입이 아니다. 카지노에서 도박에 응해주기를 바라는 것이다. 값싼 숙박료는 손님을 도박장으로 끄는 미끼일 뿐이다.

라스베가스의 카지노에서 본전을 건질 확률은 90% 정도라고 한다. 도박업자의 입장에서 보면 누군가가 도박에 응하면 건 돈의 10%를 도박장이 벌어들인다는 얘기이다. 참가자는 일단 한 번 걸면 10%를 잃는다. 한 번 더 걸면 나머지의 10%를 또 잃는다. 10%는 계속 도박장의 몫이 된다. 그 10%가 모인 것이 오늘날의 라스베가스이다. 라스베가스의 호화찬란한 카지노는 누구의 돈으로 지어졌나? 물론 고객의 돈이다. 고객이 와서 돈을 잃고 가면 그 이튿날 카지노의 건물은 또 한 층 올라가는 것이다.

로또복권

라스베가스나 마카오의 도박장은 우리나라의 로또복권에 비하면 약과이다. 1등에 당첨되어 몇 백억을 손에 쥐게 되었다는 보도가 마음을 설레게 하는 로또복권이다. 그러나 로또복권을 산다는 것은 한 마디로 밑지는 장사다. 로또의 당첨금 총액은 판매액의 50%로 책정된다. 따라서 사는 즉시 50%를 잃고 들어가는 것이 로또복권이다. 설계 자체가 복권을 구입하는 사람이 손해보도록 되어 있다. 참고로 로또복권 1등 당첨 확률은 1/8,145,060에 불과하다. 우리 조상들은 이런 복잡한 계산을 하지 않고도 말했다.

"노름판에 돈 딴 놈 없느니라."

"짓 독에 바람 들까 조심해라."

14

외부성과 공해

의붓아비 떡 치는 데는 가도
친아비 장작 패는 데는 가지 마라

외부효과

"의붓아비 떡 치는 데는 가도 친아비 장작 패는 데는 가지 마라."는 이 속담은 친아비와 의붓아비를 절묘하게 대비하고 있다. 의붓아비가 자식 대하는 태도는 친아비와는 아무래도 조금 다를 것이다. 그러나 장작 패는 아버지와 떡 치는 아버지는 사정이 다르다. 아무리 친아비여도 장작을 패고 있으면 가까이 가지 말아야 한다. 장작 조각이 언제 어느 방향으로 튈지 모르며, 그 옆에 서 있다가 튄 나무 조각에 크게 다칠 수 있다. 즉 득 될 일이 없다. 그러나 떡 치는 의붓아비에게 가면 잘 하면 떡 한 조각이라도 얻어먹을 수 있다.

외부효과

세상을 살다보면 이처럼 제3자에게 득이 되는 일도 있고 손해가 되는 일도 있다. 즉 어떤 경제주체의 생산활동과 소비활동이 다른 사람에게 이득을 주거나 손해를 끼치는 경우가 발생할 수 있다.

어떤 기업이 생산활동을 하면서 다른 구성원에게 손실을 끼치면서도 손실액을 보상해 주지 않으면 사적비용과 사회적비용에 차이가 난다. 마찬가지로 어떤 생산자가 다른 사회구성원에게 편익을 주면서도 그 편익에 대한 보상을 받지 못한다면 역시 사적편익과 사회적편익에 차이가 난다. 즉 사적비용과 사회적비용이 서로 다를 수 있으며, 사적편익과 사회적편익도 다를 수 있다. 어떤 경제주체의 행위가 다른 사람에게 보상 없이 비용을 발생시키거나, 대가 없는 편익을 발생시키는 것을 외부효과外部效果라고 한다.

외부효과에는 외부경제와 외부불경제가 있다. 외부효과가 편익을 주면 이를 외부경제라고 하고, 외부효과가 손해를 끼치면 이 경우를 외부불경제라고 한다. 외부경제와 외부불경제에 대해서는 다음 항에서 각각 자세히 설명한다.

비슷한 속담

✔ 의붓아비 돼지고기 써는 데는 가도, 친아비 장작 패는 데는 가지 말라.

방아 찧을 때는 옆에서 고개만 끄덕여 줘도 도움이 된다

외부경제

옛날에는 추수한 곡식의 알갱이를 내거나 가루를 만들기 위해서 방아를 찧었다. 방아에는 절구방아도 있고 디딜방아도 있다. 절구방아는 방아공이를 손으로 들어 올렸다가 내려쳐서 찧는 것이고, 디딜방아는 지렛대 식으로 된 방아 반대쪽을 발로 밟았다가 놓으면서 공이를 떨어뜨려 찧는 것이다. 방아 찧는 일은 여간 힘든 일이 아니다. 그런데 마침 이웃이 와서 옆에서 이야기도 하면서 절구 공이나 디딜방아의 오르내림에 따라 고개라도 끄덕여주면 심리적으로 힘이 되어준다. 그래서 "방아 찧을 때는 옆에서 고개만 끄덕여 줘도 도움이 된다."는 말이 나왔다.

외부경제

2007년 말 대선 때의 일이다. 이명박 후보와의 관계가 이슈가 되면서 BBK라는 이름이 연일 매스컴에 오르내렸다. 이때 재미있는 일이 벌어졌다. BBK와 이름이 비슷한 치킨 생산업체 BBQ가 덩달아 이름을 알리게 된 것이다. 그런데 호박이 덩굴째 굴러온다던가, 2008년에는 현대차의 덕을 보게 된다. 현대차가 출시한 프리미엄 세단 제네시스가 또 BBQ의 이름을 선전해 준 것이다. BBQ의 이름은 제너시스BBQ이다. 현대차 제네시스와 BBQ의 제너시스가 같아서 덕을 보게 된 것이다.*

멜버른에서 호주오픈 테니스대회가 열렸을 때 기아자동차는 스폰서가 되어 커다란 홍보효과를 거두었다. 테니스대회가 전 세계에 중계되면서 경기를 시청하는 전 세계 테니스 팬에게 기아차가 알려진 것이다. 기아의 로고는 3천 시간 이상 노출되었으며, 이를 금액으로 따지면 5억 3천만 달러어치라고 한다. 기아차는 스폰서비를 지불했지만 BBQ는 돈 한 푼 안 내고 두 번이나 광고되었으니, 얼마나 큰 덕을 입은 것인가. 경제용어로 말하자면 외부경제 外部經濟의 효과를 누린 것이다. 외부경제란 어떤 기업의 생산활동이 다른 사람에게 대가 없는 이득을 가져다주는 것을 말한다.

양봉업자와 과수원

과수원 옆에서 양봉업자가 벌을 친다고 하자. 과수원 옆에서 양봉을 하면 벌들이 꿀을 따면서 과실나무의 수분 受粉을 도와주기 때문에 열매가 잘 맺힌다. 양봉업자의 생산활동이 외부경제를 발생시키는 것이다. 외부경제가 발생하면 양봉업자의 사적 私的 생산비용보다 사회의 비용이 낮아진다. 즉 사적비용보다 사회적비용이 낮아진다. 양봉업자가 벌을 친 덕분에 과수원이 이득을 보게 되고, 이에 따라 사회의 비용이 과수원이 입은 혜택만큼 감소되는 것이다.

한편 양봉업자는 자기가 부담하는 사적비용과 꿀을 쳐서 나오는 수입을

---

* 현대차는 제네시스이고 BBQ는 제너시스로 발음이 약간 다르지만 영문명은 GENESIS로 같다.

비교하여 생산량, 즉 그곳에 머무르는 기간을 결정한다. 그런데 사회적으로 보면, 즉 과수원 주인의 입장에서 보면 그 기간은 너무 짧은 편이다. 과수원 주인은 양봉업자가 좀 더 오래 머무르며 벌을 쳐주기를 바란다. 이 말은 양봉업자 개인에게 적당한 생산량과 사회적으로 적당한 생산량에 차이가 난다는 것을 의미한다.

독자 여러분이 그곳 자치단체장이라면 어떻게 하겠는가. 해답은 간단하다. 양봉업자의 비용을 낮추어주면 된다. 그 방법은 여러 가지가 있을 것이다. 부녀회와 함께 과수원 옆에 나와 양봉업자에게 라면도 끓여주고, 무료로 숙박도 시켜주는 등 양봉업자의 생산비용을 낮춰주는 것이다. 생산비를 낮추어주면 양봉업자는 그곳에 더 머물러 꿀을 딸 것이다. 사회적으로 바람직한 양을 생산하게 한다는 말이다.

그런데 요즈음 양봉업자는 대형 과수원 옆에서 꿀을 치면서 과수원 주인에게 돈을 받기도 한다. 이렇게 되면 '외부경제'는 사라진다. 외부경제란 어떤 경제주체의 행위가 다른 경제주체에게 이득을 가져다주되, 그것에 대한 대가가 이루어지지 않는 경우를 말하기 때문이다.

검소한 지도자 간디

외부경제는 소비에서도 일어날 수 있다. 존경받는 사람이 검소한 생활을 한다고 하자. 옆에 사는 사람도 그 검소함을 배우거나 자신도 검소한 생활을 하면서 용기를 얻을 것이다. 간디 M. K. Gandhi는 그런 점에서 지금도 인도에 좋은 외부경제를 던지고 있다.

인도의 위대한 지도자 간디의 검소한 생활은 유명하다. 간디는 인도 농민의 옷차림을 하고 다녔다. 인도의 대표로 영국 왕을 만나기 위해 버킹검 궁전을 방문했을 때도 그 옷차림이었다고 한다. 간디의 평생 소유물이라고는 여섯 개의 물레, 감옥에서 쓰던 접시, 우유병, 여섯 벌의 옷과 타월이었다고 한다.

간디의 후계자이자 차기 지도자였던 네루J. Nehru는 간디와의 만남은 전기충격을 받은 것 같았다고 회상했다. 간디가 보인 검소라는 '소비의 외부경제'는 인도인들에게 좋은 영향을 끼쳤고, 그 열매는 돈으로 계산할 수 없는 무한의 가치를 지녔다고 볼 수 있다.

비슷한 속담

- ✔ 명주옷은 사촌까지 덥다.

- ✔ 남의 팔매에 밤 주워 먹기.

- ✔ 남의 불에 게 잡는다.

죄는 도깨비가 짓고 벼락은 고목이 맞는다

외부불경제, 공해의 비용

옛날에는 생활도구로 사용하다가 버린 헌 빗자루나 부지깽이가 밤에는 도깨비로 변한다고 생각했다. 이 도깨비는 주로 고목나무에 살았다. 자, 이 도깨비 녀석이 죄를 지었다. 하나님이 그 도깨비에게 벼락을 내려 벌을 주는데, 하필이면 고목나무가 맞는다. 이 스토리가 "죄는 도깨비가 짓고, 벼락은 고목나무가 맞는다."는 속담의 배경이다. 우리 조상은 벼락 맞아 부러진 고목나무를 보면서 죄를 지으면 벌을 받는다는 생각, 도깨비는 고목나무에 산다는 생각 등을 묶어 이 재치 있는 속담을 만들어 냈다. 같은 뜻의 속담으로 "모진 놈 옆에 있다가 벼락 맞는다."도 있다.

외부불경제

죄는 도깨비가 지었는데, 벼락은 애먼 고목나무가 맞았다면, 그건 외부불경제外部不經濟가 발생한 것이다. 외부불경제란 어떤 기업의 생산활동이 다른 사람에게 보상 없는 손실을 가져다주는 것을 말한다. 외부불경제를 일으

키는 것으로 공해가 있다. 어떤 기업의 생산활동에서 공해가 발생하면 이웃
에게 손해를 입히는 외부불경제 현상이 일어난다. 그리고 기업의 사적비용
私的費用보다 사회적비용社會的費用이 높아져서 시장실패가 일어난다. 사적비
용과 사회적비용에 대해서는 앞에서도 여러 번 설명했다. 여기서는 공해가
발생하면 왜 사적비용보다 사회적비용이 커지는가 알아보자.

공해의 비용

기업의 사적비용이란 생산을 위해 기업이 실제로 지불하는 비용을 말한
다. 그런데 이 생산을 위해 사회가 부담하는 비용은 그 기업이 지불한 사적
비용만 있는 것이 아니다. 그 기업의 생산활동에서 공해가 발생하면 이웃이
피해를 입고 비용을 부담하게 된다. 즉 공해의 비용이 발생한다. 공해를 발
생시키는 기업의 생산비용과 공해로 인한 사회적 손실을 포함한 비용을 공
해의 비용이라고 한다. 사회적비용에는 기업의 생산비용뿐만 아니라 공해로
인한 이웃의 손실도 포함된다. 따라서 기업이 공해를 발생시키면 사적비용
보다 사회적비용이 커진다.

기업은 비용과 수입을 비교하여 적정 생산량을 결정한다. 그런데 그 적정
생산량이라는 것은 기업에는 적정할는지 모르지만 사회적으로는 적당한 양
보다 많다. 말하자면 사적으로 적정한 생산량이 사회적으로 적정한 생산량
보다 많아서 시장실패가 일어난다. 공해를 배출하는 공장의 주변 사람들은
"제발 생산 좀 줄였으면" 하고 바란다. 이 시장실패를 고치려면 기업의 사
적비용을 높이는 조치를 취하면 된다. 예를 들어 공해 배출 기업에 공해세
를 부과하면 한계비용이 상승하기 때문에 기업은 생산을 감소시키게 된다.

명품바람

　한편 외부불경제는 소비에서도 일어날 수 있다. 명품바람은 소비생활에 나타나는 외부불경제의 일종이다. 한 두 사람의 사치와 과시적 소비가 이웃의 구매의욕을 필요 이상으로 자극하면서 사회적비용을 유발한다면 그것이 바로 소비의 외부불경제인 것이다.

피 다 뽑은 논 없고 도둑 다 잡은 나라 없다

공해 균형

논농사를 지을 때 농부가 제일 싫어하는 잡초는 벼 사이에 몰래 자라나는 피다. 제패稀稗라고도 하는 피는 어릴 때는 벼와 모양이 비슷하다. 그러나 나중에는 벼보다 크고 억세어서 양분을 빼앗는 등, 벼농사에 아주 해로운 잡초이다. 농부들은 못자리에서부터 이 피를 찾아서 뽑아낸다. 농사에 피 뽑는 일은 매우 중요한 일 중의 하나이다.

피 다 뽑기 어렵다

그러나 농부가 아무리 세심하게 뽑아내도 피는 어느 구석엔가 남아있게 마련이다. 가을이 되면 피는 벼보다 큰 키에 열매까지 맺어서 밉살스럽게 흔들거린다. 그리고 씨앗을 떨어뜨려 다음 해에 또 농부를 괴롭힌다. 피란 완전히 제거하기가 어렵기에 "피 다 뽑은 논 없고, 도둑 다 잡은 나라 없다."라는 속담이 나왔다. 농촌에서 가을에 벼 이삭이 출렁일 때 피가 많이 섞여 있으면 그 논 주인은 게으름을 자랑하는 꼴이 되어 이웃의 눈총을 받기도 한다.

많아도 탈, 적어도 탈 : 공해

공해는 완전히 제거하기 어렵다는 점에서 피와 비슷하다. 공해를 그대로 두면 해악을 끼쳐 사회적비용을 발생시키고, 제거하자면 제거비용이 들어간다. 즉 공해는 두 가지 상반되는 비용을 발생시킨다. 하나는 공해의 해악 즉 사회적비용이고, 다른 하나는 제거비용이다. 이 두 비용은 서로 상충 相衝 관계여서, 하나가 감소하면 다른 하나는 증가한다. 특히 두 비용은 누증적으로 증가한다. 공해배출량이 많아지면 해악의 비용이 누증적으로 증가한다. 또 공해를 감소시키면 공해가 적을수록 그 제거비용이 누증적으로 증가한다. 공해는 그대로 두어도 문제이고, 제거해서 제로(0)로 만들자고 해도 문제다. 공해는 많아도 탈, 적어도 탈(?)이다. 공해 제로가 답이 아니라면 어떤 '적절한 공해 수준'이 있을 것이다.

공해 균형

그렇다면 공해 균형, 즉 최적 最適 공해수준은 어떻게 도출되는가? 그 균형은 공해의 총비용이 최소인 수준이다. 공해의 총비용이란 사회적비용과 제거비용의 합계이다. 이 총비용은 공해 배출이 적을 때도 크고, 공해 배출이 많을 때도 크다. 공해 배출을 줄이자면 제거비용이 많이 들어서 총비용이 커지고, 공해 배출을 많이 허용하면 해악이 커서 총비용이 커진다. 이에 따라 공해 균형은 최소 공해수준이 아니라 최소 총비용수준이 된다.

공해 균형 公害均衡이란 총비용이 가장 낮은 공해수준을 말한다. 만일 어떤 산업이 최적수준보다 적은 양의 공해물질을 배출하고 있다고 하자. 이 경우에는 차라리 공해 배출을 더 허용하는 것이 총비용을 줄이는 일이다. 공해 증가로 인한 사회적비용의 증가액보다 공해 제거비용의 감소액이 더 커서 사회 전체의 총비용은 오히려 감소하게 되는 것이다. 반면에 이 산업이 최적공해 수준보다 많은 양의 공해물질을 배출하고 있다면 그 때는 공해 배출을 감소시켜야 총비용이 감소한다. 공해를 제거하는 비용의 증가액보다 공해비용의 감소액이 더 커서 총비용은 감소하는 것이다.

사회적으로 보아 공해는 다다익선 多多益善은 결코 아니지만 적을수록 좋은 것도 또한 아니다. 공해 제로 수준이 아니라 최적 공해수준을 찾아야 하는 이유가 여기에 있다.

피 다 뽑은 놈 없고 도둑 다 잡은 나라 없다더니, 그 속담 잘도 들어맞는다.

비슷한 속담

✔ 풀 없는 밭 없다.

"윗물이 맑아야 아랫물이 맑다."는 이 속담은 원래 윗사람이 잘해야 아랫사람도 잘한다는 뜻으로 사용되었다. 어른이나 지도자가 정직하면 아랫사람이나 제자도 그 본을 받아 정직하게 자란다는 것이다. 마찬가지로 강물도 '윗물이 맑아야 아랫물도 맑을' 것이다. 공해로 상류가 오염되면 하류의 물도 당연히 오염된다.

만물은 선하게 창조되었지만

루소J. J. Rousseau는 저서 『에밀』의 첫머리에 "만물은 선하게 창조되었지만 인간의 손에 옮겨지면서 더러워졌다."고 말했다. 여기나 저기나, 옛날이나 지금이나 사람 있는 곳에 공해가 있다.

지구 온난화가 진행되면서 해수면이 높아져 100년 이내에 상하이가 물에 잠길 것이라고 한다. 유엔 산하 기후변화에 관한 협의체는 '기후변화에 관한 종합보고서'에서 금세기 안에 지구 표면 온도가 4도 가까이 상승할 것이라고 전망했다. 이 보고서는 지구 온난화는 인간이 초래한 것이며, 그 중에서도 사람들이 소비하는 화석연료가 가장 큰 문제라는 것을 지적했다. 환경 전문가들은 인간에 의해 자연의 파괴가 진행되고 있으며, 지구의 종말은 결국 인간이 부른 환경파괴를 통해 닥쳐올 것이라고 주장한다. 이에 따라 공해를 줄이려는 노력이 계속되고 있다.

피구세

공해 대책이론으로 유명한 것이 피구세 Pigouvian tax와 코즈 정리이다. 후생경제학자 피구 A. C. Pigou는 공해 대책으로 간단한 원칙을 제시했다. 공해를 배출하는 기업에 세금을 매기고, 공해 배출을 줄이는 기업에 보조금을 주자는 것이었다. 이러한 간접 규제는 직접 규제에 비해 낮은 비용으로 공해 배출을 감소시킬 수 있다. 단, 정부가 공해로 인한 해악이나 공해 감소의 유익을 화폐가치로 계산할 수 있어야 한다. 이 계산은 매우 어려운 일이다. 이론은 좋지만 현실 적용이 어려운 것이다. 이러한 어려움 때문에 코즈 R. H. Coase는 더 진보된 새로운 해법을 내놓았다.

코즈 정리

코즈는 오염의 대상이 되는 공유재의 소유권을 누군가에게 주면 오염이 적절한 수준으로 감소할 수 있다고 주장했다.

어떤 기업이 강의 상류 쪽에서 축산업을 하면서 폐수로 강을 오염시키고 있고, 강 하류에서는 다른 기업이 가두리 양식업을 하고 있다고 하자. 이 경우에 강물의 소유권을 확립해 주면 오염이 적절한 수준으로 감소될 수 있다는 것이다. 먼저 하류의 가두리 양식업자에게 강물 소유권을 준다고 하자. 가두리 양식업자는 강물을 오염시키는 축산업자에게 손해배상 청구권을 가지게 된다. 축산업자는 강물 오염으로 가두리 양식업자에게 끼친 손실을 배상해 주거나, 오염 배출을 감소시킬 것이다. 반대로 상류 쪽 축산업자에게 강물 소유권을 주는 방식도 생각해 볼 수 있다. 하류의 가두리업자는 속이 상하지만, 축산업자에게 강물을 오염시키지 않으면 보상하겠다는 제의를 하게 된다. 축산업자는 그 보상금을 받는 대신 오염 배출의 양을 감소시킨다. 소유권을 축산업자에게 주든 아니면 가두리 양식업자에게 주든, 오염은 관계자들이 적당하다고 생각되는 양으로 조정될 것이다. 이처럼 소유권을 만들어 주어 공해 배출을 적절하게 조정되도록 하는 방안을 코즈 정리라고 한다.

탄소거래소

'코즈 정리'를 국제적으로 응용한 것이 이산화탄소 거래소이다. 이산화탄소는 지구가 받아들인 태양열이 우주로 방사되는 것을 막아 지구의 온도를 상승시키는 온실효과溫室效果를 가지고 있다. 이산화탄소처럼 온실효과를 가진 가스를 온실가스라고 한다.

교토의정서는 선진국의 온실가스 감축 목표치를 규정하고, 배출권 거래 제도를 도입했다. 목표치보다 더 많이 온실가스를 줄인 나라는 초과 달성한 양을 다른 나라에 팔 수 있다. 목표에 미달한 나라는 미달한 양만큼의 배출권을 돈을 주고 사야 한다. 온실가스 배출권을 상품처럼 거래하는 배출권 거래시장이 개설된 것이다. 온실가스 배출권시장을 보통 탄소거래소라고 부른다.

15

정보경제학

웅담과 꿀은 부자지간에도 속인다

정보의 비대칭

웅담은 워낙 귀해서 진품 구하기가 어렵다. 요즈음이야 대량으로 양봉을 하지만, 옛날에는 꿀도 귀해서 진짜 구하기가 어려웠다. 돼지 쓸개를 말린 가짜 웅담이나 물엿으로 만든 가짜 꿀이 나돌아 사회적인 문제가 되기도 했다. 오죽하면 "웅담과 꿀은 부자지간에도 속인다."라는 속담이 나왔을까. 가짜 웅담이나 꿀이 유통될 수 있는 것은 사는 사람이 가짜인 줄을 모르기 때문이다.

정보의 비대칭

어떤 거래에서 거래 상대방 간에 한 사람은 상품에 관한 정보를 알고, 다른 한 사람은 상품에 관한 정보를 모르는 것을 정보의 비대칭非對稱이라고 말한다. 또 이러한 정보를 비대칭정보라고 한다. 비대칭정보 상황은 웅담과 꿀 외에도 우리 생활 속에 많이 나타나고 있다.

비대칭정보의 대표적인 것으로는 중고자동차의 판매자와 구매자의 관계를 들 수 있을 것이다. 중고 자동차의 판매자는 자동차의 장단점을 잘 알고 있다. 그러나 구매자는 그 자동차의 성능에 대해 잘 모른다. 보험회사와 보험 가입자의 관계에서도 정보의 비대칭이 나타난다. 생명보험 계약을 하는 경우에 피보험자가 가까운 장래에 사망할 확률이 얼마나 되는지 보험회사는 보험계약자만큼 알지 못한다. 또 화재보험 가입자는 보험회사보다도 화재 예방 시설이나 자신의 습관에 대해 더 잘 안다. 그 외에도 은행과 대출 신청자, 시민과 공무원, 가게 주인과 점원, 지주와 소작인 사이에 비대칭정보가 존재한다.

이처럼 정보가 비대칭적일 경우에는 시장균형이 성립되지 못하거나, 성립되더라도 거래가 위축되어 시장이 제 기능을 발휘하지 못하게 된다. 비대칭정보 상황에서는 역선택과 도덕적 해이 현상이 빈번하게 발생하기 때문이다. 정보의 비대칭 때문에 일어나는 상황을 잘 보여주는 것이 다음 항에서 이야기하는 레몬시장이다.

비슷한 속담

✔ 삼년 벌어먹던 밭도 살 때는 다시 돌아보고 산다.

빛 좋은 개살구

레몬시장

오렌지와 레몬은 그 모양이 비슷하지만 맛은 전혀 다르다. 오렌지는 입에서 씹히는 알갱이와 달콤한 과즙으로 인기 있는 과일이다. 이에 비해 레몬은 열매의 모양은 오렌지와 비슷하지만 맛이 시고 단맛이 적어 직접 먹지는 못하고, 향료나 소스의 재료로만 쓰인다. 그래서 미국에서는 레몬lemon이라는 말이 성능과 품질이 나쁜 재화나 서비스를 나타내는 말로 쓰인다. 우리나라에도 "빛 좋은 개살구"라는 속담이 있다. 겉만 번지르르 하고 속은 알차지 못한 사람이나 물건을 빛 좋은 개살구라고 한다.

중고차시장

중고 자동차시장에서는 빛 좋은 개살구인 '레몬'이 판을 치기 쉽다. 어느 중고차시장이 있는데 성능이 좋은 우량 중고차와 성능이 나쁜 불량 중고차가 절반씩 섞여 있다고 하자. 이 중에서 우량 차는 800만 원 정도의 가치가 있고 불량 차는 400만 원 정도의 가치가 있다. 만약 중고차의 성능에 대해

파는 사람이나 사는 사람이나 서로 잘 알고 있다면 우량차는 800만 원, 불량차는 400만 원 내외의 가격에 거래될 것이다. 문제는 중고차를 파는 사람은 차의 성능을 알지만 이를 숨기고 있고, 사는 사람은 차의 성능을 알지 못하는 경우의 거래이다. 즉 비대칭정보 상황이 문제다.

정보가 비대칭적인, 즉 레몬과 오렌지를 구별할 수 없는 상황에서 중고차를 사는 사람은 어떤 행동을 보일까. 아마 그는 평균 기대치에 의존해 행동할 것이다. 우량차를 만날는지 아니면 불량차를 만날는지 알 수 없기 때문에 그 확률적 가능성에 의해 행동하는 것이다. 중고차의 평균 기대치는 두 종류 차 가격의 확률에 의한 가중평균이다. 두 종류의 차는 각각 절반씩 섞여 있으므로 걸릴 확률이 각각 0.5 씩이다. 이를 적용하여 기대치를 계산하면 다음과 같다.

$$중고차\ 기대치 = 800 \times 0.5 + 400 \times 0.5 = 600(만\ 원)$$

중고차를 사려는 사람은 위험성을 감안하여 평균 기대치인 600만 원만 지불하려 할 것이다.

이제, 중고차를 내놓은 사람의 입장에서 생각해 보자. 우량차는 800만 원의 가치가 있는데도 사는 사람은 평균 기대치인 600만 원만 지불하겠다고 한다. 중고차시장에는 당연히 불량차만 나올 것이다. 자기 차가 800만 원 가치가 있다는 것을 아는 사람은 그 차를 시장에 내놓지 않기 때문이다. 마치 악화 惡貨가 양화 良貨를 구축하듯이 불량차가 우량차를 시장에서 몰아내 버리는 것이다.

레몬시장

정보가 비대칭적인 상황에서 불량품만 나오는 시장을 레몬시장lemon market
이라고 한다. 레몬이란 '빛 좋은 개살구'처럼 겉만 멀쩡한 물건을 말한다.
우리나라에서는 레몬시장을 '개살구 시장'이라고 번역해서 사용한다. 영어
와 한국어 용어가 이처럼 딱 들어맞는 경우도 아마 거의 없을 것이다.

레몬 현상은 보험시장에도 나타난다. 보험시장에서는 보험 가입자가 보
험회사보다 정보 면에서 유리하다. 어떤 사람이 화재보험에 가입하는 경우,
보험물건의 화재위험 노출 정도는 가입자가 보험회사보다 더 잘 안다. 이런
경우에 보험회사가 평균율 방식으로 누구에게나 똑같은 보험료를 내게 한
다면 화재 발생 확률이 높은 사람만 보험에 가입할 것이다. 즉 보험시장에
레몬 현상이 일어난다. 중고차시장에 불량차가 주로 나오듯이, 보험에 가입
하겠다는 사람은 보험회사로 봐서 불량 고객이 대부분을 차지한다.

레몬 법

미국에는 레몬시장과 관련된 소비자 보호법이 제정되어 시행중이다. 레
몬 법lemon laws이라 하는 이 법률은 자동차나 전자제품을 구입하는 소비자
들을 불량품에서 보호하기 위해 제정되었다. 이 법에 의하면, 자동차를 구
입한 후 보증기간 동안 일정 횟수 이상 수리를 받게 되면 교환이나 환불이
가능하다. 미국에는 1975년에 연방 레몬 법이 제정되었고, 주마다 레몬 법
이 별도로 시행되고 있다. 이 레몬 법은 전자제품 구입자에게도 적용된다.

순 임금 독 장사

아파트 분양 원가

우리나라에서 인심 좋게 받아주는 거짓말 셋이 있는데, 그중 하나가 장사꾼이 "밑지고 판다"라는 말이다. 물론 그 말은 아무도 믿지 않는다. 장사가 밑지고 팔지는 않는다. 그런데도 홍정 끝에 장사꾼이 '밑지고 팔았다'고 살짝 울상을 지으며 판 물건을 사 들고 오면 어쩐지 정말 싸게 산 느낌이 드는 것은 사실이다. 그래서 홍정하는 맛으로 시장에 간다는 말이 있을 정도다.

아파트 분양 원가

한때 아파트 분양 원가를 공개해야 하는지에 대해서 찬반 논쟁이 뜨겁게 진행되었다. 시민단체와 입주자들은 찬성 쪽이었다. 이들은 아파트 분양 원가가 적정 공사비보다 과다하게 책정되는 경향이 있으므로 분양 원가를 공개해 아파트 가격의 거품을 빼야 한다고 주장했다. 한참 전에 정주영 씨가 아파트를 반값에 공급하겠다는 대선 공약을 걸었고, 그 뒤로도 대선 때마다 반값 아파트라는 말이 나오는 것을 보면 우리나라의 아파트 가격이 원가에 비해 비싼 것은 사실인 모양이다.

하지만 주택건설업계를 비롯한 재계와 정부는 아파트 분양 원가 공개에 반대 입장이었다. 그들은 분양 원가 공개란 기업 경영의 자율성을 침해하는 것이며, 주택 공급을 축소시켜 장기적으로 오히려 주택가격 상승을 초래할 것이라고 주장했다. 하지만, 분양 원가 공개 반대의 진짜 이유는 이익이 많이 나는 것을 감추고 싶어서라는 것을 누구나 짐작할 수 있다.

성한 독 사시오!

장사는 항상 감추어야 할 무엇이 있는 모양이다. 순 임금 독 장사 이야기를 들어보면 레몬시장이란 어제 오늘의 일이 아니라는 것을 알 수 있다.

중국의 순 임금이 세상 물정을 알기 위해 독장수로 꾸미고 거리로 나갔다. 독이란 항아리를 말한다. 깨진 독을 지고서 처음에는 "깨진 독 사시오!" 하고 사실대로 외쳤다. 아무도 사는 사람이 없었다. 다음에는 깨진 독을 지고도 거짓으로 "성한 독 사시오!" 하고 외쳤다. 이번에는 사람들이 독을 사갔다. 이러한 이야기로부터 장사하는 사람이 거짓말을 할 수밖에 없다는 뜻으로 "순 임금 독 장사"라는 말이 나왔다.

중국에는 순 임금 독 장사, 미국에는 레몬시장, 우리나라에는 빛 좋은 개살구……. 장사 원리는 모두 같은가 보다.

마방집이 망하려면 당나귀만 들어온다

역선택

이익이 되는 사람은 오지 않고 반갑지 않은 사람만 찾아온다는 뜻으로 "마방집이 망하려면 당나귀만 들어온다."라는 속담이 있다. 마방^{馬房}집이란 말을 재우고 먹이고 하는 것을 업으로 하는 집을 말한다. 굳이 요즈음 식으로 말한다면 말 여관이다. 이 마방집에서 말은 환영받는 손님이요, 당나귀는 환영받지 못하는 손님이라고 한다. 말은 풀을 뜯어 말린 꼴이든 쇠죽이든 아무 먹이나 잘 먹어서 좋은 손님이다. 그러나 당나귀는 식성이 까다로워서 당근 등 비싼 먹이만 먹는다. 이런 당나귀만 손님으로 들어온다면 마방집 주인으로서는 난처할 일이다.

벽오동 심은 뜻은

1970년대에 나온 가요 중에 다음과 같은 가사가 있다.

벽오동碧梧桐 심어놓고 봉황 깃들기를 기다리지만 봉황은 오지 않는다는 노래이다. 사업을 하다보면 나에게 득이 되는 상대방도 있고, 손해가 되는 상대방도 있다. 그런데 나는 상대방이 내게 유리한 손님인 말馬인지, 아니면 불리한 손님인 당나귀인지 잘 알지 못하는 경우가 있다. 정보가 부족한 것이다. 더구나 상대방은 자기에게 유리한 정보는 보이고, 불리한 정보는 감추려 한다. 이처럼 정보가 불리한 상황에서는 손해 보는 거래를 하기 쉽다.

역선택

거래 상대방에 대한 정보가 부족할 때, 바람직하지 않은 상대방과 거래하게 되는 현상을 역선택逆選擇이라고 한다. 돈 갚을 능력이 없는 사람이 은행에 와서 사업이 잘 되는 것처럼 말하면서 대출을 요구하거나, 보험금 탈 가능성이 높은 사람만 보험에 가입하겠다고 보험회사에 찾아오거나, 질 나쁜 상품을 가진 납품자가 질 좋은 상품인 양 숨기고 도매점에 납품하겠다고 하는 경우 정보를 모르면 역선택을 당하는 것이다.

어떤 시장에서 역선택이 계속되면 시장이 문을 닫게 되기 때문에 정보 없는 사람은 물론 정보를 가진 사람도 결국 손해를 보게 된다. 즉 시장에 역선택이 발생하면 시장실패가 일어나고 국가 사회적으로 손실이 발생한다. 이에 따라 시장 참가자는 물론이고, 정부도 시장의 역선택을 줄이려고 노력한다.

역선택 대책

　역선택 대책의 원칙은 정보를 가진 측에서 자신의 우량성을 알리는 것이다. 우량성을 알리는 방법으로는 전문 중개사제도, 신용 유지, 품질보증제도 등이 있다.

　전문 중개사제도란 구입자가 상품의 내용을 잘 알 수 없거나 전문성이 요구되는 거래에 전문 중개사가 개입하여 거래를 돕는 제도를 말한다. 전문 중개사로는 감정평가사, 변리사, 보험사정인 등이 있다. 신용 유지란 사업자가 우량이라는 신용을 유지하고 그 우량이라는 신호를 시장에 보내는 것을 말한다. 예를 들어 중고자동차시장에서 불량차를 비싼 가격으로 팔아 일시적으로 많은 이익을 올리기보다는 신용을 바탕으로 고객을 확보하여 장기적인 이익을 추구하는 전략이 신용 유지의 방법이다. 품질보증제도는 정보 있는 자에게는 품질의 우수성을 알릴 수 있는 기회를 주고, 정보 없는 자에게는 품질에 대한 신뢰를 주어 시장의 불확실성을 없애주는 구실을 한다. 생명보험 가입자에게 건강진단서를 제출하게 하는 것, 보석감정서 등이 품질보증 장치이다.

　그 외에 정부가 시장에 개입하여 허위 또는 과장광고를 규제하거나 기업의 분식회계를 막는 제도를 마련하는 방법도 있다.

비슷한 속담

✔ 어장이 안 되려면 해파리만 끓는다.

✔ 여각(旅閣)이 망하려면 당나귀만 든다.

✔ 마판이 안 되려면 당나귀 새끼만 모여 든다.

■

앉아 주고 서서 받는다

도덕적 해이

이 속담은 돈을 꾸어 주고 그것을 다시 받기가 매우 어렵다는 것을 말하고 있다. 일단 돈을 꾸어주고 나면 그 다음부터는 받아야 할 사람이 저자세가 되는 것이 세상사이다. 그래서 속담은 "앉아서 주지만 받을 때는 서서 받는" 것이라고 말하고 있다. 화장실에 들어갈 때 마음과 나올 때 마음이 다른 것이다.

도덕적 해이

화재보험에 대해 생각해보자. 실제 화재발생의 가능성은 가입자의 개인별 조심성과도 어느 정도 관계가 있다. 만약 화재로 인한 손실에 대해 완전히 보장이 된다면 가입자가 보험 가입 전만큼 여전히 조심을 할 것인가. 아무래도 조심성이 떨어질 것이다. 화재가 발생하더라도 보험회사가 손실을 보상해 주기 때문이다.

"보험에 가입했는데 뭐!"

이런 생각이 의식적이든 무의식적이든 가입자에게 들게 마련이다. 그렇게 되면, 보험 가입자의 가입 전 화재발생률보다 가입 후 화재발생률이 더 높아져 보험회사는 손실을 보게 될 것이다. 보험에 가입한 뒤 가입 이전보다 사고예방을 위해 최선의 노력을 기울이지 않는 성향을 도덕적 해이道德的 解弛라고 한다. 요즈음은 영어 그대로 모럴 해저드moral hazard라고도 말한다.

도덕적 해이는 은행에서 대출받은 사람에게도 나타난다. 생산시설 자금으로 대출받아다가 그 돈을 고급 승용차 구입에 사용한다든가, 이 핑계 저 핑계로 이자 갚는 일을 게을리 하는 것도 도덕적 해이의 일종이다.

순결보험 이야기

1960년대 중반에 이탈리아의 보험회사들이 순결보험 상품을 내놓았다. 순결보험이란 유학 보낸 딸의 처녀성에 문제가 생길 경우 부모에게 보상해 주는 보험이었다. 외국에 나가 있는 딸을 둔 부모로서는 반색해 마지않을 기발한 상품이다. 그러나 몇 년 안 되어 보험회사들이 엄청난 손실을 입고 순결보험 상품을 없애버렸다. 순결보험에 가입한 여자는 가입하지 않은 여자에 비해 믿는 구석이 있어 방종해지고 정조관념이 약해진다. 이것이 이른바 도덕적 해이이다. 도덕적 해이 때문에 보험회사는 예상하는 수준 이상으로 보험 청구 건수가 늘어나서 손실을 보게 마련이다. 손실을 매우기 위해 보험회사가 보험료를 올리면 또 다른 문제가 생긴다. 상대적으로 정숙한 딸을 둔 부모는 보험을 들지 않고, 방종한 딸을 둔 부모만 보험에 가입한다. 보험금을 탈 가능성이 큰 사람들만 보험에 가입하는 역선택이 생긴다. 이 역선택 때문에 보험료를 계속 올려도 보험회사의 손실이 메워지지 않는다. 보험회사는 순결보험을 없앨 수밖에 없었다. *

---

* 안국신, 〈한국경제신문〉, 2003. 7. 22.(발췌)

이 글은 도덕적 해이를 실감나게 설명하고 있다. 도덕적 해이는 거래 당사자에게 손해를 끼치는 것은 물론이고, 시장실패를 초래하여 사회적비용을 발생시킨다. 이에 따라 보험회사 등 거래 당사자는 물론이고, 정부에서도 도덕적 해이를 줄이려는 노력을 하고 있다.

도덕적 해이 대책

도덕적 해이 대책으로는 부분보험제도, 기초공제제도, 성과급제도가 있다. 부분보험제도란 보험사고 때 손해액의 전부가 아니라 일정한 비율만 보상하는 것이다. 손실의 일정 금액을 본인에게 부담시키면 가입자는 주의를 더 기울이게 된다. 사고에 따라 다음 해의 보험료율을 올리는 제도도 도덕적 해이를 감소시킨다. 기초공제제도는 손실액 중 일정액 이하는 본인이 부담하고 일정액을 초과한 부분만 보험회사에서 부담하는 방식이다. 이 경우 가입자는 작은 사고라도 줄이려는 노력을 하게 된다. 성과급제도는 주인−대리인 문제의 발생을 줄일 수 있다. 임금을 성과급으로 주면 작업에 더 성실하게 임할 것이다. 이를 응용한 제도가 각종 인센티브제도이다.

> **비슷한 속담**
>
> ✔ 앉아 준 돈 서서도 못 받는다.
>
> ✔ 뒷간 갈 적 마음 다르고 올 적 마음 다르다.

대마불사

경제개발 시기에 우리나라에는 대마불사 大馬不死라는 말이 유행했다. 원래 대마불사라는 말은 바둑을 둘 때 큰 말 大馬은 좀처럼 죽지 않는다는 뜻으로 사용되었다. 바둑판에서 쓰이는 이 말이 대기업이나 은행과 관계된 말로 사용된 것이다. 은행이나 대기업은 좀처럼 파산하지 않는다는 뜻으로…….

대마불사

대마불사는 처음에 은행과 관련해서 사용되었다. 은행은 개인뿐만 아니라 많은 기업과 거래를 한다. 만약 은행이 파산한다면 금융시장이 마비되고 기업들의 연쇄도산이 일어나는 등 국가경제에 미치는 파급효과가 매우 크다. 따라서 은행은 쉽사리 파산하지도 않거니와 파산시켜서도 안 된다. 만약 은행이 파산 위기에 몰리면 정부가 나서서 막아주었다. 여기서 은행불사 銀行不死라는 말이 나왔다. 그런 점에서는 대기업도 마찬가지다. 대기업이 부도나면 해당 기업에 근무하는 사람들이 실업에 내몰릴 뿐만 아니라 하청기업들의 연쇄부도 등 커다란 파급효과를 불러온다. 그래서 정부는 대기업의 부도도 가능하면 막아주려고 한다. 은행과 대기업은 망하기엔 너무 큰too big to fail 것이다. 즉 대마불사다.

백 냥 빌리고 큰 소리

대마불사의 논리를 들어 은행이나 대기업을 정부가 보호한다면 어떤 현상이 나타날까. 아마 기업은 내실 있는 경영보다는 외형 키우기에 주력할 것이다. 예를 들어 어떤 기업이 부실경영으로 부채가 쌓이고 부도 위기에 몰리고 있다고 하자. 경영자는 경영을 개선하려는 노력은 하지 않고, 여기저기 은행에서 돈을 끌어들여 기업의 덩치를 키워놓고 "이 큰 기업이 망하면 나라도 손해니 살려내라."고 할 수 있다. 경영 잘못으로 대기업이 부도 위기에 몰릴 경우에 정부가 공적자금을 투입해서 기업을 회생시켜준다면 경영자는 도덕적 해이에 빠지기 쉽다. '한 냥 빌린 놈은 오그리고 자는데, 백 냥 빌린 놈은 펴고 자는' 세상이 되기 쉬운 것이다. 즉 한 냥 빌린 사람은 돈 갚을 걱정에 잠 못 이루는데, 백 냥 빌린 사람은 자기가 안 갚으면 당신이 손해라면서 배짱을 부릴 수 있다.

카이사르의 배짱

로마의 율리우스 카이사르Julius Caesar는 담보도 없이 빚을 많이 얻어 쓴 사람으로 유명하다. 그는 권좌에 오르기 전부터 거액의 빚을 지고 있었다고 한다. 애초에는 권력도 없었던 그가 어떻게 많은 빚을 질 수 있었는가. 그것은 빚을 많이 진 사람일수록 빚을 얻기가 더 쉬운 것이라는 역설에서 가능하다. 빚이라는 것이 소액일 때는 채권자가 강자이지만, 액수가 늘어나면 이 관계는 역전되어 채무자가 강자가 된다. 빚을 많이 지게 되면 보증을 얻는 것과 마찬가지가 되는 것인즉, 채권자는 채무자가 파산하지 않도록 계속 지원하게 되는 것이다.

에스파냐 총독에 임명되어 부임하러 가는 카이사르를 빚쟁이들이 발목을 잡고 막아섰을 때, 보증을 서주어 부임지로 떠날 수 있게 해 준 사람은 다름이 아니라 최대의 채권자인 크라수스였다고 한다. 이렇게 카이사르는 빚을 얻어 부하들에게 보너스를 주거나 도로 보수, 그리고 포로 로마노 건설 등 대중적 지지를 얻는 일에 주로 사용하면서 지지 기반을 확충하여 나갔다. 그리고는 마침내 로마 최고의 권력자가 되었다.

빚 많이 끌어다 쓰면 최고 권력자도 되고 재벌도 되는 세상이니, 겨우 한 냥 빌리고서 발 뻗고 잠들지 못하는 서민만 늘 불쌍하다.

비슷한 속담

✔ 애기 밴 나를 어쩌랴.

✔ 겨 먹은 개는 들켜도 쌀 먹은 개는 안 들킨다.

✔ 묵은 빚은 본전만 주어도 좋아한다.

주인 하나가 놉 아홉 못 한다

주인-대리인 문제

농촌에서 품삯을 받고 일하는 사람을 '놉'이라고 한다. 시골에서 일손이 모자라는 농번기에는 서로 품앗이를 하거나 놉을 부리기도 했다. 그런데 놉으로 온 사람은 자기 일이 아니기 때문에 아무래도 일에 정성을 들이지 않는 것이 보통이었다. 그래서 "주인 하나가 놉 아홉 못 한다."라는 속담이 나왔다. 이 속담은 남에게 일을 시키면 주인만큼 성실하게 일하려 하지 않는 세태를 꼬집고 있다.

주인과 대리인

항공사가 가장 반기는 고객은 회사 일로 해외 출장 가는 사람이다. 회사 일로 출장 가는 사람은 굳이 할인 티켓을 구하려 하지 않는다. 그들은 대개 등급 높은 좌석이나 마일리지 서비스가 좋은 티켓을 원한다. 항공료를 회사가 지급해 주기 때문이다. 그러나 사원을 출장 보내는 회사의 입장은 그렇지 않다. 회사는 그 사원이 값싼 좌석이나 할인 혜택이 있는 티켓 구하기를 원한다.

경제학에서는 주인과 놉, 회사와 사원의 관계를 '주인-대리인 主人-代理人 관계'라고 한다. 주인이란 계약 관계에서 어떤 일을 위임하는 사람을 말하고, 대리인이란 위임받는 사람을 말한다. 이들 주인-대리인 사이에는 도덕적 해이 현상이 나타날 수 있다. 예를 들어 어느 편의점 주인이 점원에게 일을 맡기고 있다고 하자. 주인은 이 편의점에서 이익이 많이 나오기를 바란다. 그러나 점원은 편히 근무하고 싶어 한다. 그렇다고 주인이 점원을 하루 종일 감시할 수는 없다. 점원은 자기 근무에 대한 정보를 가지고 있으나 주인은 그 정보를 알지 못한다. 즉 비대칭적 정보 상황이 된다. 이러한 상황에서는 점원이 근무를 소홀히 하기 쉽다.

주인 – 대리인 문제

정보를 가진 대리인이 정보를 가지지 못한 주인에게 바람직하지 못한 행동을 하는 도덕적 해이 현상을 주인-대리인 문제라고 한다. 주인-대리인 문제는 주인과 대리인 간에 이해관계가 다르고, 주인의 단순한 관찰로는 대리인이 위임받은 일을 얼마나 성실히 수행하는지 알 수 없다는 것을 양쪽 모두가 알고 있을 때 발생한다.

주인-대리인 문제 발생을 막기 위한 대책으로는 소유권 이전, 성과급 지급 등이 있다.

소유권 이전이란 주인이 대리인에게 기업의 일부를 판매하는 것을 말한다. 종업원은 이제 일부나마 주인이 된다. 따라서 주인에게 손해를 끼치는 도덕적 해이의 모습은 다소라도 감소한다. 성과급이란 보수를 경영의 성과, 즉 이윤의 크기에 비례해 지급하도록 하는 일종의 인센티브 제도이다. 사원들은 자신의 이익을 극대화시키기 위해 기업이 이윤을 많이 내도록 행동할 것이다. 이는 기업의 소유주인 주주의 목표와 합치되므로 주인-대리인 문제를 상당히 해소할 수 있다. 근로자에게 해당 기업에 근무할 만한 유인을 주기 위한 높은 효율임금도 성과급의 일종이다. 높은 임금은 근로자의 이직률을 낮출 수 있고, 불성실한 근무를 방지할 수 있다. 효율임금을 받는 근로자는 불성실하게 근무하다가 해직이 되면 다른 직장에서 더 낮은 임금을 감수해야 하므로 더 열심히 일한다.

비슷한 속담

✔ 고양이에 생선가게.

✔ 김매는 데 주인이 아흔 아홉 몫 맨다.

16

거시경제학

미국 사우스 다코다 주 러시모어 산에는 네 명의 큰 바위 얼굴 조각이 있다. 네 사람은 미국의 역대 대통령인 조지 워싱턴, 토머스 제퍼슨, 아브라함 링컨, 시어도어 루스벨트이다. 이들은 각각 미국의 건국, 성장, 보존, 발전을 상징한다고 한다. 이중 미국을 '발전'시킨 대통령에 해당하는 루스벨트 T. Roosevelt는 대공황을 극복하고 제2차 세계대전을 연합국의 승리로 이끌면서 미국을 세계의 중심 무대로 끌어올렸다. 루스벨트는 미국에서 유일하게 네 번이나 대통령에 당선된 사람으로도 유명하다.

세계경제대공황

루스벨트가 대통령에 당선되었을 때 미국은 대공황에 시달리고 있었다. 공황이란 만든 물건이 팔리지 않고 경제가 침체하는 것을 말한다. 특히 공황이 대규모로 일어나 심각한 상황을 대공황이라고 한다.

대공황 이전, 경제학계는 고전학파 古典學派가 주류를 이루고 있었다. 고전학파는 '경제란 그대로 두어도 자연스럽게 조화를 이룬다'고 생각한다. 이러한 고전학파 경제학자들의 생각을 대변하는 것이 세이J. B. Say의 법칙 "공급은 스스로 수요를 창출한다."이다. 고전학파 경제학자들은 공급이 스스로 수요를 창출하기 때문에 수요·공급은 저절로 균형을 이룬다고 생각했다. 사람들이 생산자인 동시에 소비자이고, 생산을 통해 벌어들인 소득은 다른 상품 구입에 쓰이기 때문에 생산과 소비는 항상 맞아 떨어진다는 것이다.

그렇지만 1930년대에 맞은 세계경제대공황은 고전학파 경제학자들의 설명과는 너무나 달랐다. '세이의 법칙'이 통하지 않는 현상이 발생한 것이다. 만든 물건이 팔리지 않아 공장은 문을 닫고, 실업자는 거리에 넘치고 있었다. 수요·공급이 보이지 않는 손에 의해 조정되어 저절로 균형을 이룬다고 보기가 어려웠다.

유효수요이론의 등장

이때 정부에는 루스벨트가, 학계에는 케인즈J. M. Keynes가 등장했다. 케인즈는 국민총생산이 총수요의 크기만큼 이루어진다고 생각했다. 이 총수요는 실제로 구매력이 있는 유효수요를 말하며, 이러한 생각을 케인즈의 유효수요이론 有效需要理論이라고 한다. 케인즈에 의하면 유효수요, 즉 총수요는 민간의 소비수요, 기업의 투자수요, 정부의 재정지출수요, 그리고 해외에의 수출수요의 합으로 이루어진다.

총수요 = 민간 소비수요+투자수요+정부 재정지출수요+수출수요*

---

* 이 식을 기호로 나타내면 Y=C+G+I+(X−M)이다. 식에서 Y는 총수요, C는 소비수요, G는 정부재정지출수요, I는 투자 수요, X는 수출, M은 수입을 의미한다.

이 식을 보면 오른쪽 네 개 항 모두가 생산물을 '구입해 주는' 수요임을 알 수 있다. 국민소득은 총수요만큼 결정되기 때문에 이 식을 소득창출방정식이라 부른다. 즉 "우는 아이에게 젖을 먹인다."는 것이다. 이와 같은 생각에 근거해서, 케인즈는 대규모의 경기침체를 해결하기 위해서는 정부가 재정지출을 늘리거나 조세를 감면해 주는 등 수요를 증가시키는 정책을 사용해야 한다고 주장했다. 이러한 케인즈의 주장을 유효수요이론이라고 한다. 루스벨트가 시행한 뉴딜 New Deal 정책은 자유방임주의를 포기하고 정부가 재정지출 등을 통해 경제를 통제함과 동시에 '수요'를 증대시켜 공황을 극복하자는 것이었다.

올림픽과 경제

일반적으로 올림픽을 개최한 나라는 개최 때까지 고속성장을 지속하다가 올림픽이 끝나면 하락을 겪는다. 홍콩상하이은행의 보고서에 의하면, 1964년 이래 올림픽 개최국들의 평균 경제성장률은 개막 2~3년 전에는 세계 평균을 능가했다. 개막 전에는 올림픽 준비가 한창인 때다. 이 시기에 경제성장이 세계 평균을 능가한 것은 경기장과 부대시설이 건설되었기 때문이다. 일본은 도쿄올림픽 당시 높은 성장률을 기록하고 있었고, 우리나라도 서울올림픽 덕분에 두 자릿수의 고도성장을 이룩하고 있었다. 그러나 올림픽을 개최한 이듬해에는 두 나라 모두 전보다 못한 성장률을 기록했다. 두 나라뿐 아니라 전체 개최국이 올림픽이 끝난 뒤 경기하락을 경험하였다. 이를 보면 세계 각국이 올림픽이나 월드컵 유치에 열을 올리는 이유를 알 수 있을 것 같다.

밑 빠진 독에 물 붓기다

유동성함정이론

영화 〈달마야 놀자〉의 한 장면을 보자. 조폭 팀과 스님 팀에게 과제가 주어진다. 정해진 시간 내에 밑 빠진 독에 물을 부어 가득 채우라는 것이다. 양 팀이 아무리 물을 가져다 부어도 독에 물은 차지 않는다. 그야말로 "밑 빠진 독에 물 붓기"이다. 그러다가 한 명이 밑 빠진 독을 들고 연못으로 뛰어든다. 물론 독에는 물이 가득 들어찬다. 영화에서는 다행히 좋은 아이디어가 있어서 밑 빠진 독에 물을 가득 채웠지만, 어떤 독의 바닥에 큰 구멍이 있어서 물이 샌다면 아무리 물을 부어도 소용이 없을 것이다.

화폐의 수요

케인즈는 정부가 화폐를 공급해도 경제가 움직이지 않는 때가 있다고 주장하고, 그 경우를 유동성함정이라고 불렀다. 앞에서 설명했듯이 유동성이란 금융자산을 얼마나 쉽게 현금화할 수 있는가의 정도를 말하며, 유동성이 가장 큰 것은 화폐다. 유동성함정이란 화폐가 함정에 빠졌다는 말이 된다.

어떤 경우에 화폐가 함정에 빠지는가. 케인즈는 사람들이 유동성을 확보하기 위해 화폐를 수요한다고 생각했다. 그래서 케인즈의 화폐수요이론을 유동성선호이론이라고 한다. '화폐수요'란 수중에 간직하고 싶어 하는 현금의 양을 말한다. 케인즈는 화폐 보유의 동기를 거래적 동기, 예비적 동기, 투기적 동기의 세 가지로 보았다. 이 중에 거래적 동기와 예비적 동기의 화폐수요는 소득이 많을수록 그 수요가 크다. 우리의 관심사는 세 번째 동기다.

투기적 동기

화폐수요의 세 번째 동기, 즉 투기적 동기란 채권 살 기회를 포착하기 위해서 돈을 가지고 있는 것을 말한다. 사람들은 이자수입을 얻거나 매매차익을 얻기 위해 채권을 구입한다. 현재 이자율이 높으면 이자율과 채권가격은 서로 역의 관계이기 때문에 채권가격은 낮을 것이다. 이 경우, 언젠가는 이자율이 떨어질 것이고 채권 가격은 오를 것이다. 그렇다면 채권을 구입하는 것이 좋다. 채권을 구입한다는 것은 화폐수요가 없다는 말이다. 이자율이 낮고, 채권가격은 높다고 하자. 언젠가는 이자율이 오르고 채권가격은 떨어질 것이다. 그렇다면 채권을 사지 않고 현금을 수중에 간직하는 것이 나을 것이다. 즉 화폐수요가 있다.

유동성함정

만약에 이자율이 매우 낮다면 채권가격은 매우 높을 것이고, 그 경우에 채권을 산다면 앞으로 채권가격이 많이 떨어질 것이기 때문에 손해를 많이 보게 된다. 그래서 이자율이 매우 낮다면 아무도 채권을 사려하지 않는다.

이 경우에 정부가 통화를 공급한다면 그 돈은 모두 사람들의 지갑 속으로 사라진다. 이 같은 경우를 화폐수요가 무한대라고 한다. 화폐수요가 무한대인 경우, 정부 입장에서 보면 돈을 푸는 족족 함정에 빠진 것처럼 어디론가 사라져버린다. 즉 유동성이 함정에 빠지는 사태가 오는 것이다. 이자율이 매우 낮아서 사람들이 채권을 구입하지 않고 현금만 보유하기 때문에 화폐수요가 무한대인 현상을 유동성함정이라고 한다.

케인즈는 유동성함정이 경기침체기에 나타난다고 했다. 유동성함정이 존재하는 경우 통화공급을 증가시켜도 이자율을 하락시키지 못하고 기업의 투자에 영향을 주지 못한다. 즉 유동성함정하에서는 통화정책이 소용없게 된다. 한동안 일본의 경제가 유동성함정에 빠져 있다고 보는 학자도 있었다. 그러나 유동성함정이 실제로 존재하는가에 대해서도 학자 간에 의견이 서로 다르다.

기와 한 장 아끼려다 지붕 내려앉는다

절약의 역설

아끼고 절약하며 산다는 것은 누가 뭐라 해도 미덕이다. 양차대전을 치른 후 독일 국민들이 보인 절약생활은 유명하다. 독일은 그 절약과 근면으로 참혹한 전흔을 털고 다시 일어날 수 있었다. 그런데 절약이 전혀 의도하지 않은 부정적인 결과를 가져올 수도 있다. 케인즈J. M. Keynes는 절약이 해로울 수도 있다고 설명했다. 개인의 입장에서는 절약해서 저축을 늘리는 것이 미덕이지만 사회 전체로는 악덕이 될 수도 있다는 것이다. '기와 한 장 아끼려다 지붕 전체가 썩어 내려앉을' 수 있다.

절약의 역설

케인즈의 설명은 다음과 같다.

모든 사람이 아껴 쓰고 절약해서 저축을 늘린다고 하자. 저축을 늘리면 소비가 감소한다. 소비가 감소하면 생산이 감소하므로 국민소득이 감소한다. 그리고 국민소득이 감소하면 저축도 감소한다. 저축을 늘리면 국민소득을 감소시키고 결과적으로 저축마저 감소시킨다는 것이다. 저축을 늘리면 오히려 저축이 감소하게 되는 이러한 모순을 절약의 역설 逆說이라고 한다. 개인의 입장에서 보면 저축을 늘리는 것이 합리적이지만, 사회 전체의 입장에서는 저축이 총수요를 감소시키고 결과적으로 국민소득의 감소를 초래하여 개인도 소득이 줄어들게 되므로 비합리적이라는 것이다.

소비가 미덕(?)

절약의 역설은 현대에도 그 위력을 발휘할 때가 있다. 현대의 경제불황은 생산부족보다는 주로 소비부족 때문에 발생한다. 우리나라도 2000년대 들어와 계속해서 소비가 살아나지 않기 때문에 경제가 어려웠다. 그래서 신문 지상에 반가운 말투의 "소비가 살아난다"라는 기사가 실리는가 하면, 섭섭한 말투의 "아직도 소비는 얼음장"이라는 기사도 보인다. 이러한 보도는 소비가 미덕이라는 생각을 바탕에 두고 있다. 즉 케인즈의 유효수요이론에 의하면 소비는 미덕에 속한다. 그리고 실제로 소비를 비롯하여 기업의 투자와 정부의 재정지출은 민간부문의 생산활동을 왕성하게 해서 경기를 상승시키는 것으로 알려져 있다.

비슷한 속담

✔ 기와 한 장 아끼려다 대들보 썩힌다.

나무를 보면 숲을 알 수 있다

구성의 오류

어떤 사람은 이렇게 말한다.

"나무를 보면 숲을 알 수 있다."

다른 사람은 이렇게 말한다.

"나무만 보아서는 숲을 알 수 없다."

나무와 숲이 같은가 다른가 문제는 우리 일반인들에게는 그리 심각한 문제는 아니다. 하지만 경제학자들은 이 말에 대해 매우 심각하게 반응한다. 경제학자 중 한 부류는 나무를 보면 숲을 알 수 있다고 하고, 한 부류는 나무만 보아서는 숲을 알 수 없다고 주장한다. 그리고 이 논쟁은 상당히 오랫동안 지속되어 왔다.

구성의 오류

논쟁은 두 부류 경제학자들의 '구성의 오류'에 대한 견해가 다르기 때문에 일어난 것이다. 어떤 원리가 부분적으로는 성립해도 전체적으로는 성립하지 않을 수 있다. 에 따라 발생하는 오류를 구성의 오류라고 한다. 구성의 오류를 인정한다는 것은 부분과 전체는 다르다는 것을 인정한다는 말이다. 반면에 구성의 오류를 인정하지 않는다는 것은 부분에 맞으면 전체에도 그것이 맞는다고 생각한다는 것을 의미한다.

구성의 오류 문제를 쉽게 설명해 주는 것은 "기와 한 장 아끼려다 지붕 내려앉는다."에서 본 절약의 역설이다. 아끼고 절약하며 산다는 것은 미덕이지만 모든 사람이 저축을 늘리면 소비가 감소하여 국민소득이 감소한다. 개인에게는 미덕이요 전체에게는 악덕인 '구성의 오류' 현상이 나타나는 것이다. 즉 나무와 숲은 다를 수 있다.

서로 생각이 다르다

고전학파 경제학자들은 개인이나 개별 기업에 합리적이면 사회 전체에도 합리적이라고 생각했다. 그들은 구성의 오류를 인정하지 않았다. 고전학파 경제학자인 아담 스미스A. Smith는 개인이 자기 이익을 위해 일하면 그것이 모여서 전체의 이익을 증진시키게 된다고 말했다. 이처럼 고전학파 경제학자는 나무와 숲이 서로 같다고 생각한다. 이에 비해 케인즈학파 경제학자는 개별 경제에 들어맞는 이론이 반드시 사회 전체의 경제에도 타당한 이론이 되는 것은 아니라고 주장한다. 그 근거로 설명한 것이 바로 절약의 역설이다. 케인즈와 케인즈학파 경제학자들은 나무와 숲이 서로 다르다고 생각한다.

콩 심은 데 콩 나고 팥 심은 데 팥 난다

보이지 않는 손

자연의 섭리나 경제 원리는 크게 다르지 않다. 경제 원리라고 해서 자연의 섭리를 벗어나서 특별한 어떤 원리가 있는 것이 아니다. 경제에 있어서도 '콩 심은 데 콩 나고, 팥 심은 데 팥 나는' 것이다. 이러한 원리들이 모여서 전체 자연의 질서를 형성한다. 그 질서는 매우 정교해서 누군가 무대 뒤에 숨어서 조정하는 것처럼 보인다.

보이지 않는 손

아담 스미스는 각종 경제 현상이 자연처럼 어떤 '보이지 않는 손invisible hand'에 의해 질서가 형성되고, 스스로 최선의 길을 찾아간다고 생각했다. 아담 스미스가 생각한 보이지 않는 손에 의해 인도되는 경제를 흔히 시장경제라고 부른다. 시장경제에는 수많은 공급자와 수요자가 참여한다. 이들 주체 중 어느 한 주체도 남을 위해 행동하지 않는다. 또 이들 중 어느 주체도 전체를 지휘하거나 감독하지도 않는다. 그들은 오직 자기의 이익을 위해 행동한다. 그런데도 시장경제체제의 결과는 혼란이 아니라 효율이다. 지휘자도 책임자도 없는 자유시장경제가 효율적이라는 것은 역설적으로 보이지만 역사를 통해 시장경제의 효율성이 증명되고 있는 것이다.

저녁식사는 이기심 덕분

우리가 저녁식사를 맛있게 할 수 있는 것은 정육점이나 농부의 자비심이 아니라, 그들이 자신의 이익을 위해 일한 덕분이다. 개인이나 기업이 일하는 것은 사회의 이익을 증진시키기 위해서가 아니다. 그들은 자기가 얼마나 사회의 이익을 증진시키고 있는지 관심도 없고 알지도 못한다. 다만 자기들 스스로의 개인적 이익을 위해 일하거나 사업을 할 뿐이다. 이렇게 하는 가운데 보이지 않는 손의 인도를 받아 자신이 의도하지 않았던 다른 목적도 달성하게 된다. 즉 사리(私利)를 추구하는 가운데 공익(公益)도 저절로 증진된다. 이것이 의도적으로 공익을 증진시키려고 하는 경우보다 오히려 공익을 더 효과적으로 증진시킨다. 자기 자신의 이익 추구는 자연적으로, 아니 필연적으로, 사람들이 사회에 가장 이익이 되는 방식을 취하도록 이끈다.

위 글은 아담 스미스의 저서 『국부론』에 나오는 내용이다. 아담 스미스는 이기적 본능이 이타심 利他心 이나 희생정신 등 인간 심성의 고귀한 측면보다 더 강력하고 지속적으로 경제활동에 동기를 부여한다는 것을 강조했다. 그리고 그러한 동기는 경제체제를 가장 효율적으로 이끌어간다고 보았다.

사람들은 소득이 감소해도 쉽사리 소비를 줄이지 못한다. 우리 속담에 "여름불도 쬐다 말면 서운하다."라는 말이 있듯이 과거의 소비 습관을 버리기 어렵기 때문이다. 그래서 사람들은 '미꾸리 먹고도 용트림하는' 허세를 부리기도 한다. 톱니효과 ratchet effect는 이러한 소비 행태를 설명하는 이론이다.

톱니효과

소비가 현재소득뿐만 아니라 지난날의 최고 소비수준에 의해 영향을 받는 현상을 톱니효과라고 한다. 사람들은 소득이 증가하면 곧바로 지출도 늘린다. 그러나 소득이 감소할 때는 지난 날 쓰던 버릇이 남아 있어서 곧바로 지출을 줄이지 못 한다. 그것은 마치 배드민턴 네트를 조이는 톱니와 같다. 그 톱니는 걸쇠를 걸어놓아 한쪽으로는 돌아가지만 다른 쪽으로는 돌지 않는다. 소득이 증가할 때 소비를 늘릴 수는 있지만, 소득이 감소할 때는 소비를 줄이지 못하는 현상이 이 톱니 돌아가는 것과 같다고 해서 그 소비 행태 行態를 톱니효과라고 부른다.*

소비함수

소비가 어떤 원리에 의해 결정되는가를 설명하는 도구를 소비함수라고 한다. 톱니효과는 소비함수 중 하나이다. 소비함수에는 톱니효과 외에도 여러 가지가 있다.

고전학파는 소비가 이자율의 함수라고 생각했다. 저축은 이자율에 의해 결정되며, 소비는 소득 중에서 저축되지 않은 부분이라는 점에서 이자율이 소비를 결정한다고 믿었던 것이다. 그 후 케인즈는 소비가 가처분소득의 함수라고 주장했다. 소비는 소득의 크기에 의존한다는 것이다. 이를 절대소득가설이라고 한다. 그런데 케인즈의 이 설명은 맞는 면도 있지만 설명하지 못하는 점도 있다. 즉 소비가 다른 사람의 영향을 받을 수 있고, 한번 늘린 소비는 좀처럼 줄일 수 없다는 현실을 잘 설명하지 못한다. 소비행동을 설명하려는 시도는 그 이후에도 계속되었다.

위에 설명한 이론 외의 소비함수로는 상대소득가설, 항상소득가설, 라이프사이클가설, 그리고 유동자산가설 등이 있다. 상대소득가설은 듀젠베리J. S. Duesenberry가 주장했으며, 소비가 상호의존적이고 비가역적 非可逆的이라고 설명했다. 상호의존적이라는 것은 소비에 전시효과가 있다는 말이다. 비가역적이란 되돌릴 수 없다는 의미이며, 소비에 톱니효과가 있다는 말이다. 항상소득가설은 프리드만M. Friedman이 주장했으며, 소비가 항상소득의 함수라고 설명했다. 소비자는 소득이 늘어나도 바로 소비를 증가시키지 않고

---

* 힉스는 소비를 줄이지 못하는 현상을 그림으로 그리면 그 모양이 톱니와 같다고 해서 톱니효과라고 불렀다.

일정기간 소비수준을 일정하게 유지하는 방식으로 소비한다는 것이다. 라이프사이클가설은 모딜리아니 F. Modigliani가 주장했으며, 소비가 평생소득의 함수라고 설명했다. 유동자산가설은 토빈 J. Tobin이 주장했으며, 소비가 현재소득과 축적된 유동자산의 함수라고 설명했다.

소비는 투자와 함께 국민소득을 결정하는 주요한 변수이다. 따라서 소비함수는 국민소득이론 등 거시경제학에서 매우 중요한 역할을 한다.

그늘 밑의 매미 신세

실업

"그늘 밑의 매미"라는 말은 원래 일하지 않고 놀기만 하면서 편안히 지내는 늘어진 신세를 이르는 말이다. 거기에 '신세'라는 말을 붙여서 일하지 않고 놀기만 하는 것을 부정적으로 나타낸 것이 이 속담이다. 즉 실업失業을 뜻한다고 할 수 있다. 실업이란 일할 의사와 능력을 가진 사람이 일자리를 잃거나 일할 기회를 가지지 못하는 상태를 말한다. 실업은 개인에게는 소득원의 상실을 의미하며, 실업자는 생계수단을 잃게 된다. 또 실업은 사회적으로 총생산 감소와 함께 사회적 불안을 야기한다. 이러한 실업과 관계있는 몇 가지 용어를 미리 알아두자.

경제활동인구와 실업

한 나라 전체 인구 중 15세 이상 인구를 생산가능인구라 한다. 15세 이상의 생산가능인구 중 일할 의사와 능력을 가진 사람들을 통틀어 경제활동인구라고 한다. 즉 경제활동인구란 15세 이상 인구 중에서 일할 의사가 없는 학생이나 주부, 일할 능력이 없는 노약자, 환자 등을 뺀 인구를 말한다. 이 경제활동인구는 실업자와 취업자로 구성된다.

실업자란 경제활동인구에서 다음 중 하나에 해당되는 사람이다.

① 매월 15일이 포함된 1주일 동안에 적극적으로 일자리를 구해 보았으나 1시간 이상 일을 하지 못한 사람으로서 즉시 취업이 가능한 사람
② 과거에 구직활동을 계속했으나 일시적인 질병, 일기불순, 구직 결과 대기, 자영업 준비 등 특별한 사유로 조사기간 중에 구직활동을 하지 못한 사람

청년실업

청년실업이란 청년층의 실업 상태를 말한다. 일반적으로 OECD와 UN 등 국제기구에서 적용하는 청년실업은 24세 이하의 경제활동인구를 기준으로 한다. 이에 비해 우리나라는 남성의 군복무를 고려하여 29세 이하의 경제활동인구를 기준으로 한다. 즉 우리나라에서는 경제활동인구 중 29세 이하의 실업을 청년실업이라고 말한다. 청년실업자는 전체 실업자의 40% 이상을 차지할 정도로 우리나라의 실업은 청년에 집중되어 있다. 청년실업이 특히 많은 것은 해마다 청년 구직자는 많이 나오는데 일자리는 그만큼 증가하지 않기 때문이다. 일자리는 일반적으로 경기확장 때 늘어난다. 그러나 국민소득수준이 어느 정도 높은 수준에 달하면 경기확장은 기대하기 어렵게 된다. 또 기계화나 사무자동화 등 고용환경의 변화도 청년들의 일자리를 감소시키고 있다. 선진국으로 이행할수록 새로운 일자리는 예전처럼 증가하지 않는다.

이 없으면 잇몸으로 살지

부가노동자 효과

초보운전을 알리는 표지에는 재미있는 표현이 많다. 그중에는 다음과 같은 여성 운전자의 애교스런 글도 있다.

"밥 해 놓고 나왔음!"

초보라 벌벌 떨며 더디게 운전하는 여성 운전자들에게 남성들이 무심코 내던지는 말이 "집에서 밥이나 할 일이지, 차는 끌고 나와서!"이다. 이 초보운전 표지는 집에서 밥이나 하라는 말을 미리 차단하면서 초보임을 웃음 담아 알리고 있는 것이다. 이 삽화 속에는 여성은 집에 있어야 하는 사람으로 보는 견해가, 물론 전근대적인 생각이지만, 깔려 있다. 그러나 여성이 일거리를 찾아 밖에 나와야 할 상황도 있다.

어린 아이도 한 몫

초여름 모내기 철 한창 바쁠 때는 어린 아이도 한 몫 단단히 한다. 모심을 때 어린 아이가 논둑에 서서 못줄을 잡아주면 그 아이는 어른 한 명 몫의 일을 하는 것이다. 이와 비슷한 현상이 소득 수준이 낮은 가구에서도 일어난다. 가난한 집에서는 어린 아이도 일터에 나가야 한다. 산업혁명 당시 소년노동의 정도는 매우 심각한 수준이었다고 한다. 애초에 영국에서는 지주들이 목장을 만들기 위해 자기 영지에서 소작농을 하고 있는 농민들을 몰아냈다. 인클로저 enclosure 운동이라고 하는 이 울타리치기는 밀농사보다 수지가 맞는 목축업을 하기 위해서였다. 지주들은 소작인들을 무자비하게 몰아냈고, 쫓겨난 소작인들은 도시 근교로 몰려와 저임금 노동자가 되었다. 그리고 이들은 먹을 것을 벌기 위해 어린 아이들을 일터로 몰아넣을 수밖에 없었다. "이 齒 없으면 잇몸이 이 노릇 한다."라는 말이 있듯이 가난한 집 아이들은 일터에 나가 한 푼이라도 벌어야 했다.

부가노동자 효과

농번기에 어린 아이들의 일손이 필요하고, 저소득 가족이 어린 아이까지 일터에 나가게 하는 것과 비슷한 일이 주부노동에서 일어나기도 한다. 즉 주부에게 집에서 밥 하는 일보다 '밥 버는 일'이 더 필요할 때가 있다. 경기 불황으로 가장이 직장을 잃거나, 직장은 잃지 않더라도 가장 혼자만의 소득으로 가족의 생계 꾸리기가 어려울 때는 주부나 자녀가 직장에 나가야 한다. 불경기나 가장의 실직 때 주부나 자녀가 부득이 구직에 나서는 현상을 부가노동자 附加勞動者 효과라고 한다.

부가노동자 효과는 보험모집인 분야에서 많이 나타났다. 통계를 보면 보험모집인의 증가와 감소는 경기와 반대 방향으로 나타난다. 호경기에는 보험모집인의 수가 줄어들고, 불경기에는 보험모집인의 수가 증가하는 것이다. 호경기에는 취업자가 증가하고 불경기에는 감소하는 것이 일반적인데,

보험모집인 분야에서는 이 현상이 거꾸로 나타나는 것이다.

그 이유는 다음과 같다. 경기 후퇴로 노동수요가 감소하면 실업이 증가한다. 어떤 가정의 가구주가 실직하거나 근무시간 단축을 감수해야 하는 상황이 된다 하자. 가족 중 누군가는 소득의 감소를 보충해야 한다. 이에 따라 주부나 취업 연령이 되지 않은 자녀가 할 수 없이 노동시장에 나가게 된다. 이때 주부나 자녀가 할 수 있는 일은 전문직종이 아니며, 학력 등 자격 요구가 까다롭지 않은 직종이다. 보험모집인은 현재 전문화되어가는 추세이기는 하지만, 한동안은 주부가 아무런 자격요건 없이 손쉽게 참여할 수 있는 직종이었다. 이에 따라 보험모집인 직종은 잠재실업 성격의 여성에게 소득보충의 수단이 되었다. 아울러 보험모집인 직종은 다른 직종이나 산업에의 취업 대기 역할을 하기도 했다.

난쟁이 교자꾼

위장실업

TV의 코미디 프로그램 중 '키 컸으면' 코너가 있다. 비교적 작은 키의 출연자가 나와 키가 작아서 겪는 불편이나 에피소드를 통해 키가 컸으면 하는 바람을 담아 같이 웃는 프로그램이다.

키 컸으면

'키 컸으면' 코너에 나오는 키가 작은 출연자가 교자(轎子)꾼이 되었다고 하자. 교자꾼이란 가마를 메는 사람을 말하며, 흔히 교꾼이라고도 한다. 가마를 멜 때는 교자꾼 여러 사람이 동시에 어깨에 얹어서 멘다. 이때 교자꾼들의 키가 비슷해야 힘이 고루 실린다. 그런데 '키 컸으면' 코너에 나오는 출연자처럼 교자꾼 중 한 사람의 키가 유난히 작다면 그는 가마를 메는 데 아무 도움이 되지 못한다. 그 교자꾼은 있어도 그만, 없어도 그만인 사람이다. 그래서 "난쟁이 교자꾼"이라는 속담이 나왔다. 이 사람을 경제 용어로 말하면 생산성이 없는 사람이다.

위장실업

　복지제도가 발달되지 않은 사회에서 직장을 잃은 사람들은 생계유지를 위해 소득수준이 낮은 지위나 직업으로 전락하거나 자급자족적인 생업에 종사하게 된다. 이러한 취업은 생산성이 낮을 수밖에 없다. 생산성이 낮아서 한계생산성이 영(0)이거나 영에 가까운 노동력을 위장실업 僞裝失業이라고 한다. 위장실업자는 겉으로는 취업자처럼 보이지만 생산성이 없기 때문에 있어도 그만이고 없어도 그만인 사람이다.

　위장실업에는 일시적인 위장실업과 구조적인 위장실업이 있다. 일시적 위장실업이란 경기가 침체되어 노동자가 보유하고 있는 기능과 숙련도를 충분히 발휘할 수 있는 직장이 없기 때문에 부득이 노동생산성이 낮은 다른 업무에 종사하는 상태를 말한다. 구조적 위장실업이란 노동의 한계생산성이 영(0)이 될 정도로 많은 노동인구가 취업하고 있어 그 일부를 감축한다 해도 총생산량에는 영향을 주지 않는 상태를 말한다. 구조적 위장실업은 후발 개발도상국의 농촌부문에 특히 많다. 후발국의 경제개발은 대부분 이 위장 실업자의 생산성을 높이는 일에서부터 시작된다.

비슷한 속담

✔ 난쟁이 월천꾼

✔ 월천꾼에 난쟁이 빼기

길에 오르막이 있고 내리막이 있듯이, 인생에도 오르막이 있으면 내리막도 있다. 따라서 잘 풀린다고 너무 좋아하거나 어렵다고 해서 너무 낙심할 것이 없다. 잘 풀릴 때는 역경을 대비해야 할 것이고, 역경 때는 언젠가는 풀리리라는 희망을 가지고 준비하는 것이 인생의 지혜이다. 경제에서도 오르막과 내리막 현상이 일어난다. 흔히 듣는 경기가 좋다느니 나쁘다느니 하는 말은 경제의 오르내림 현상을 말한다.

경기변동

경제에서는 생산이나 소비와 같은 경제활동이 활발한 호경기와, 경제활동이 침체하는 불경기가 번갈아 발생한다. 이 변동 과정을 경기변동 景氣變動이라 한다. 지금까지 인류가 경험한 바에 의하면 경기변동은 대개 일정한 주기를 두고 순환하는 형태로 발생해왔다. 즉 호황과 불황이 되풀이되어왔다. 경기변동은 이처럼 순환하는 형태로 나타나기 때문에 보통 경기순환이라고 한다. 이 경기순환은 특히 시장경제체제를 채택하고 있는 자본주의경제에서 나타나왔으며, 사회주의 경제체제에도 나타난다.

경기순환의 국면

경기순환은 보통 호황, 후퇴, 불황, 회복의 네 가지 단계를 보인다. 이 단계를 경기순환의 국면 局面이라고 한다.

호황 好況이란 전체적인 경제활동이 상승하는 국면을 말한다. 호황기에는 투자와 소비가 증가하고 고용과 소득도 증가한다. 따라서 실업이 감소하고 재고도 감소한다. 호황기에는 물가가 상승하고 기업의 이윤이 증가한다. 기업의 투자가 활발하며 이자율도 높다. 증권시장도 활기를 띤다. 후퇴 後退란 경제활동이 둔화되고, 호경기 때에 확대된 생산 설비 때문에 생산과잉 상태가 부분적으로 발생하는 국면을 말한다. 후퇴기에는 투자, 소비, 고용, 소득 등이 모두 감소하기 시작하고 판매 감소로 기업의 이윤도 줄어든다. 이때 경기가 급격하게 후퇴하는 것을 경착륙이라 하고, 천천히 후퇴하는 것을 연착륙이라고 한다. 불황 不況이란 불경기에 들어서서 경제활동이 침체된 국면을 말한다. 불황기에는 기업의 이윤이 감소하고, 도산하는 기업도 생긴다. 실업이 증가하며, 임금, 이자율, 주가 등이 하락한다. 불황기에는 물가가 하락한다. 회복 回復이란 불경기로부터 벗어나는 국면을 말한다. 회복기에는 경제활동이 다시 활기를 띠기 시작하며, 서서히 수요가 증가하고 생산량이 많아지므로 실업자도 줄어들게 된다.

경기순환의 종류

경기순환은 주기의 길이에 따라 소순환, 주순환 및 장기 순환으로 구분한다. 소순환은 비교적 짧은 주기의 순환이며, 대체로 재고투자의 순환변동 주기에 해당한다. 연구자의 이름을 따서 키친 순환 Kitchin cycle이라고도 한다. 주순환은 평균 8년 정도의 주기를 가진 순환이며, 생산활동과 관계가 밀접한 자본재의 수명과 관계가 있는 것으로 알려져 있다. 주로 설비투자의 순환으로 발생한다는 것이다. 연구자의 이름을 따서 쥬글러 순환 Juglar cycle이라고도 한다. 일반적으로 경기순환은 대개 이 주순환을 말한다. 장기 순환으로는 건축 순환과 콘트라티에프 순환이 있다. 건축순환은 약 20년 정도의 주기를 가지는 순환을 말하는데, 쿠즈네츠에 의해 연구된 이래 쿠즈네츠 순환 Kuznets cycle이라고도 불린다. 콘트라티에프 순환은 매우 긴 주기, 약 50년 정도의 순환이다. 기술혁신이나 신자원의 개발과 관련하여 나타난다.

비슷한 속담

✔ 태산을 넘으면 평지를 본다.

✔ 양지가 있으면 음지가 있기 마련이다.

✔ 부자 삼대 못 가고 가난 삼대 안 간다.

얼어 죽고 데어 죽는다

스태그플레이션

차가운 고통과 뜨거운 고통이 겹친 것을 "얼어 죽고 데어 죽는다."라고 한다. 또 좋지 않은 일이 연이어 일어나는 것을 "엎친 데 덮친 격"이라고 한다. 설상가상雪上加霜이라는 말도 같은 뜻이다. 눈雪이 와서 추운데, 서리霜까지 내렸으니 오죽 춥겠느냐는 것이다. 비슷한 일이 경제에서 일어나 반갑지 않은 일이 겹치는 경우가 있으니 스태그플레이션이다.

스태그플레이션

스태그플레이션 stagflation은 인플레이션 inflation과 경기침체를 뜻하는 위축 stagnation이 합쳐져서 만들어진 단어이다. 스태그플레이션이란 경기침체 중에 물가가 오르는 상황을 말한다.

앞의 속담 "오르막이 있으면 내리막이 있다."에서 본 것처럼, 경기침체 시기인 불황기에는 대개 물가가 하락하기 때문에 인플레이션은 발생하지 않는다. 인플레이션은 주로 호황기에 발생한다. 원래 호황기나 불황기에는 경제의 장단점이 각각 동시에 발생한다. 즉 호황기에는 경기가 좋다는 장점이 있지만 인플레이션이 발생하는 단점이 있고, 불황기에는 경기침체라는 단점이 있지만 그래도 물가가 하락한다는 장점이 있다. 그런데 특이하게 경기침체 상황에서 물가가 오르는, 그야말로 좋지 않은 상황이 겹쳐서 발생하는 것이 스태그플레이션이다. 스태그플레이션은 일반적인 경기순환 모습을 벗어난, 그것도 안 좋은 쪽으로만 벗어난 경우이다. 즉 '얼어 죽고 데어 죽는' 상황이 벌어진 것이다.

세계적인 스태그플레이션 현상은 1973년 석유파동이 일어나면서 발생했다. 국제 원유가가 오르자 생산비가 급등하면서 세계경제는 불황 속에 빠졌고, 그러면서도 고유가로 인해 인플레이션이 발생한 것이다. 이것은 주로 호황기에 인플레이션이 발생하던 그동안의 전통적인 모습을 벗어난 것이었다. 1970년대 이전까지는 인플레이션이 발생하면 호황이라는 장점이 있었고, 불황이 닥치면 물가안정이라는 장점이 있었다. 따라서 정부가 어느 쪽을 택하고 어느 쪽을 희생시키느냐 의사결정을 하면 인플레이션이나 경기침체 한 쪽은 어느 정도 해결할 수 있었다. 그러나 단점만 겹쳐서 발생한 스태그플레이션 상황에서는 경제정책의 시행이 더 어려워졌다.

참고로, 최근에는 애그플레이션이라는 말이 등장하고 있다. 애그플레이션agflation은 농업agriculture과 인플레이션inflation의 합성어이다. 애그플레이션이란 세계적인 기후 변화 속에, 식량 소비 증가와 대체에너지 수요 증가로 곡물가격이 급등하고, 그로 인해 인플레이션이 발생하는 현상을 말한다. 앞으로 지구 온난화 현상이 계속되면서 기후 변화가 더욱 심해지면 그에 따라 농산물의 생산량도 변화가 클 것이다. 애그플레이션 현상이 자주 나타날 것이라고 짐작할 수 있다.

17

경제정책

언 발에 오줌 누기

언 발을 녹이려고 오줌을 누면 잠시 동안은 언 것이 녹을지 모르지만, 나중에는 그 오줌까지 얼어붙게 되어 상황은 더 나빠진다. 이 속담은 잠시 동안만 효과가 있을 뿐, 곧 효력이 없어지고 마침내 더 나쁘게 될 어리석은 일을 하는 것을 말한다. 정부가 경제에 간섭하는 것이 옳은가, 아닌가 하는 논쟁은 "언 발에 오줌 누기"냐 아니냐의 문제와 비슷하다.

재량적 경제정책

케인즈는 경제가 불황에 빠질 경우 정부가 유효수요 증대를 위해 경제에 개입해야 한다고 주장했다. 그러한 케인즈의 주장에 대해 고전학파 계통의 학자들은 그 개입이 "언 발에 오줌 누기"라고 주장했다. 경제정책에 준칙 準則을 정하지 않고 정부가 자유재량으로 정책을 펴면 일시적인 효과는 얻을 수 있지만 결국 더 나빠지게 된다는 것이다. 어떤 준칙 없이 정부가 자유재량으로 펴는 경제정책을 재량정책 裁量政策이라고 한다.

케인즈학파와 통화주의자

케인즈의 주장이 옳다고 생각하는 경제학자들을 케인지언 또는 케인즈학
파라고 한다. 이에 비해 고전학파의 생각을 이어받은 통화를 중시하는 경제
학자들을 통화주의자 通貨主義者라고 한다. 통화주의자는 고전학파에 뿌리를
두고 있으며, 정부가 경제에 간섭할 것이 아니라 보이지 않는 손이나 준칙
에 맡기자는 생각을 하는 학자들이다.

경제가 불황에 빠져 생산은 감소하고 실업이 증가한다고 하자. 케인즈학
파는 확대재정정책을 통해서 불황을 극복하라고 주장한다. 정부가 재정지출
을 확대하면 생산물시장에서 총수요를 증가시키고, 총수요가 증가하면 생산
이 증가하면서 실업이 감소하고 국민소득이 증가한다는 것이다. 그러나 통
화주의자의 생각은 다르다. 정부가 재정지출을 확대하면 국민소득은 증가하
지만 결국 인플레이션이 발생하고, 그 인플레이션은 국민소득 증가를 아무
소용없게 만든다는 것이다. 통화주의자는 확대재정정책이 구축효과 驅逐效果
를 일으켜 정책을 무력화시킨다고 주장했다.

구축효과

구축효과란 정부의 재정지출 증가가 이자율의 상승을 초래하여 민간소비
및 투자활동을 위축시키는 것을 말한다. 케인즈학파는 이 구축효과가 그리
크지 않다고 생각한다. 이에 비해 통화주의자들은 구축효과가 재정정책의
효과를 거의 다 상쇄할 만큼 크다고 본다. 결과적으로 확대재정정책은 경제
회복이라는 원래의 목적은 달성하지 못하고 물가만 올리게 된다는 것이다.

강경한 통화주의자

통화주의자들은 재정정책이 단기에는 국민소득 증가나 실업 감소를 가져다 줄 수 있다고 인정한다. 그러나 장기적으로는 물가가 상승하면서 실업이 전 수준으로 돌아가기 때문에 재정정책이 무력하다고 생각한다. 정도의 차이는 있지만 고전학파나 통화주의자나 정부가 경제에 간섭하지 말라는 근본 입장은 같다. 어쨌든 정부의 어설픈 확대정책은 "언 발에 오줌 누기"여서 인플레이션만 불러올 수 있다고 염려하는 것이 고전학파나 통화주의 경제학자의 입장이다.

비슷한 속담

✔ 당장 먹기엔 곶감이 달다.

단술 먹은 보름 만에 취한다

경제정책의 시차

단술은 쌀에 엿기름을 넣어 발효시켜 만든 우리나라 고유의 음료로, 감주甘酒라고도 한다. 요즈음에는 단술이라는 말은 잘 사용하지 않고 식혜食醯라는 말을 주로 쓴다. 식혜의 '혜醯'는 발효를 뜻한다. 한편 어떤 지역에서는 먹다 남은 보리밥을 발효시켜 만든 음식을 단술이라고 한다.* 우리 조상들은 여름에 밥이 상하면 그 상한 밥을 버리지 않고 발효시켜 단술로 만들어 먹었다. 단술은 이름에 술이라는 말이 들어가지만 발효가 완전하지 않아서 술 성분은 거의 없는 음식이다. 속담은 술 성분이 거의 없는 단술이기에, 먹어도 보름 만에 취한다고 말하고 있다. 효력이 오래 있다 나타나는 것을 두고 하는 말이다.

경제정책의 시차

정부가 시행하는 경제정책에는 효력이 나타나기까지 시차時差가 발생한

---

* 속담에서 말하는 단술이란 바로 이 단술을 말하는 것이 아닌가 생각된다.

이다.

이 시차는 정책 시행 단계마다 나타난다. 첫째, 정책당국이 경제의 문제점을 발견하고 대책을 수립하는 데 시간이 걸린다. 다음으로 그 처방이 맞는지 검토하고 정당한 절차를 거쳐 시행하는 데 시간이 걸린다. 셋째로 시행된 정책이 현실 경제에서 효과를 내는 데 시간이 걸린다. 예를 들어 확대재정정책을 펴는 경우에 재정지출의 증가가 시장에서 작동하여 생산 증가로 이어지고, 이어 소득 증가나 실업 감소로 나타나기까지 시간이 걸린다.

교란이 증폭될 수도

정부의 경제 개입은 시차 때문에 경제를 혼란에 빠뜨릴 수 있다. 정부가 경제의 문제점을 파악하고 처방을 고안하여 정책을 수립할 즈음에는 시간이 상당히 흐른 뒤라 문제가 어느 정도 해소되어 있을 수도 있다. 그런데 그때서야 어떤 정책을 시행한다면 교란을 오히려 증폭시킬 수 있는 것이다.

프리드만M. Friedman을 비롯한 통화주의 경제학자들은 특히 통화정책이 실물경제에 영향을 주기까지의 시차가 길고 또 가변적이라고 주장했다. 정부가 단기적인 시각으로 통화정책을 시행하면 예상치 못한 결과를 초래할 수도 있다는 것이다. 그래서 통화주의자들은 앞의 '언 발에 오줌 누기'에서 설명한 바와 같이 '준칙'주의를 주장했다.

거시경제정책의 주요 과제는 인플레이션 억제와 실업 감소이다. 세계 각 국 정부는 온 힘을 다해 물가를 안정시키고 실업을 줄이려고 노력한다. 그 런데 그것이 말처럼 쉽지 않다. 경제정책 담당자에게 가장 골치 아픈 문제 는 인플레이션과 실업이다. 좀처럼 이 둘이 한꺼번에 잡히지 않는다. 즉 인 플레이션과 실업은 두 마리의 토끼와 같아서 하나를 잡으면 다른 하나를 놓 치기 쉽다.

인플레이션

인플레이션이 발생하면 물가가 상승한 비율만큼 사람들의 실질소득이 감 소하게 된다. 인플레이션이 발생하면 사람들이 보유한 화폐의 가치가 하락 한다. 이에 따라 부와 소득의 재분배가 일어난다. 즉 인플레이션이 발생하 면 채권자에게서 채무자로 부와 소득이 이전된다. 구체적으로 말하면 채무 자인 기업은 이득을, 채권자인 민간은 손실을 입는다. 왜일까? 인플레이션이 발생하면 민간이 보유한 현금과 은행에 둔 예금의 실질가치가 감소한다. 그래서 민간은 손실을 입는다. 그러나 그 돈을 빌려간 기업은 갚아야 할 돈의 실질가치가 작아지기 때문에 이득을 얻는다. 만약 큰 폭의 물가상승이 예상되면 투기가 일어난다. 이처럼 인플레이션은 자원을 생산적인 투자로부터 비생산적인 투기로 흐르게 한다. 결국 인플레이션은 국민생활의 안정을 해친다. 이러한 부작용이 있기에 인플레이션은 요새 말로 '공공의 적'이다.

실업

한편 실업은 생계수단인 소득을 얻을 수 있는 기회를 차단하여 서민의 생활을 직접 어렵게 만든다. 실업 또한 경제정책 담당자가 싫어하는 단어 중 하나이다. 실업률의 높고 낮음은 바로 정부의 인기에 반영된다. 심지어 서민들은 실업률을 가지고 유능한 정부냐 아니냐를 가늠하는 척도로 인식할 정도이다. 실업을 해소하고 일자리를 늘리는 일은 정부에게 중요한 과제의 하나이다. 실업도 정책 담당자에게는 또 다른 '공공의 적'이다.

사랑을 따르자니

인플레이션과 실업이 끼치는 사회적인 해악 때문에 인플레이션을 잡고 실업을 해소하는 것은 정책담당자에게 지상명령이다. 그런데 하필 이 두 공공의 적은 상충성 相衝性을 가지고 있다. 인플레이션을 억제하면 실업이 증가하고, 실업을 해소하면 인플레이션이 일어난다.

인플레이션을 억제하려 하는 경우, 정책당국에서는 대개 재정지출이나 통화공급을 줄이는 긴축정책을 편다. 긴축정책은 경기후퇴를 가져오면서 일자리가 감소하여 실업자가 늘어난다. 반면에 실업을 줄이면 대개 인플레이션이 일어난다. 일자리를 만들기 위해서는 기업의 투자나 경제성장이 있어야 하는데 이를 위해서는 통화공급을 확대해야 한다. 통화공급의 확대는 인플레이션을 불러오는 것이다.

이처럼 물가를 안정시키면 실업이 늘어나고, 실업을 감소시키면 인플레이션을 각오해야 한다. 인플레이션과 실업은 반대 방향으로 움직이는 성질이 있다. 즉 인플레이션과 실업은 상충관계 trade-off를 가지고 있다. 따라서 어느 한 가지를 취하면 다른 한 가지는 희생이 되어야 한다. '사랑을 따르자니 스승이 울고, 스승을 따르자니 사랑이 우는' 일이 일어나는 것이다.

비슷한 속담

✔ 두 마리 토끼 잡기다.

노루 쳐다보다가 잡은 토끼 놓친다

자연실업률

토끼를 한 마리 잡았으면 그것으로 만족하면 좋겠지만, 더 욕심을 내서 달아나는 노루를 쫓다가는 이미 잡은 토끼를 놓칠 수 있다. "노루 쳐다보다가 잡은 토끼 놓친다."라는 이 속담은 먼 곳에 있는 큰 것을 욕심내다가 자칫하면 수중에 있는 것까지 잃을 수 있다는 것을 말하고 있다.

자연실업률

통화주의 경제학자들은 자연실업률自然失業率이라는 개념을 사용하여 정부가 '노루 잡으려다 잡은 토끼 놓치는' 실수를 하지 말라고 주장했다. 만약 정부가 실업률을 자연실업률보다 더 낮추고 싶어서 확장정책을 편다면 실업률은 낮추지 못하고 물가만 상승시킬 수 있다는 것이다. 여기서 잡은 토끼에 해당하는 자연실업률이란 장기적으로 물가상승을 유발하지 않는 최저 수준의 실업률을 뜻한다. 프리드만M. Friedman은 노동시장에 구인자 총수와 구직자 총수가 일치하면 완전고용이라고 보고, 이 수준에서 형성되는 실업률을 자연실업률이라고 했다. 전체로 보아 구인자 수와 구직자 수가 같다면 일부 산업에서 노동자가 부족하고 일부 직종에서 실업이 존재하더라도 완전고용이라고 볼 수 있다는 것이다. 이때 정부가 욕심을 내서 실업률을 자연실업률보다 낮추는 정책을 편다고 하자. 정부는 재정지출이나 통화공급을 늘리는 확대정책을 시도할 것이다. 이러한 정책은 생산과 고용의 증가를 가져와 단기적으로 실업률을 낮출 수 있다. 그런데 확대정책은 대개 물가상승을 유발한다. 물가가 상승하면 임금도 상승할 것이고, 그 경우 기업은 고용을 감소시켜 실업률이 다시 올라간다. 결국 실업률은 자연실업률 수준으로 복귀하고 만다. 그렇다면 결과는 무엇인가. 최종적으로 볼 때 물가만 상승한 것이다.

고전학파 경제학자들은 실업의 대부분이 자발적 실업이라고 생각한다. 자발적 실업에 대해서는 정부가 나서서 실업 대책을 세울 필요가 없다. 그런데도 실업 감소를 위해 정부가 확대정책을 사용한다면 인플레이션이 발생한다. 고전학파와 통화주의 경제학자들은 인플레이션이 사회에 끼치는 해악이 매우 크다고 생각한다. 실업은 어느 정도는 개인이 자발적으로 선택한 점이 있다. 그렇지만 인플레이션은 개인의 선택과는 관계없이 화폐 가치를 하락시키며, 소득분배와 자원배분을 왜곡시킨다. 이 때문에 실업보다 인플레이션이 더 무섭다. 그리고 이 인플레이션은 정부가 실업률을 자연실업률 이하로 낮추려는 무리한 정책을 추진하는데서 온다는 것이 고전학파의 생각이다.

노루는 잡지 못하고 잡았던 토끼만 놓친다는 것이다.

빈대 잡으려다 초가삼간 태운다

정부실패

관객 1천만을 훌쩍 넘기면서 홍행에 성공한 영화 <왕의 남자>의 원작은 <이>이다. 이(蝨)는 벼룩, 빈대와 함께 우리 어른들을 괴롭히던 물것 삼총사 중 하나이다. 그중에서도 빈대는 이나 벼룩보다 더 사람을 괴롭혔다. 이나 벼룩은 옷이나 내의 속에 숨어 살기 때문에 손으로 잡아내거나 옷을 삶아서 잡아낼 수 있었다. 그러나 빈대는 벽이나 천장 틈에 숨어 살다가 저녁에 나와서 사람을 물어뜯고 다시 도망쳐버리기 때문에 잡기 어려운 정말로 골치 아픈 존재였다. 오죽했으면 "빈대 잡으려다 초가삼간 태운다."는 말이 나왔을까. 정부가 집행하는 어떤 경제정책은 집을 태우는 것 같은 부작용을 초래할 수 있다.

시장실패

경제에 '빈대'는 무엇이고, 정부는 어떻게 '빈대 잡는' 일, 즉 경제에 대한 간섭에 나서는가? 정부의 경제에 대한 간섭은 시장이 제대로 돌아가지 않는 경우에 나온다. 시장은 인간이 고안해 낸 가장 효율적인 자원배분 제도다. 그렇지만 시장이 언제나 효율적인 자원배분을 하는 것은 아니다. 시장기구가 효율적인 자원배분을 하지 못하는 현상을 시장실패 市場失敗라고 한다. 시장실패가 일어나면 정부는 경제에 개입하게 된다. 그런데 시장실패를 고치기 위한 정부의 개입이 항상 바람직한 결과를 가져오는 것은 아니다. 설령 시장실패라는 빈대는 잡더라도 초가삼간을 불태우는 부작용이 나타날 수 있는 것이다.

정부실패

시장실패를 고치기 위한 정부의 행동이 목적을 달성하지 못하고 부작용을 일으키는 현상을 '정부실패 政府失敗'라고 한다. 정부는 지식과 정보의 한계성 때문에 시장에서 문제가 발생한 다음에야 그 문제를 파악하고 대책을 세운다. 이 사이에 시차 time lag가 발생하고, 수집한 정보 또한 불완전하다. 따라서 정책은 완벽한 성공을 가져오기 어렵다. 정부는 투표에 의해 조직되기 때문에 정책 수행에 대해 투표자인 국민과 이익집단의 간섭을 받는다. 정부는 양심적인 정책보다는 인기위주의 정책을 펴기가 쉽다. 만약 일시적인 불경기를 극복하자고 경기부양을 위한 확대 재정정책을 시행하거나 통화공급을 증가시키면 인플레이션을 유발할 뿐만 아니라 경제가 체질 개선을 할 수 있는 기회를 놓쳐 약한 경제가 되고 만다. 국민과 정부 사이에 주인－대리인 문제가 발생하면 정부실패가 일어난다. 국민은 정부, 즉 공직자에게 나라의 살림을 위임한다. 그러나 공직자는 대리인으로서 성실한 주의 의무를 다하지 않고 자신의 이익을 추구하기도 한다. 또 정부는 각종 인가 및 허가권과 감독권을 가지고 있기에 부정부패 가능성이 있다.

작은 정부

정부실패에 대한 고전학파 경제학자들의 처방은 간단하다. '작은 정부'여야 한다는 것이다. 고전경제학파 학자들이 주장한 작은 정부란 국가가 치안과 국방만을 담당하고 나머지 부문은 보이지 않는 손에 맡기자는 것이었다. 그러나 20세기에 들어서면서, 보이지 않는 손과 민간의 힘으로는 해결할 수 없는 문제들이 국가와 사회의 과제로 등장하기 시작했다. 특히 복지 문제는 기업이나 민간기구가 담당할 문제가 아니었다. 이런 문제는 정부가 담당해야 했고, 결국 정부의 역할은 점차 커졌다. 이에 따라 비대해진 정부의 효율성이 저하되고 부작용이 발생하는 등 한계점이 노출되기 시작했다. 이즈음 미국에 레이건Ronald W. Reagan이 집권하면서 다시 작은 정부론이 등장하게 되었다.

미국은 경제대공황 당시 뉴딜정책을 채택하면서 정부가 커지기 시작했다. 그 후 원유가 상승과 월남전쟁의 여파로 전 세계가 스태그플레이션에 시달리면서 작은 정부론이 다시 나온 것이다. 레이건의 정책은 사회복지나 교육 등은 개인의 노력에 맡기고, 그것에 관련되는 지출을 줄이면서 동시에 세금을 줄여 민간부문의 활력을 높인다는 것이었다. 레이건의 정책은 고전학파와 그 학설을 이어받은 학자들이 주장해 온 내용을 반영하는 것이었다.

선무당 사람 잡는다

'97 외환위기

능숙하지 못한 사람이 아는 체 하여 일을 망치는 것을 "선무당 사람 잡는다."라고 한다. 1997년 말 우리나라에는 전례 없이 심각한 경제위기가 닥쳐왔다. 흔히 IMF시절이라고 불리는 이 경제위기는 고도성장의 그늘 속에 숨어 있다가 몇 가지 '선무당 사람 잡는' 정책에 의해 닥쳐왔다.

1997년 외환위기

경제위기는 여러 가지 복합적인 원인에 의해 발생한다. 1997년 경제위기는 외환위기로부터 시작되었다. 국가가 보유한 외환이 바닥난 것이다. 이러한 외환위기는 그동안의 누적된 원인과 함께 다음과 같은 몇 가지 직접적인 원인에 의해 초래되었다.

첫째, 무리한 경기부양책의 추진이다. 1993년 출범한 정부는 즉시 '신경제 100일 계획'을 수립하여, 금리를 낮추고 재정을 조기 집행하는 등, 경기부양책을 폈다. 덕분에 우리나라의 경제는 반짝 좋아질 수 있었다. 그러나 억지로 부양한 경기 상승은 한없이 지속되지 않는다. 언젠가는 그 상승이 멈추는 조정시기가 오며, 예기치 않은 부작용이 나타난다.

둘째, 급격한 자본자유화의 추진이다. 우리나라의 자본자유화는 1992년부터 단계적으로 추진되었다. 그러다가 1996년 OECD 가입을 계기로 더욱 빠른 속도로 진행되었다. 이때 태국에서 시작된 외환위기가 동아시아에 확산되고, 우리나라는 대기업의 부실경영 등으로 대외신인도가 급격히 하락했다. 이에 따라 외국의 자금 대여자들이 대출금 회수에 나서면서 대규모 자본유출이 발생했고, 정부의 외환보유고는 거의 바닥이 났다.

셋째, 투자금융회사의 종합금융회사 전환이다. 우리나라에는 외자 도입을 목적으로 6개의 종합금융회사가 설립되어 있었다. 그러다가 1994년과 1996년에 투자금융회사를 종합금융회사로 전환하면서 24개의 종합금융회사가 설립되었다. 외환업무를 취급할 수 있는 종합금융회사가 크게 증가한 것이다. 당시에 국내 금리수준과 해외 금리수준은 매우 큰 차이를 보이고 있었다. 이들은 단기자금을 조달하여 국내기업에 장기로 대부해 주었다. 그리고 결국 만기 불일치 문제가 일어나면서 외환보유고가 바닥을 보이자 외국은행들은 만기 연장 거부와 상환 독촉을 했고 외환위기로 이어졌다.

한편 생각해보면, 경제위기 전후의 여러 조치는 관계자들이 좋은 방안이라고 생각해서 채택한 것이었을 것이다. 그러나 결과는 좋지 않게 나타났다. 경제정책이란 그만큼 어렵다. 경제정책이 만만한 것이라면 가난한 나라가 어디에 있겠는가.

어쨌든, 외환위기의 진행 상황을 보면 경제정책에 선무당이 설칠 때 사람 잡게 된다는 것을 알 수 있다. 그리고 그 후유증은 10년도 더 간다. 결코 쉽게 생각하고 함부로 정책을 펴서는 안 되는 것이 경제정책이다.

18

조세와 재정

지붕 새는 집도 가옥세는 내야 한다

조세

깊은 산속을 지나던 공자가 무덤 앞에서 슬피 우는 여인을 만났다. 우는 사정을 물으니 시아버지와 남편을 호랑이에게 잃었는데 이번에는 하나뿐인 아들을 또 호랑이에게 잃었다는 것이다. 그런데도 이 험한 산을 왜 떠나지 않느냐는 물음에 여인은 "여기에서 살면 무서운 세금을 내지 않아도 되기 때문"이라고 답한다. 지붕 새는 집도 가옥세는 내야 한다더니, 과연 세금이 무섭기는 무서운 모양이다. 논어에 나오는 이 이야기는 가혹한 세금이 호랑이보다 무섭다는 것을 가르치고 있다.

세금 숨바꼭질

세금 무섭기는 서양에서도 마찬가지인 모양이다. 백조의 성이라고 알려진 노이슈반슈타인 성은 로만틱 가도가 시작되는 독일의 자그마한 도시 퓌센 Füssen에 있다. 퓌센에는 백조의 성 외에도 슈반가우 성과 함께 시내 한복판에 퓌센 성이 자리 잡고 있다. 퓌센 성에 들어서면 아담한 건물이 안마

당을 둘러싸고 있다. 건물에는 아름다운 창문이 많이 달려 있다. 그런데 자세히 보면 그 창문의 대부분은 창문이 아니라 창문 그림이다. 이처럼 유럽의 고풍어린 도시의 건물 벽에는 창문 모양 그림이 가끔 눈에 띈다. 왜 벽에 창문을 만들 것이지, 그림으로 그려 놓았을까.

유럽에서는 한때 벽난로세를 도입하여 세금을 징수했다. 처음에는 굴뚝의 수로 벽난로의 수를 짐작하여 세금을 매겼다. 주민들은 세금을 피하기 위해 굴뚝을 없애버렸다. 세리稅吏들은 집을 방문하여 벽난로 수를 파악하고 세금을 매겨야 했다. 벽난로의 수를 파악하기 위해 집에 들어오려는 세리들과 주민 간에 마찰이 생기고 사회문제가 되자 정부는 결국 벽난로세를 폐지했다.

창문세

그 후로 등장한 것이 창문세이다. 창문세란 창문의 수에 따라 매기는 세금이다. 창문은 밖에서도 그 수를 셀 수 있어서 창문세는 징수하기에 수월했다. 그러나 숨바꼭질은 계속되었다. 창문세가 부과되자 주민들은 세금을 피하기 위해 창문을 없애버렸다. 기존 건물들의 창문은 벽돌로 막아버리고, 신축 건물에는 창문을 달지 않았다. 창문 없는 건물은 건강에도 좋지 않으려니와 미관상 좋지 않지만, 세금을 피하려는 주민들의 저항도 끈질겼다. 어떤 주민은 밋밋한 건물 벽에 창문 모양의 그림을 그려 넣었다. 그 후, 사람들은 건물의 벽에 창문 대신 창문 그림을 그리기 시작했다. 퓌센 성의 창문 그림도 그중 하나이다. 사연 많은 창문세도 결국에는 폐지되었다.

고디바 부인 이야기

11세기 경, 영국 코벤트리 Coventry 성의 영주는 세금을 혹독하게 거두어 들였다. 남편의 가렴주구 苛斂誅求를 보다 못한 영주의 부인 고디바 Godiva는 남편인 영주에게 세금을 낮추어주라고 권했다. 영주는 아내의 말을 듣지 않았다. 아내가 하도 끈질기게 요구하니까 "당신이 벌거벗은 채 시내를 한 바퀴 돈다면 세금을 내려주겠다."고 농담처럼 말했다. 아내는 이튿날 정말로 옷을 벗은 채 말을 타고 시내를 한 바퀴 돌았다. 영주 부인이 옷을 벗은 채 거리에 나서자 어느 노인이 크게 외쳤다.

"만약 부인의 몸을 보는 자가 있다면 눈이 멀리라!"

주민들은 모두 창문을 닫아 자기들을 위해 수치를 당하는 영주 부인에게 예의를 표했다. 결국 이 내기에서 고디바 부인이 이겼고, 남편은 세금을 내렸다고 한다.

조세租稅 원칙

그렇다고 세금을 다 피하면 어떻게 될까. 정부는 나라살림에 필요한 자금의 대부분을 세금에 의해 해결하고 있다. 모두가 세금을 내지 않는다면 나라의 살림이 불가능해진다. 국가경영을 위해서는 세금 부과가 필요하다. 단, 국민 각자의 담세력에 알맞도록 공평하게 부담시켜야 하고, 적은 경비로 징수해야 하며, 소득이 있는 사람에게 부과되어야 한다. 또 장부나 영수증 등 증빙 자료에 의해 부과되어야 한다. 조세를 부담시키되, 이와 같은 원칙을 지킨다면 사람들이 산중으로 피신하거나 영주 부인이 나신 裸身으로 거리에 나서는 일은 없을 것이다.

중매 잘하면 술이 석 잔 잘못하면 뺨이 석 대

소득정책, TIP접근법

어떤 경제정책을 시행하면 원하는 목적을 이룰 수도 있지만, 반면에 원하지 않는 부작용에 시달리기도 한다. 앞에서도 설명한 바와 같이 실업 대책이나 인플레이션 대책이 그렇다. 실업과 인플레이션 사이에는 상충관계가 있어서 인플레이션 대책을 시행하면 실업이 증가하고, 실업대책을 시행하면 인플레이션이 발생하기 쉽다. 즉 사랑을 따르자니 스승이 울고, 스승을 따르자니 사랑이 우는 상황이다.

소득정책

이러한 가운데 두 마리의 토끼를 잡으려는 경제정책, 즉 실업 증가 없이 인플레이션을 제거하기 위해 도입된 정책이 소득정책이다. 소득정책 所得政策 이란 정부가 중요한 상품의 가격 및 임금의 과도한 상승을 규제함으로써 인플레이션을 억제하고 적정한 고용수준을 유지하려는 정책을 말한다. 이 소득정책은 케인즈학파가 인플레이션 대책으로 제시한 정책이다. 케인즈학파는 인플레이션이 주로 비용 상승, 특히 임금상승으로 인해 발생한다고 생각한다. 임금상승은 생산비를 증가시키고, 생산비의 증가는 물가를 상승시킨다는 것이다. 따라서 물가상승을 억제하기 위해서는 임금상승을 억제해야 한다는 것이 케인즈학파의 주장이다. 소득정책의 예를 들면 임금 가이드라인 정책, 임금물가 통제 정책, 조세기초 소득정책 등이 있다.

임금 가이드라인 정책이란 정부가 매년 임금상승률의 상한을 정하는 정책을 말한다. 임금물가 통제 정책이란 정부가 임금과 물가의 인상을 억제하거나 동결시키는 정책을 말한다.

당근이냐, 채찍이냐

보통 TIP라고 하는 조세기초 소득정책 TIP : tax-based income policy이란 조세제도를 이용해 물가상승을 억제하려는 정책이다. 조세 수단을 이용하는 방법에는 당근 접근법과 채찍 접근법이 있다.

당근 접근법은 정부가 설정한 임금인상 기준을 준수하는 기업과 노동조합에 세금 혜택을 주어서 물가안정을 유도하는 방법으로 유인 접근법이라고도 한다. 채찍 접근법은 정부가 설정한 기준을 준수하지 않는 기업에 세금을 추징함으로써 물가상승을 억제하려는 방법으로 처벌 접근법이라고도 한다. "중매 잘하면 술이 석 잔 잘못하면 뺨이 석 대"라더니, 물가 억제 잘하면 당근이요 못하면 채찍이다.

구멍 보아가며 쐐기 깎는다

균형재정

구멍의 크기를 가늠해 가면서 쐐기를 깎아야 쐐기가 구멍에 들어맞을 것이다. 정부의 살림도 나가는 돈과 구멍의 크기가 알맞아야 한다. 그래서 정부는 재정을 운용할 때 수입과 지출을 보아가면서 집행한다. 정부의 수입을 세입이라고 하며, 정부의 지출을 세출이라고 한다. 세입은 조세 수입, 세외 수입, 자본 수입으로 구성된다. 조세 수입은 국민으로부터 세금으로 징수한 것이다. 세외 수입은 정부가 받는 각종 수수료와 벌과금 등의 수입을 말한다. 자본 수입이란 정부가 소유하는 토지나 건물 등을 팔았을 때 얻는 수입을 말한다. 세출에는 일반행정비를 비롯하여 방위비, 경제 개발비, 사회 개발비, 교육비 등이 있다.

균형재정

세입과 세출이 일치하는 재정을 균형재정 均衡財政이라고 한다. 정부는 예산을 수립할 때 거둬들일 세입 범위 내에서 정부 지출 규모를 정한다. 일반적으로는 세입 내 세출 원칙 하에서의 균형재정이 바람직하다. 그러나 균형재정이 반드시, 그리고 언제나 가장 좋은 것만은 아니다. 또 균형재정은 달성하기가 쉽지 않다. 그래서 정부는 경제 형편을 고려하여 적자재정을 편성하거나 흑자재정을 편성하기도 한다.

적자재정과 흑자재정

적자재정 赤字財政이란 정부의 재정수입이 지출에 미달하는 불균형재정을 말한다. 여기서 적자 赤字라는 말은 글자 그대로 붉은색 글씨를 말한다. 세출이 세입보다 많아서 마이너스가 되면 장부에 붉은색 글자로 쓴다고 해서 적자라고 한다. 일반적으로 균형재정이 이상적이라고 할 수 있지만 반드시 그렇지는 않다. 경제개발시기에는 공채를 발행하거나 해외 차관을 통해 조달한 자금을 가지고 재정 투자를 함으로 경제성장을 도모할 수도 있는 것이다. 그 적자는 중앙은행, 즉 우리나라의 경우에는 한국은행에서 빌리거나 국·공채를 발행해서 메울 수 있다. 후진국이나 개발도상국은 외국에서 돈을 빌려오기도 한다. 외국에서 돈을 빌려오는 것을 해외차관이라고 한다.

흑자재정 黑字財政이란 정부의 재정수입이 지출보다 많은 경우의 불균형재정을 말한다. 경기가 과열될 때 정부는 흑자예산을 편성하여 시행한다. 즉 조세 수입은 늘리고 세출은 줄이는 긴축정책을 실시하는 것이다. 긴축정책은 세입을 늘려 국민들의 가처분소득을 줄이고, 정부지출은 축소시켜 과열된 경기를 억제하자는 정책이다. 흑자재정은 총수요를 형성하는 요소인 소비와 재정지출을 감소시켜 경제가 과열되는 것을 막을 수 있다.

풍월 風月이란 청풍명월 淸風明月 또는 음풍농월 吟風弄月의 준말이다. 청풍명월의 풍월이란 아름다운 자연의 바람과 달에 부쳐 시가 詩歌를 짓는 것을 말한다. 음풍농월의 풍월은 맑은 바람과 아름다운 달을 즐긴다는 말로, 한문으로 시와 산문을 쓴다는 말도 된다. 이 속담은 누가 시키지 않았는데도 열사흘(13일) 동안 풍월을 하고서 그 삯 받으러 스물사흘(23일) 동안이나 쫓아다니는 밉살스러운 모습을 묘사하고 있다.

누가 시켰나?

시키지 않은 일을 하고 그 값 받으러 다니는 일이 오늘날에도 해마다 되풀이되었다. 연말마다 벌어지던 지방자치단체의 밀어내기 공사가 그것이다. 지방자치단체의 재정은 자체 조달한 예산도 있고 상급기관에서 배정해 나누어주는 예산도 많다. 상급기관에서 배정해 주는 예산이 문제다. 하급 지방자치단체는 배정된 예산을 연말까지 다 써야 새해 예산배정에서 사업비를 깎이지 않고 다 받아낼 수 있다. 따라서 연말이 되면 배정된 예산을 다 쓰고 새해 예산을 다시 따내기 위해서 남은 예산을 밀어내기 식으로 집행하는 일이 다반사이다.

밀어내기 재정지출

지방자치단체가 가장 흔히 사용하는 밀어내기 예산 집행은 보도블록 교체이다. 물론 시민의 눈에 띄지 않는 밀어내기 사업도 있을 것이다. 그런데 해마다 연말이 되면 지방자치단체의 보도블록 교체가 여론의 질타를 맞곤 한다. 그것은 시민의 눈에 쉽게 띄기 때문이기도 하지만, 실제로 지방자치단체로서는 보도블록 교체가 연말 밀어내기식 예산 집행의 가장 손쉬운 수단이라고 한다. 그 이유는 공사기간이 짧고, 사업비가 단순해서 서류 작성이 쉽기 때문이라고 한다. 즉 지자체들이 쓰다 남은 예산이 있을 경우 빠른 시일 내에 예산을 소진할 수 있는 가장 간편한 방법이 보도블록 교체라는 것이다.

이처럼 불합리한 예산의 밀어내기 집행이 계속되고 시민들의 비난이 쏟아지자 정부에서는 연말 예산 낭비를 막기 위해 동절기에는 원칙적으로 보도블록 교체 공사를 금지하기로 했다. 아울러 보도블록 교체 주기 설정, 안정성, 노후화 정도 등 교체 판단 기준을 내용으로 하는 '보도블록 교체 기준에 대한 매뉴얼'을 제정하여 시행하기 시작했다. 늦었지만 다행이다. 하지 말라는 밀어내기 공사해놓고, 예산 타내려 쫓아다니는 일이 계속된다는 것은 부끄러운 일이다.

임금님의 행차를 거동 擧動이라 한다. 속담은 임금님이 행차하신다기에 애써서 길을 닦아놓았는데 깍쟁이가 먼저 지나가니 얄밉다는 얘기이다. 하지만 길이라는 것은 아무나 다닐 수 있는 것이고, 또 아무나 무료로 다니라고 닦아놓은 것이 길이다.

경합성과 배제성

재화나 서비스에는 일반 도로처럼 무료로 사용할 수 있는 것도 있고, 피자처럼 돈을 내고 사야 하는 것도 있다. 기업이 판매를 목적으로 생산하는 재화와 서비스를 상품 商品이라고 한다. 시장에서 거래되는 상품은 대개 소비에 경합성 競合性과 배제성 排除性을 가지고 있다.

'소비에 경합성이 있다'는 것은 한 사람이 그 재화를 소비하면 다른 사람은 소비할 수 없다는 뜻이다. 내가 오렌지를 사서 소비한다면 다른 사람은 그 오렌지를 소비할 수 없다. '소비에 배제성이 있다'는 것은 상품 값을 지는 뜻이다. 극장에서 입장권을 구입하지 않은 사람은 들어가지 못하도록 하는 것을 소비 배제라고 한다.

상품에는 경합성과 배제성이 있기 때문에 사람들이 돈을 내고 사서 소비한다. 그렇다면 우리가 소비하는 모든 재화나 서비스가 두 가지 성질을 다 가지고 있는가. 반드시 그렇지는 않다. 우리 주위에는 경합성과 배제성을 가지지 않은 재화나 서비스도 많이 있다. 예를 들어 국가안보나 환경의 질, 도로와 가로등, 항만시설과 등대와 같은 공공재가 그것이다.

공공재

소비에 경합성과 배제성을 가지지 않은 재화와 서비스를 공공재公共財라고 한다. 소비에 경합성이 없다는 것은 여러 사람이 동시에 소비할 수 있다는 것을 뜻한다. 등대의 경우, 한 배가 등대 서비스를 받는다고 해서 다른 배에 대한 서비스를 감소시키지 않는다. 소비에 배제성이 없다는 것은 값을 치르지 않고 소비하려는 사람에 대해 소비하지 못하도록 배제할 수 없다는 것을 뜻한다. 세금을 내지 않은 사람이라도 가로등 서비스에서 제외시킬 수 없다. 어떤 상품의 소비에 경합성과 배제성이 없으면 아무도 가격을 지불하고 소비하려 하지 않는 무임승차無賃乘車 현상이 일어난다. 기업은 이러한 상품은 생산하려 하지 않는다. 따라서 공공재는 대부분 정부에 의해 공급된다.

준공공재

한편, 소비에 비배제성과 비경합성을 동시에 가지는 재화와 서비스를 순

수공공재라 하고, 비배제성이나 비경합성 중 한 가지 특성만 가진 재화나
서비스를 준공공재라고 한다.

 준공공재에는 두 종류가 있다. 하나는 소비에 배제성은 있지만 경합성은
없는 경우이다. 유료로 제공하는 인터넷 정보가 그런 경우이다. 인터넷 정
보는 한 사람이 그 정보를 얻는다고 해서 닳아 없어져 다른 사람의 소비를
방해하지 않는다. 그렇지만 요금을 내지 않은 사람이 정보를 이용하는 것은
막을 수 있다. 준공공재 중 배제성이 있는 재화나 서비스는 돈을 내지 않은
사람의 소비를 막을 수 있어서 상품으로의 생산이 가능하다. 인터넷 정보는
준공공재인데도 유료화시킬 수 있는 것이다. 다른 하나는 소비에 경합성이
있지만 배제성이 없는 경우이다. 이러한 준공공재를 공유재, 또는 공유자원
이라고 한다. 공유재는 경합성이 있지만 값을 지불하지 않은 사람의 소비를
막을 수 없기 때문에 무임승차가 가능하다. 공유재는 다음 장 "개똥참외는
먼저 본 놈이 임자다."라는 속담에서 다시 설명한다.

비슷한 속담

✔ 선가(船價) 없는 놈이 배에 먼저 오른다.

✔ 치도(治道)하여 놓으니까 거지가 먼저 지나간다.

다음은 윤인환의 시 「개똥참외」의 일부분이다.

고향이 어딘지
누가 씨앗을 뿌렸는지
묻지 말라
이 세상에 왜 태어났는지
우주 끝자락 넓고 넓은 대지에서
하필이면 냄새 나는 두엄 가에
어찌 누워 있는지.

윤인환은 아름다운 시어로 국어사전보다도 더 자세하게, 그리고 정확하게 개똥참외를 묘사하고 있다. 시에 나오는 것과 같이, 개똥참외란 길가나 밭둑 같은 곳에 '고향이 어딘지 / 누가 씨앗을 뿌렸는지' 모르는 저절로 생겨난 야생 참외를 말한다. 개똥참외는 임자가 없다. 이 속담은 임자 없는 물건은 먼저 발견한 사람이 차지하게 마련이라는 것을 말하고 있다.

개똥참외와 같은 재화나 서비스를 공유재公有財라고 한다. 앞에서도 설명한 것처럼, 소비에 경합성이 있지만 배제성은 없는 재화와 서비스가 공유재이다. 동네 앞의 주인 없는 풀밭은 아무라도 소를 먹일 수 있다. 즉 배제성이 없다. 그러나 한 사람이 그 풀을 먹이면 다른 사람은 동시에 그 풀을 먹일 수 없다. 경합성은 있다. 무료로 사용할 수 있는 도로라도 교통체증이 발생하면 공유재의 특성을 갖게 된다. 아무나 이 도로를 사용할 수 있어서 배제성은 없다. 그러나 어떤 사람이 이 도로를 사용하고 있어서 체증이 일어나면 다른 사람은 사용할 수 없게 된다. 태평양에 있는 참치 떼도 마찬가지이다. 아무나 잡을 수 있되, 그 고기를 한 사람이 잡아버리면 다른 사람은 잡을 수 없다. 공유재는 경합성이 있지만 값을 지불하지 않은 사람의 소비를 배제하기가 어렵기 때문에 무료사용이 가능하다. 그래서 '비극'이 일어난다.

공유지의 비극

무임승차로 인한 공유재의 고갈 현상을 '공유지公有地의 비극' 또는 공유재의 비극이라고 한다. 미국의 미생물학자 하딘G. Hardin은 '공유지의 비극'이란 논문에서 이 말을 처음 사용했다. 그는 이 지구도 공유지의 성격을 가져 아무도 아껴서 쓰려고 노력하지 않기 때문에 고갈이라는 비극을 초래하게 된다고 경고했다.

지난 2005년, 세계적인 과학자들이 참여해서 연구하고 보고한『밀레니엄 환경평가 보고서』도 인간에 의해서 지구의 생명을 가능케 하는 자연 생태 기능의 60%가 파괴되었다고 보고했다. 보고는 인간의 활동이 지구의 자연적 기능에 부담을 가하고 있기 때문에 자연 생태계 기능이 더 이상 자동적으로 보장되지 않는다고 밝혔다. 아울러 수산자원도 어류의 4분의 1이 남획되고 있으며, 일부 어족은 상업적 어획이 시작된 뒤 어획량이 1%로 줄어든 것도 있다고 밝혔다. 커다란 공유지인 지구는 지금 몸살을 앓고 있는 것이다.

공유지의 비극 현상은 거대한 지구까지 동원해서 거창하게 설명할 필요도 없다. 목초지를 보면 공유지의 비극을 한눈에 볼 수 있다. 한정된 동네 앞 목초지에 너도나도 소를 기른다면 목초지는 파괴되고 마는 것이다. 지리산이나 한라산 일부 구간에 자연휴식년제가 설정되어 있다. 등산을 좋아하는 이들에게 일시적으로는 불편을 주지만 먼 훗날을 내다본다면 현재의 작은 불편을 참아 지리산과 한라산의 자연을 보존해야 한다는 것은 분명하다.

19

국제경제학

왜채(倭債)에 문전옥답 날리듯 한다

외채의 무서움

외국에서 빌려와 쓰는 돈을 외채 外債라 하고, 특히 일본 사람에게서 비싼 이자로 빌려 쓴 빚을 왜채 倭債라고 한다. 일본 강점 시절에 왜채를 함부로 쓰다가는 논밭을 빼앗기는 일이 많이 일어났다. "왜채에 문전옥답 날리듯 한다."라는 이 속담은 말 그대로 외국돈을 함부로 빌려 쓰다가는 큰 낭패를 당한다는 것을 말한다. 그리고 외채 중에서도 무서운 것이 왜채였다.

논 이야기

길천은 백남술이가, 이 사람은 논이 몇 마지기가 있소 하고 조사보고를 하면, 서슴지 아니하고 왜채를 주곤 한다. 이자도 항용 체계나 장변보다 헐했다. 빚을 주는 데는 무른 것 같아도, 받는 데는 무서웠다. 기한이 지나기를 기다려, 채무자를 제 집으로 데려다 감금을 하고, 사형(私刑)으로써 빚 채근을 했다. 부형이나 처자가 돈을 가지고 와서 빚을 갚는 날까지 감금과 사형을 늦추지 아니하였다. 논문서를 가지고 오는 사람은 우대를 했다. 이자를 탕감하고 본전만 쳐서 논으로 받는 것이었다.

채만식의 소설 「논 이야기」는 유리한 조건으로 돈을 빌려주었다가 기한 지나기를 기다려 논을 빼앗아가는 일본인 길천의 수법을 묘사하고 있다. 그야말로 '왜채에 문전옥답 날리는' 일이 벌어진 것이다.

외채의 무서움

1997년 말의 외환위기도 외채 外債 때문에 일어났다. 애초에 우리나라는 외자 도입을 목적으로 6개의 종합금융회사가 설립되어 있었다. 그러다가 투자금융회사를 종합금융회사로 전환하면서 24개의 후발 종합금융회사가 설립되었다. 외환업무가 허용된 종합금융회사는 해외에서 손쉬운 단기자금 도입에 열을 올렸다. 종합금융회사가 가장 재미를 본 차입 및 대출은 홍콩 등에서 일본자금을 단기로 조달하여 국내에서 높은 금리로 장기대출하는 것이었다. 따라서 만기불일치 문제가 일어날 수밖에 없었다. 이러한 상황 속에서 외환보유고가 바닥을 보이자 외국은행들은 만기 연장 거부와 상환 독촉을 했고, 이는 곧 외환위기로 이어졌던 것이다.

트로이의 목마

독일의 경제학자 리스트는 "모든 국가 간의 원조는 트로이의 목마 Trojan Horse다."라고 했다. 그리스 신화에 의하면 트로이전쟁은 사과 한 알 때문에 일어났다. 결혼피로연에 사과 한 알이 굴러들어오고, 그 사과에는 가장 아름다운 여인에게 바친다는 말이 쓰여 있다. 여신들 사이에 사과 쟁탈전이 일어나고, 비너스는 심판위원이 된 팔리스에게 그리스에서 가장 아름다운 여인을 주겠다는 로비로 미의 여왕에 뽑힌다. 그리고 그 약속을 지키는 과정에서 소위 트로이전쟁이 일어난다.

일진일퇴가 거듭되는 지루한 전쟁 끝에 그리스군은 커다란 목마 木馬 하나를 남겨두고 철군한다. 전쟁에 시달리던 트로이 사람들은 환호 속에 목마를 성 안으로 끌어들인다. 그들은 저녁내 술을 마시고 춤을 추며 놀다가 새벽녘에야 잠이 들었다. 그러나 어찌 알았으랴. 그 목마에는 그리스의 복병들이 숨어 있었음을……. 목마 속에 숨어 있던 그리스 복병들은 밖으로 나와 불을 지르고 성문을 활짝 열어젖혔다. 철군을 가장했던 그리스 병사들은 트로이를 완전히 훼파해 버렸다.

국가 간에는 흉년에 논 산다

역사적으로 볼 때 열강의 식민 지배는 언제나 처음에는 원조로부터 시작되었다. 그러나 국가 간의 원조란 그 속에 복병이 숨어있는 것이다. 자본의 논리에 움직이는 국가 간의 원조는 그 원조를 받는 국가를 '진심으로' 위하는 따위의 접근이 아니다. 철저히 이윤만을 위해 움직이는 이기적인 것이다. 국가 간에는 흉년에 논 사는 것이 일상화되어 있다. 1997년 경제위기 당시 우리나라는 외국 기업의 사냥터가 되었다. 이때 우리나라에 들어온 외국인 투자자들은 가격이 반 토막 난 주식을 사들여 막대한 차익을 남겼거나 남기고 있다.

내 딸 고우면 좋은 사위 얻는다

환율, 구매력평가설

1996년 말 우리나라 원화의 대미달러화 환율은 844.9원이었다. 그러던 것이 외환위기가 한창이던 때는 1,964원까지 치솟기도 했다. 환율이 치솟은 것은 우리나라의 화폐 가치가 그만큼 추락했다는 말이 된다. "내 딸 고우면 좋은 사위 얻듯이" 내 딸인 원화가 고와야 좋은 달러 얻었을 텐데, 내 딸이 곱지 못했기에 1,900원을 주고 겨우 1달러 살 수 있었던 것이다.

환율

어느 한 나라 통화와 다른 나라 통화와의 교환비율을 환율이라고 한다. 환율은 어떤 나라의 화폐를 기준으로 나타내느냐에 따라 두 가지 방법으로 표시한다. 외국화폐를 기준으로 해서 환율을 표시한 것을 자국통화표시 환율이라고 한다. 우리나라 원화와 미국 달러화의 환율을 U$1=950, 또는 원/U$=950으로 표시하는 방식이 자국통화 표시환율이다. 이 환율을 지급환율이라고도 한다. 그리고 우리 화폐 1단위로 외국화폐를 얼마나 구입할 수 있는가를 표시하는 방법을 외국통화표시 환율이라고 한다.

환율이 어떻게 결정되는가를 설명하는 이론으로는 수요·공급설, 구매력평가설, 금리평가설 등이 있다. 이중 수요·공급설은 외환도 하나의 거래상품인 이상 수요·공급의 작용에 의해서 그 가격이 결정된다고 보는 학설이다. 구매력평가설과 금리평가설의 내용은 다음과 같다.

환율의 결정

환율은 한 나라의 통화가치를 다른 나라의 통화가치와 비교한 것이다. 그리고 통화가치는 각각 구매력의 크기로 나타난다. 따라서 환율이란 양국 통화 구매력의 비율이라고 할 수 있다. 이처럼 환율이 각국 통화의 상대적 구매력의 비율로 결정된다는 주장을 구매력평가설이라고 한다.

한편 국내이자율이 오르면 소비수요와 투자수요가 줄고 이에 따라 상품수입이 감소한다. 수입이 감소하면 외환 수요가 감소하고, 외환 수요가 감소하면 환율은 하락한다. 즉 국내 이자율이 오르면 환율이 하락한다. 이처럼 환율은 이자율과 반대 방향으로 움직인다. 원래 이자율은 화폐의 가치를 반영한다. 국내 이자율이 오르면 우리나라 화폐의 가치가 다른 나라 화폐의 가치보다 비싸져서 환율이 내려가는 것이다. 환율이 각국 통화가 자국에서 가지는 이자 획득 능력에 의해 결정된다고 보는 이론을 이자율평가설이라고 한다.

결국 "내 딸 고우면 좋은 사위 얻는다."라는 속담 그대로이다. 우리나라 돈의 가치가 올라가면 외환을 많이 얻을 것이고, 가치가 내려가면 외환을 적게 얻을 것이다.

이 팽이가 돌면 저 팽이도 돈다

헥셔-올린 정리, 요소가격균등화 정리

이 속담은 이곳의 시세가 변하면 저 곳의 시세도 변한다는 뜻으로 하는 말이다. 중학생 시절 과학시간에 소리굽쇠 실험을 해 본 기억이 있을 것이다. 고유진동수가 같은 두 개의 소리굽쇠를 나란히 놓고 그중 하나의 소리굽쇠를 울리면 옆에 있는 다른 소리굽쇠도 같이 울린다.

"이 팽이가 돌면 저 팽이도 돈다."라는 속담이 있듯이, 국가 간에도 경제적으로 서로 영향을 주고받는다. 그러한 영향을 설명한 이론이 헥셔-올린 정리이다.

헥셔-올린 정리

헥셔 E. Heckscher와 올린 B. Ohlin은 각국 생산에 있어서 비교우위의 원인이 생산요소 부존량의 차이에 있으며, 무역에 의해 생산요소의 상대가격이 국제 간에 균등화하는 경향이 있다고 주장했다. 헥셔-올린 정리에는 두 가지 명제가 있다.

하나는 국가 간에 생산요소의 부존상태가 다르고, 재화 생산에 필요한 생산요소의 양과 비율이 다르다는 것이다. 즉, 재화마다 국가 간에 요소집약도에 차이가 난다. 이 경우 상대적으로 풍부한 생산요소를 많이 사용하여 생산한 재화에 비교우위가 있게 되고, 비교생산비의 차이 때문에 무역이 발생한다. 노동이 풍부한 나라에서는 노동집약적인 재화가 생산되고 수출된다. 자본이 풍부한 나라에서는 자본집약적인 재화가 생산되고 수출된다.

다른 하나는 무역이 계속되면 생산요소의 국가 간 이동이 없더라도 생산요소의 상대가격이 균등화된다는 것이다. 이 현상을 무역에 의한 요소가격 균등화 정리라고 한다.

요소가격균등화 정리

요소가격균등화 정리는 재화에 있어서의 일물일가원리와 비슷한 논리로 전개된다. 만일, 동일한 재화가 지역에 따라 서로 다른 가격으로 거래된다고 하자. 이 경우에 가격이 낮은 지역에서 재화를 사다가 가격이 높은 곳에서 팔면 이익이 남는다. 즉 가격 차이를 이용해서 이윤을 얻는 차익거래 arbitrage가 발생한다. 이에 따라 가격이 낮은 지역에서는 재화 수요가 늘어 가격이 상승하게 되고, 높은 지역에서는 재화 공급이 늘어 가격이 하락하게 된다. 차익거래는 두 지역 간 가격의 차이가 없어질 때까지 계속되고, 결국 동일한 재화는 동일한 가격으로 거래되는 일물일가의 법칙이 성립된다. 이와 똑같은 현상이 국가 간 요소가격에서도 발생된다. 무역이 계속되면서 풍부하고 값싼 생산요소를 사용하여 특화 생산하는 재화 생산이 증가하면 그 재화 생산에 투입되는 생산요소의 가격이 상승하여 결국 국가 간 요소가격이 균등화되는 경향이 있다는 것이다.

동남아인들이 우리나라에 많이 들어와 일하고 있는데, 장기적으로 보면 이러한 현상은 노동요소의 이동에 의해 요소가격균등화에 기여할 것이다.

산중 놈은 도끼질 들판 놈은 괭이질

국제적 분업

산중山中에 사는 사람은 주로 나무 베는 일을 하기 때문에 도끼질을 잘하고, 농사를 지으며 들판에 사는 농부는 괭이질을 잘 한다. 장날이면 두 사람은 자기가 생산한 곡식과 나무를 교환해가며 살아간다. 이들은 각각 자기 형편에 맞고, 또 잘하는 일을 업으로 해서 살아가는 것이다.

국제적 분업

사회가 이처럼 각양각색의 직업으로 분업화되어 있듯이, 국제적으로도 어떤 나라는 밀을 주로 생산하고, 어떤 나라는 휴대폰을 주로 생산한다. 즉 분업은 국가 간에도 이루어진다. 국가 간 분업을 국제적 분업이라고 한다. 국제적 분업이 이루어지면 각국은 자국이 가지는 생산조건에 따라 유리한 재화를 특화하여 생산한다. 노동력이 풍부한 나라에서는 노동집약적 산업을, 자본이 풍부한 나라에서는 자본집약적 산업을 특화하는 것이다. 국제적 분업은 일반적으로 자원의 효율적 이용과 생산 증가를 가져다준다.

와인과 튤립

　프랑스는 기후와 함께 포도원, 생산시설을 적절하게 잘 갖추고 있어서 세계적인 와인 생산지이다. 그런데 프랑스도 와인만 생산할 수는 없다. 예를 들어 튤립도 생산해야 한다. 프랑스 생산조건으로 보면 와인을 더 많이 생산하는 것이 좋겠지만 수요가 있는 한 튤립도 생산해야 하는 것이다. 이와 같은 사정으로 프랑스는 와인을 70단위, 튤립을 20단위 생산해서 자급자족하고 있다고 하자. 이러한 사정은 네덜란드도 마찬가지이다. 네덜란드는 생산조건이 유리한 튤립을 주로 생산하고 싶을 것이다. 그러나 와인 수요도 있기 때문에 생산성이 떨어지는 와인도 생산하고 있다. 이와 같은 사정으로 네덜란드는 와인을 30단위, 튤립을 40단위 생산하고 있다고 하자. 양국의 생산량을 합하면 와인은 100단위, 튤립은 60단위이다.

　이제, 두 나라가 각각 생산에 유리한 재화를 특화하여 생산한 뒤 서로 교환해서 소비하기로 협상했다고 하자. 프랑스가 자원을 이용하여 '실력 껏' 생산하면 와인을 120단위, 튤립은 10단위 생산할 수 있다. 네덜란드도 실력껏 생산하면 와인을 20단위, 튤립은 70단위 생산할 수 있다. 양국의 와인 생산량은 140단위이고 튤립 생산량은 80단위이다. 국제적 분업을 통해 와인은 40단위가 더 생산되고, 튤립은 20단위가 더 생산된 것이다. 이처럼 국제적 분업은 생산을 증대시키는 효과를 가진다.

　두 나라는 무역을 통해서 비교우위의 재화는 생산해서 수출하고, 비교열위의 재화는 수입해서 소비함으로 더 큰 후생을 누릴 수 있다. 이를 무역의 이익이라고 한다.

20

마지막으로

낙숫물이 댓돌 뚫는다

명장 김규환 이야기

강원도 산간지역에는 석회암 동굴이 많이 있다. 동굴 안에는 돌고드름과 석순이 자라나 있다. 이 돌고드름이나 석순은 물속에 아주 적게 녹아있는 석회 성분이 오랜 세월을 거치면서 침전되어 쌓인 것이다. 그야말로 수만 년의 세월 동안 자라고 솟은 것이다. 그랜드캐년의 2천 미터가 넘는 골짜기는 물이 흐르면서 깎아낸 흔적이다. 낙숫물이 댓돌을 뚫는 정도가 아니라 거대한 골짜기도 만들어낸 것이다.

이 책의 마지막에, 이 속담을 생각하면서 대우 명장 김규환 씨를 소개하고자 한다.

대우 명장 김규환

대우 명장 김규환 씨를 보면 낙숫물이 댓돌 뚫는다는 말이 사실임을 알 수 있다. 김규환이 회사에 입사할 때, 입사 자격이 고졸 이상이었다. 이력서를 제출하려고 하니 경비원이 학력미달이라고 막았다. 경비원과 실랑이를 벌이는 모습을 지나가던 사장이 우연히 보게 되었다. 사장은 사정을 듣고 면접을 볼 수 있게 해 주었다. 그러나 그는 면접에서 떨어졌다. 대신 사환으로 입사하게 되었다.

그는 매일 아침 5시에 출근했다. 하루는 사장이 보고 김규환에게 왜 일찍 나오느냐고 물었다. 그는 미리 나와 선배들의 기계를 워밍업 한다고 대답했다. 다음날, 사장은 김규환을 기능공으로 승진시켜 주었다. 기능공이 된 어느 날 선배가 기계를 닦으라고 시켰다. 그는 모든 기계를 다 뜯고 하이타이로 깨끗이 닦았다. 이렇게 해서 6개월이 지나니까 호칭이 "야, 인마!"에서 "김 군"으로 바뀌었다고 한다. 어떤 선배는 기계 좀 봐달라고 부탁하기도 했다. 그런데 어느 날 그는 난생 처음 보는 기계를 뜯고 물로 닦았다. 그것은 컴퓨터였다. 사고를 친 것이다. 김규환은 그때, 알기 위해서는 책을 봐야겠다는 생각을 하게 되었다. 그리고 공부를 하기 시작했다.

금속은 열을 가하면 늘어난다. 김규환은 '온도가 1도 변하면 얼마나 변하는지' 알아보려고 자료실을 뒤져보았지만 아무리 찾아도 없었다. 그는 자기가 직접 알아보자 하고 공장바닥에 모포를 깔고 연구하기 시작했다. 2년 6개월 후에 드디어 온도치수가공 조견표가 완성되었다. 이 자료를 산업인력관리공단의 '기술시대'란 책에 기고했지만 실리지 않았다. 얼마 후 3명의 공무원이 김규환을 찾아왔다. 논문으로 제출한 자료가 기계가공의 혁명적인 자료라서 논문집에 실릴 경우 귀중한 정보가 누출될까봐, 노동부 장관이 그를 직접 데려오라고 했다는 것이었다.

그는 자격증을 많이 가진 것으로 유명하지만, 그만큼 시험에 많이 떨어진 사람도 없을 것이라고 말한다. 그는 국가기술자격시험에 9번, 1급 국가기술자격시험에 6번, 2종 보통운전시험에 5번 낙방했다고 한다. 하지만 그는 우리나라에서 1급 자격증 최다보유자이다.

김규환은 5개 국어를 한다. 그는 학력도 없을 뿐만 아니라, 학원에도 다니지 않았다. 혼자 공부한 것이다. 그는 외국어를 공부하기 위해 매일 한 문장씩 똑같은 것을 열 장을 복사해 집 천장, 벽, 식탁, 화장실 문, 사무실 책상 등 눈길 닿는 곳마다 붙여놓고 외웠다. 이렇게 하루에 한 문장씩 1년, 2년 꾸준히 하니 나중에는 회사에 외국인들이 올 때 설명도 할 수 있게 되었다. 그는 판소리 '춘향가'를 완창할 수 있다고 한다. 테이프를 수백 번 들었더니 저절로 배워지더라는 것이다.

낙숫물이 댓돌 뚫는다더니 정말 그런가보다. 우리나라의 청년실업은 2008년 현재 8%를 넘나들고 있어서 사회적으로 큰 문제가 되고 있다. 청년들이 눈높이를 조금 낮추어 회사에 들어가되, 아침 5시에 출근하는 정신으로 근무한다면 댓돌도 뚫지 않을까.

비슷한 속담

✔ 씨는 뿌리는 대로 거둔다.

용어 찾아보기

ㅇ